독자의 1초를
아껴주는 정성을
만나보세요!

세상이 아무리 바쁘게 돌아가더라도 책까지 아무렇게나 빨리 만들 수는 없습니다.
인스턴트 식품 같은 책보다 오래 익힌 술이나 장맛이 밴 책을 만들고 싶습니다.
땀 흘리며 일하는 당신을 위해 한 권 한 권 마음을 다해 만들겠습니다.
마지막 페이지에서 만날 새로운 당신을 위해 더 나은 길을 준비하겠습니다.

프로그래머가 알아야 할 알고리즘 40

40 Algorithms Every Programmer Should Know

초판 발행 · 2022년 4월 29일

지은이 · 임란 아마드
옮긴이 · 황준식
발행인 · 이종원
발행처 · (주)도서출판 길벗
출판사 등록일 · 1990년 12월 24일
주소 · 서울시 마포구 월드컵로 10길 56(서교동)
대표 전화 · 02)332-0931 | **팩스** · 02)323-0586
홈페이지 · www.gilbut.co.kr | **이메일** · gilbut@gilbut.co.kr

기획 및 책임편집 · 이슬(leeseul@gilbut.co.kr) | **디자인** · 신세진 | **제작** · 이준호, 손일순, 이진혁
마케팅 · 임태호, 전선하, 차명환, 박민영, 지운집, 박성용 | **영업관리** · 김명자 | **독자지원** · 윤정아

교정교열 · 이미연 | **전산편집** · 여동일 | **출력 · 인쇄 · 제본** · 북솔루션

▸ 잘못 만든 책은 구입한 서점에서 바꿔 드립니다.
▸ 이 책은 저작권법에 따라 보호받는 저작물이므로 무단전재와 무단복제를 금합니다. 이 책의 전부 또는 일부를 이용하려면 반드시 사전에 저작권자와 (주)도서출판 길벗의 서면 동의를 받아야 합니다.

ISBN 979-11-6521-964-2 93000
(길벗 도서번호 080260)

정가 24,000원

독자의 1초를 아껴주는 정성 길벗출판사

길벗 | IT단행본, IT교육서, 교양&실용서, 경제경영서
길벗스쿨 | 어린이학습, 어린이어학

페이스북 · www.facebook.com/gbitbook
예제 소스 · https://github.com/gilbutITbook/080260

40 ALGORITHMS EVERY
PROGRAMMER SHOULD KNOW

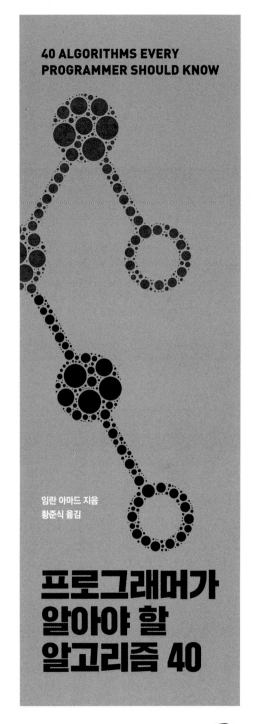

임란 아마드 지음
황준식 옮김

프로그래머가
알아야 할
알고리즘 40

언제나 배움의 자세를 잃지 않도록 영감을 주시는 아버지께

코로나19 사태가 드디어 끝이 보이고 있습니다. 이 책을 번역하는 2022년 지금 세계 각국은 방역 조치를 완화하고 코로나19와 함께 사는 시대를 준비하고 있습니다.

코로나19는 지난 2년간 우리의 삶을 크게 바꾸었습니다. 영화관 대신 넷플릭스와 온라인 게임으로 여가 시간을 보내고, 대면회의 대신 화상회의와 온라인 협업 툴로 업무를 진행합니다. 오프라인으로만 가능하다고 인식했던 일상이 온라인으로 자연스럽게 넘어오게 된 것입니다. 소셜 네트워크가 가상 환경에 구현되는 메타버스, 가상 세계의 자산에 희소성을 부여하는 NFT의 등장은 앞으로 우리의 삶에서 디지털 스페이스가 차지하게 될 부분이 더 커지게 될 것을 암시합니다.

앞으로 가속화될 아날로그 세상의 디지털화는 수많은 새로운 기회를 창출할 것입니다. 디지털 정보로 저장된 오프라인 데이터는 미래 수요를 예측하거나 사용자의 취향을 파악하려는 비즈니스 문제를 더 많이 만들어낼 것입니다. 소셜 플랫폼에 쌓이는 방대한 이미지와 텍스트 데이터는 AI 아트나 지능형 챗봇처럼 거대한 잠재력을 가진 비즈니스 기회로 발전할 수도 있습니다.

디지털 세상의 데이터로 가치를 창출할 수 있는 방법 중 하나는 머신러닝입니다. 켜켜이 쌓인 데이터에서 가치 있는 패턴을 발견하려는 선구자들의 노력은 수많은 머신러닝 알고리즘으로 귀결되어 우리에게 전해지고 있습니다. 이 책은 입문자들에게 머신러닝의 세계를 광각으로 보여줍니다. 알고리즘의 개요에서부터 다양한 머신러닝 알고리즘에 이르기까지 다양한 머신러닝의 하위 항목을 소개하는 데 주안점을 두고 있습니다. 머신러닝의 여러 분야를 두루 둘러볼 책으로, 또는 더 깊이 학습하기 위한 핵심 키워드를 얻을 수 있는 좋은 시작점으로, 이 책이 여러분께 도움을 드렸으면 좋겠습니다.

2022년 4월

황준식

알고리즘은 과학 이론과 프로그래밍에서 언제나 중요한 역할을 수행해 왔습니다. 이 책은 실생활의 문제를 해결할 수 있는 여러 알고리즘을 활용하는 방법을 다룹니다. 알고리즘을 100% 활용하려면 그 논리와 수학적 기반을 깊이 이해해야 합니다. 이 책은 알고리즘과 여러 알고리즘 설계 기법을 소개하면서 시작합니다. 그리고 나서 선형 계획법, 페이지랭크, 그래프 등을 소개하고, 머신러닝 알고리즘을 뒷받침하는 수학과 논리에 대해서도 배울 것입니다. 또한, 날씨 예측, 트윗 클러스터링, 영화 추천 엔진 등 알고리즘을 어떻게 활용하는지 보여줄 사례도 포함하고 있습니다. 이 책을 끝내고 나면 여러분은 실생활 연산 문제의 알고리즘을 해결할 수 있는 자신감을 얻게 될 것입니다.

대상 독자

이 책은 프로그래머를 위해 쓰였습니다. 이 책은 알고리즘을 구성하는 수학에 대해 더 깊이 이해하고 싶은 숙련된 프로그래머나 이제 막 프로그래밍과 데이터 과학을 공부하려는 초보자에게 유용한 지식을 제공합니다. 데이터 과학에 대한 지식은 없어도 되지만 파이썬 프로그래밍 경험은 필수입니다.

책 구성

1장 알고리즘 기초에서는 알고리즘의 근본을 요약해 소개합니다. 이 장은 여러 알고리즘의 작동 방식을 이해하는 데 필요한 기본 개념을 안내하는 것으로 시작합니다. 사람들이 어떤 부류의 문제를 수학적으로 구조화하기 위해 어떻게 알고리즘을 사용하기 시작했는지 설명하고, 여러 알고리즘이 가진 한계점에 대해서도 다룹니다. 다음으로 알고리즘의 논리를 명시하는 다양한 방법을 설명합니다. 이 책에 등장하는 알고리즘은 파이썬으로 작성했으며 예제 코드를 실행하기 위한 환경을 설정하는 방법도 소개합니다. 그리고 나서 알고리즘의 성능을 정량화하고 비교하는 방법을 안내합니다. 마지막으로 알고리즘 구현체를 검증하는 방법을 다룹니다.

2장 알고리즘에 사용되는 자료 구조에서는 임시 데이터를 저장하는 인메모리 자료 구조에 초점을 맞춥니다. 알고리즘은 데이터 집약적, 연산 집약적, 또는 두 특성을 모두 가질 수 있습니다. 그러나 어떠한 형태의 알고리즘이든 최적으로 구현하기 위해서는 알맞은 자료 구조를 선택해야 합니다. 상당수 알고리즘은 재귀적이거나 반복적인 논리를 가지고 있으며 그 자체로 반복적인 특징을 갖는 특수한 자료 구조가 필요합니다. 이 장에서는 이 책에서 소개하는 알고리즘을 구현하는 데 필요한 파이썬 자료 구조를 집중적으로 소개합니다.

3장 정렬과 검색 알고리즘에서는 정렬과 검색에 사용하는 핵심 알고리즘을 선보입니다. 이 알고리즘들은 나중에 소개할 복잡한 알고리즘의 근간이 됩니다. 여러 정렬 알고리즘을 소개하고 성능을 비교한 후 검색 알고리즘의 종류를 소개하고 성능과 복잡도를 비교합니다. 이 장의 말미에는 정렬과 검색 알고리즘의 활용 사례를 소개합니다.

4장 알고리즘 설계에서는 여러 알고리즘의 핵심 설계 개념을 소개하고 알고리즘의 장단점도 다룹니다. 설계 개념을 이해해야 복잡한 알고리즘도 최적으로 설계할 수 있습니다. 이 장은 여러 종류의 알고리즘을 설계하는 것에서 시작하며, 유명한 외판원 문제도 소개합니다. 계속해서 선형 계획법(linear programming)과 그 한계점에 대해서도 다룹니다. 마지막으로 선형 계획법을 용량 계획(capacity planning)에 어떻게 사용할 수 있는지 실용적인 예를 들어 설명합니다.

5장 그래프 알고리즘에서는 컴퓨터 과학 분야에서 흔하게 다루는 그래프 문제를 푸는 알고리즘에 초점을 맞춥니다. 어떤 연산 문제는 그래프 형태가 가장 적당한 표현 방법입니다. 이 장에서는 문제를 그래프로 표현하고 그래프를 탐색하는 방법을 소개합니다. 그래프 탐색은 그래프의 버텍스들을 방문하기 위해 엣지들을 체계적으로 따라가는 것을 의미하며, 그래프 탐색 알고리즘은 그래프의 구조에 대한 많은 정보를 알아냅니다. 상당수 알고리즘은 이 그래프 구조를 알아내기 위해 입력 그래프를 검색하는 것부터 시작합니다. 몇몇 그래프 알고리즘은 기본 그래프 검색을 강화한 형태입니다. 그래프를 검색하는 기법은 그래프 알고리즘 분야의 핵심입니다. 먼저, 그래프 연산에서 흔히 사용하는 표현 구조인 인접 리스트(adjacency list)와 인접 행렬(adjacency matrix)을 소개합니다. 그 다음 절에서는 간단한 그래프 검색 알고리즘인 너비 우선 검색(Breadth-First Search, BFS)을 소개하고 이를 이용해 트리를 구성하는 방법을 보여줍니다. 그리고 깊이 우선 검색(Depth-First Search, DFS)과 그것이 어떻게 버텍스들을 방문하는지 설명합니다.

6장 비지도 학습 알고리즘에서는 비지도(unsupervised) 학습 알고리즘 기법들을 소개합니다. 여기서 소개하는 기법들은 어떠한 지도(supervision) 없이 주어진 데이터에 내재된 구조, 패턴과 관계를 학습하므로 비지도 학습 알고리즘으로 분류됩니다. 첫 번째로 클러스터링 기법을 소개합니다. 이 기법은 데이터셋에 담긴 샘플의 유사성과 관계에 담긴 패턴을 찾아낸 다음, 내재된 정보나 특성을 기반으로 샘플을 여러 그룹으로 군집화(cluster)합니다. 이어지는 절에서는 다루는 특성이 너무 많을 때 사용하는 차원 축소 알고리즘을 다룹니다. 그 다음은 이상 탐지에 사용하는 몇 가지 알고리즘을 다룹니다. 마지막으로 대규모 거래 데이터셋에서 흥미로운 패턴과 규칙을 찾아내는 데이터 마이닝 기법인 연관 규칙 마이닝(association rule mining)을 설명합니다.

7장 전통적인 지도 학습 알고리즘에서는 입력 특성과 그에 대응되는 정답 또는 클래스로 구성된 데이터셋을 가진 머신러닝 문제를 푸는 데 사용하는 알고리즘을 소개합니다. 짝을 이루는 특성과 정답을 이용하면 한 번도 보지 못한 데이터 포인트를 예측할 수 있는 일반화된 시스템을 학습할 수 있습니다. 이 장에서는 먼저 머신러닝의 맥락에서 분류의 개념을 소개하고, 가장 간단한 머신러닝 알고리즘인 선형 회귀(linear regression)를 설명합니다. 그 다음으로 결정 트리(decision tree)의 장점과 한계점을 설명하고 서포트 벡터 머신(Support Vector Machine, SVM)과 XGBoost를 설명합니다.

8장 뉴럴 네트워크 알고리즘에서는 최근 각광받고 있는 뉴럴 네트워크(neural network)의 주요 개념과 요소를 설명합니다. 이 장에서는 뉴럴 네트워크의 종류와 활성화 함수를 소개합니다. 역전파 (backpropagation) 알고리즘에 대해서도 자세히 안내합니다. 역전파 알고리즘은 뉴럴 네트워크를 수렴하는 데 가장 널리 사용하는 알고리즘입니다. 그 다음은 모델 학습을 단순화하고 부분적으로 자동화하는 데 사용하는 전이 학습(transfer learning)을 다룹니다. 마지막으로 실생활 사례를 통해 멀티미디어 데이터에서 사물을 인식하는 데 딥러닝을 어떻게 사용하는지 알아봅니다.

9장 자연어 처리 알고리즘에서는 자연어 처리(Natural Language Processing, NLP)에 사용하는 알고리즘을 소개합니다. 이 장에서는 자연어 처리의 이론과 활용 전반을 다룹니다. 먼저 자연어 처리의 개념과 그 바탕을 구성하는 수학적 개념을 설명합니다. 그리고 나서 가장 널리 사용하는 뉴럴 네트워크 구조를 이용해 텍스트 데이터를 처리하는 사례를 알아봅니다. 자연어 처리의 한계에 대해서도 논의하겠습니다. 마지막으로는 작문 스타일로 논문의 저자를 식별하는 모델을 만드는 사례를 소개합니다.

10장 추천 엔진에서는 사용자 선호도에 관한 정보를 모델링하여 적절한 추천 결과를 제공하는 추천 엔진을 다룹니다. 추천 엔진의 근간을 구성하는 것은 사용자와 제품 간 상호 작용 정보입니다. 이 장은 추천 엔진을 구성하는 기본 아이디어를 소개하면서 여러 종류의 추천 엔진을 소개합니다. 마지막으로 여러 사용자에게 아이템을 제안하기 위해 추천 엔진을 어떻게 사용하는지 알아봅니다.

11장 데이터 알고리즘에서는 데이터 중심 알고리즘과 관련한 이슈를 집중적으로 다룹니다. 데이터 관련 이슈에 대한 전반적인 내용을 먼저 소개하고 데이터를 분류하는 기준을 설명합니다. 그 다음에는 스트리밍 데이터 애플리케이션에 알고리즘을 적용하는 방법과 암호화를 다룹니다. 마지막으로 트위터(Twitter) 데이터에서 패턴을 추출하는 실용적인 사례를 소개합니다.

12장 암호화에서는 암호화와 관련한 알고리즘을 안내합니다. 이 장에서는 먼저 암호화의 배경을 설명하고 대칭 암호화 알고리즘을 설명합니다. 그 다음에 MD5와 SHA 해싱(hashing) 알고리즘을 소개하고 대칭 알고리즘의 한계와 약점을 설명합니다. 계속해서 비대칭 암호화 알고리즘의 개념과 이를 이용해 디지털 인증서를 생성하는 방법을 설명합니다. 마지막으로 이 모든 기법을 요약한 실제 사례를 살펴봅니다.

13장 대규모 알고리즘에서는 단일 노드 메모리의 용량을 넘어서는 대용량 데이터를 처리하는 알고리즘을 다룹니다. 이 장에서는 먼저 병렬화에 적합한 알고리즘을 다룹니다. 그 후에는 알고리즘 병렬화와 관련한 이슈를 소개합니다. 컴퓨팅 통합 장치 아키텍처를 소개하고 단일 GPU 또는 여러 GPU를 이용해 알고리즘을 가속할 때 GPU의 성능을 효과적으로 활용하려면 알고리즘을 어떻게 수정해야 하는지 알아봅니다. 마지막으로 클러스터 컴퓨팅의 개념을 다루고 아파치 스파크(Apache Spark)가 탄력적 분산 데이터셋(Resilient Distributed Dataset, RDD)을 이용해 표준 알고리즘을 매우 빠른 병렬형 알고리즘으로 만드는 방법을 소개합니다.

14장 실질적 고려사항에서는 최근 중요한 주제로 떠오르고 있는 해석 가능성(explainability)을 논의하면서 시작합니다. 또한, 알고리즘 사용과 관련한 윤리와 구현상 발생할 수 있는 편향(bias)에 대해서도 다룹니다. 그리고 NP-난해 문제를 처리하는 기법도 자세히 알아봅니다. 마지막으로 알고리즘 구현 방법과, 이와 관련한 실생활의 난관에 대해서 요약합니다.

예제 파일 내려받기

책에서 사용하는 예제 코드는 길벗출판사 웹 사이트에서 도서 이름으로 검색하여 내려받거나 다음의 깃허브에서도 내려받을 수 있습니다.

- **길벗출판사 웹 사이트**: https://www.gilbut.co.kr
- **길벗출판사 깃허브**: https://github.com/gilbutITbook/080260

예제 파일 구조

이 책에서 사용하는 예제 파일은 주피터 노트북 파일을 장별로 제공합니다.

📁 Chapter02

📁 Chapter03

📁 Chapter04

　　📁 .ipynb_checkpoints

　　　　📄 CHAPTER_4_ALL_CODE.ipynb

개발 환경

필요 소프트웨어(버전)	무료/상용	하드웨어 스펙	필요 OS
파이썬 3.7.2 이상	무료	최소 4GB 램, 8GB 이상 권장	윈도우/리눅스/Mac

개인적으로, 단순한 스크립트만 짜는 코더와 아이디어를 직접 기획, 설계하고 그것을 컴퓨터 언어로 구현하는 개발자와의 차이는 다양한 알고리즘을 얼마나 잘 알고, 잘 활용하느냐에 따라 나뉜다고 생각합니다. 알고리즘 및 자료 구조를 얼마나 적재적소에 쓰느냐에 따라 프로그램의 품질뿐만 아니라 프로그래밍 과정에서의 시간도 확연히 단축되는 것을 매일 경험하고 있습니다. 이렇게 중요한 알고리즘을 기초 원리부터 예제를 포함한 실습까지 일목요연하게 정리한 책이 나와 주어서 정말 기쁩니다. 프로그래밍을 이제 막 시작하는 분부터, 알고리즘을 업무에 사용할 실무자까지 두루두루 유용한 학습서로 추천하고 싶습니다.

김도협_스탠포드 의대 신경학과 연구원

누구나 개발을 할 수 있습니다. 하지만 아무나 '좋은' 개발은 할 수 없습니다. '좋은'의 기준은 올바른 알고리즘의 적용이라고 할 수 있습니다. 다양한 알고리즘을 이론적으로 설명한 책은 많지만 실제로 어떻게 구현하는지 알기는 쉽지 않습니다. 이 책은 파이썬 코드로 알고리즘을 직접 구현해 볼 수 있습니다. 저 또한 이 책으로 많은 코드를 간결하고 명확하게 변경할 방법을 배웠습니다. 프로그래머라면 '꼭' 알아야 할 알고리즘을 배울 수 있는 좋은 책입니다.

김동우_백앤드 개발자

알고리즘의 기초부터 정렬과 검색, 그래프, 머신러닝과 자연어 처리, 추천, 데이터에 이르기까지 다양한 분야를 다루어 흥미롭게 읽을 수 있었습니다. 알고리즘을 처음 배우거나 아직 익숙하지 않은 독자들은 이 책을 읽으며 개념을 익히고, 이 책을 키워드로 활용하여 더 깊은 지식을 배워 나갈 수 있을 것입니다. 또한 예제 코드가 파이썬으로 비교적 간단하게 구성되어 있어 어려움 없이 알고리즘을 코드로 학습할 수 있습니다.

안다혜_데이터 엔지니어

IT기획 직무에서도 개발자와의 커뮤니케이션을 위해 개발에 필요한 알고리즘의 기본 지식이 필요합니다. 이 책은 프로그래밍을 갓 시작하여 알고리즘을 공부하기 시작한 사람이나 데이터 분석, 인공지능 등 고급 알고리즘으로 입문하려는 사람에게 적합한 책입니다. 비개발자가 읽어도 충분히 이해할 수 있도록 쉽게 설명하며, 그림과 파이썬 코드가 내용을 잘 이해하도록 돕습니다. 또한, 기초 알고리즘부터 시작하여 머신러닝, 추천 엔진, 암호학 등 다양한 고급 알고리즘까지 담고 있어 프로그래밍, 개발, 데이터 분석 등에 입문하는 데 꼭 필요한 책입니다.

이정우_IT사업 기획자

2부   머신러닝 알고리즘 ⋯⋯ 153

6장   비지도 학습 알고리즘 ⋯⋯ 155

제 **1** 부

기초와 핵심 알고리즘

1부에서는 알고리즘의 핵심 요소를 다룹니다. 알고리즘이 무엇인지 어떻게 설계하는지, 알고리즘이 사용하는 자료 구조에는 어떤 것이 있는지 학습합니다. 또한, 그래프 문제를 푸는 알고리즘과 함께 사용하는 정렬과 검색 알고리즘에 대해서도 살펴보겠습니다. 1부에 포함된 장들은 다음과 같습니다.

1^장

알고리즘 기초

이 책은 여러 중요한 알고리즘을 이해하고 문제에 맞는 적절한 알고리즘을 선택하고 정확하게 구현하는 데 필요한 다양한 정보를 전달합니다. 알고리즘의 작동 원리를 설명하는 것을 넘어 알고리즘에 필요한 자료 구조, 개발 환경과 프로덕션 환경에 대한 정보를 제공합니다. 또한, 요즘 더욱 중요해지고 있는 현대 머신러닝 알고리즘도 소개합니다. 일상 속에서 마주치는 다양한 문제들을 알고리즘으로 푸는 실용적인 사례도 함께 다룹니다.

1장 주제는 알고리즘의 기본 개념에 대한 이해입니다. 먼저 알고리즘의 작동 방식을 파악하는 데 필수인 기본 개념을 설명하고, 알고리즘의 논리를 구성하는 다양한 방법을 설명합니다. 이 책에서는 파이썬을 이용해 알고리즘을 작성합니다. 따라서 파이썬을 사용하는 데 필요한 개발 환경을 설정하는 방법도 안내합니다. 계속해서 알고리즘의 성능을 정량화하고 다른 알고리즘과 비교할 수 있는 다양한 방법을 소개하고, 알고리즘의 특정 구현체를 검증할 수 있는 여러 방법을 논의합니다.

종합적으로 이 장은 다음과 같은 주요 주제를 다룹니다.

- 알고리즘 정의
- 알고리즘의 로직 표현
- 파이썬 패키지
- 알고리즘 설계 기법
- 성능 분석
- 알고리즘 검증

1.1 알고리즘 정의하기

알고리즘을 가장 간단하게 정의하면 문제를 풀기 위해 특정한 연산을 수행하는 규칙 묶음입니다. 알고리즘은 적합한 규격의 입력 데이터를 미리 정의된 작동 방식에 따라 처리하여 결과를 출력하도록 설계되어 있습니다. 알고리즘의 사전적 정의는 다음과 같습니다.

> "알고리즘은 어떤 초기 조건의 집합이 주어졌을 때, 인식 가능한 일련의 종료 조건을 가진 특정 목표를 달성하기 위해서 정해진 순서에 따라 수행될 수 있는 명료한 요구사항으로 구성된 유한한 집합이다."

알고리즘을 설계하는 것은 현실 세계의 문제를 해결하는 데 사용할 수 있는 가장 효율적인 방법으로 수학적 레시피를 만드는 것입니다. 또한, 이 레시피는 더 넓은 범위의 문제를 풀 수 있는 수학적 해결책을 만드는 기반으로도 사용될 수 있습니다.

1.1.1 알고리즘의 단계

알고리즘의 개발, 배포, 사용 단계는 다음과 같습니다.

❤ 그림 1-1 알고리즘의 개발, 배포, 사용 단계

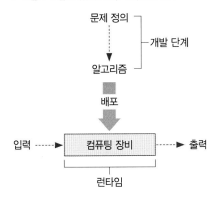

이 그림처럼 전체 프로세스는 해결해야 할 문제와 요구사항이 무엇인지 파악하는 문제 정의 단계부터 시작합니다. 문제를 깔끔하게 정의하고 나면 개발 단계로 넘어갑니다.

개발 단계는 다음과 같은 두 가지 세부 단계로 구성됩니다.

- **설계 단계**: 알고리즘의 구조, 작동 방식과 구현에 관한 세부 사항을 결정하고 문서화합니다. 알고리즘을 설계할 때는 정확도와 성능을 모두 고려해야 합니다. 문제를 풀 수 있는 방법은 다양합니다. 알고리즘 설계 단계에서는 여러 후보 알고리즘을 서로 비교하는 과정을 반복합니다. 어떤 알고리즘은 간단하고 빠르지만 그만큼 정확도가 낮은 단점이 있습니다. 반대로, 어떤 알고리즘은 아주 정확하지만 연산량이 많아서 실행 속도가 느립니다. 복잡도는 비슷하지만 다른 대안들보다 더 효율적인 알고리즘도 있습니다. 최종 결정을 내리기 전에 모든 후보 알고리즘이 가진 장단점을 면밀히 검토해야 합니다. 문제가 매우 복잡할수록 효율적인 알고리즘을 설계하는 것이 아주 중요합니다. 문제에 맞게 적절한 알고리즘을 설계할 수 있다면 만족스러운 성능과 합리적인 정확도라는 두 마리 토끼를 모두 잡을 수 있을 것입니다.

- **구현 단계**: 앞서 설계한 알고리즘을 컴퓨터 프로그램으로 변환합니다. 이 단계에서는 설계 단계에서 정의한 모든 작동 방식과 구조를 정확하게 구현하는 것이 중요합니다.

알고리즘의 설계와 구현 단계는 반복적인 특징이 있습니다. 모든 기능적/비기능적 요구사항을 만족하는 설계도를 그리는 것은 매우 긴 시간과 많은 노력이 필요합니다. 기능적 요구사항은 입력 데이터가 주어졌을 때 어떤 결과가 출력되어야 하는지 결정하는 것을 말합니다. 비기능적 요구사항은 입력 데이터를 처리하는 성능과 관련이 있습니다. 이 장의 후반부에서 알고리즘 검증과 성능 분석에 대해 더 자세히 소개할 텐데, 알고리즘 검증에서는 해당 알고리즘이 기능적 요구사항을 만족하는지 확인하고, 성능 분석에서는 성능이라는 주요 비기능적 요구사항을 점검합니다.

알고리즘을 설계하고 여러분이 선택한 프로그래밍 언어로 구현까지 끝냈다면, 이 알고리즘을 배포할 수 있습니다. 알고리즘 배포 단계는 해당 코드가 실행될 실제 프로덕션 환경에 대한 설계를 수반합니다. 프로덕션 환경은 실제로 처리할 데이터와 해당 알고리즘에서 필요한 프로세싱 요구 조건을 고려하여 설계되어야 합니다. 예를 들어, 병렬화 가능한 알고리즘을 효율적으로 실행하기 위해서는 적절한 수의 컴퓨팅 노드로 구성된 클러스터가 필요합니다. 데이터를 대량으로 사용하는 알고리즘에는 데이터 파이프라인과 데이터를 캐싱/저장하는 방식을 설계해야 합니다. 프로덕션 환경 설계는 13장 대규모 알고리즘과 14장 실질적 고려사항에서 더 자세히 다루겠습니다. 프로덕션 환경의 설계와 구현이 끝나면, 알고리즘 배포가 완료됩니다. 그 순간부터 알고리즘은 문제의 요구사항에 맞도록 입력 데이터를 가공하여 결과를 출력합니다.

1.2 / 알고리즘의 로직 표현하기

알고리즘을 설계할 때는 그 상세한 사항을 표현할 수 있는 여러 방식을 탐색하는 것이 중요합니다. 이때 알고리즘의 작동 방식과 구조를 적절히 표현할 수 있는 능력이 필요합니다. 집을 지을 때 계획을 먼저 세우는 것처럼 알고리즘도 실제로 구현하기 전에 구조를 잡아야 합니다. 예를 들어, 매우 복잡한 분산형 알고리즘은 그것이 실제로 어떠한 방식으로 클러스터 내에서 분산 처리될지 미리 계획하는 것이 설계 과정에서 매우 중요합니다. 이번 절에서 의사코드와 실행 계획에 대해 알아봅시다.

1.2.1 의사코드 이해하기

알고리즘의 작동 방식을 표현하는 가장 단순한 방법은 알고리즘의 개략적인 특징을 어느 정도 구조화된 방법으로 기술하는 것입니다. 이를 **의사코드**(pseudocode)라고 합니다. 의사코드를 작성하기 전에 알고리즘의 주요 흐름을 일반적인 문장으로 써 보세요. 그리고 이 문장을 알고리즘의 작동 방식과 흐름을 가장 잘 표현할 수 있는 구조화된 방식인 의사코드로 변환합니다. 적절하게 작성된 의사코드를 보면 알고리즘의 핵심 흐름을 이해할 수 있습니다. 다음 그림에서 의사코드가 어디에 위치해 있는지 살펴보세요.

❤ 그림 1-2 의사코드와 알고리즘

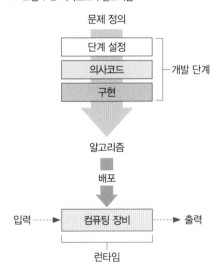

의사코드 작성이 끝나면 여러분이 선택한 프로그래밍 언어로 알고리즘을 작성하면 됩니다.

의사코드 예시

다음 코드는 자원 할당 알고리즘인 **SRPMP**의 의사코드입니다. 클러스터 컴퓨팅은 주어진 자원을 이용해 병렬로 작업을 처리합니다. 이때 자원 전체를 **자원 풀**(resource pool)이라 부릅니다. SRPMP 알고리즘은 작업을 자원에 할당하고 Ω라는 매핑 집합을 생성합니다.

```
1: BEGIN Mapping_Phase
2: Ω = { }
3: k = 1
4: FOREACH Tᵢ∈T
5:     ωᵢ = RA(Δₖ,Tᵢ)
```

```
 6:      add { ω_i, T_i } to Ω
 7:      state_change_Ti [STATE 0: Idle/Unmapped] → [STATE 1: Idle/Mapped]
 8:      k=k+1
 9:      IF (k>q)
10:          k=1
11:      ENDIF
12: END FOREACH
13: END Mapping_Phase
```

단계를 하나씩 살펴보겠습니다.

1. 알고리즘을 실행하여 매핑을 시작합니다. 매핑 집합 Ω는 공집합입니다.

2. T_1 작업을 위해 첫 번째 파티션을 자원 풀로 선택합니다. 앞에서 살펴본 의사코드의 3번째 줄입니다. 이는 각 작업에 자원을 할당하고 **RA**(Rheumatoid Arthritis) 알고리즘을 실행하는 과정을 반복합니다.

3. RA 알고리즘은 T_i번째 작업에 필요한 자원 집합을 반환하여 이를 ω_i에 할당합니다(5번째 줄).

4. T_i와 ω_i를 매핑 집합에 추가합니다(6번째 줄).

5. T_i의 상태가 [상태 0: 대기/매핑X]에서 [상태 1: 대기/매핑]으로 바뀝니다(7번째 줄).

6. 첫 번째 반복 k=1에서는 첫 번째 파티션이 선택됩니다. 이후에 계속 작업을 반복하면서 k값은 $k < q$ 조건을 만족할 때까지 증가합니다.

7. k가 q보다 커지면 다시 1로 리셋됩니다(9~10번째 줄).

8. 이 과정은 모든 작업과 자원이 연결되어 매핑 집합에 저장될 때까지 반복됩니다.

9. 매핑 집합이 완료되면 알고리즘을 종료합니다.

1.2.2 스니펫 사용하기

파이썬처럼 단순하면서 강력한 프로그래밍 언어가 인기를 끌면서 알고리즘의 논리를 의사코드가 아닌 프로그래밍 언어로 직접 표현하는 대안적인 접근 방식이 떠오르고 있습니다. 이 방식으로 기술한 코드는 지나치게 상세한 논리 기술을 피하면서도 알고리즘의 중요한 논리와 구조를 표현할 수 있습니다. 이러한 코드를 **스니펫**(snippet)이라고 부릅니다. 스니펫을 사용하면 의사코드를 기술하는 중간 단계를 생략할 수 있습니다. 이 책에서는 가급적 의사코드 대신 스니펫을 사용하겠습니다. 다음은 두 변수를 서로 뒤바꾸는 파이썬 함수를 스니펫으로 작성한 사례입니다.

```
define swap(x, y)
    buffer = x
    x = y
    y = buffer
```

주의 ≡ 모든 의사코드를 스니펫으로 대체하는 것은 어렵습니다. 불필요한 코드 나열은 집중력을 산만하게 만듭니다. 그럴 때는 의사코드를 이용해 여러 줄의 코드를 한 줄로 추상화합니다.

1.2.3 실행 계획 생성하기

알고리즘의 작동 원리가 아주 복잡하여 의사코드와 스니펫으로 설명하기 어려운 경우도 있습니다. 예를 들어, 분산 알고리즘은 보통 순차적으로 실행되는 여러 단계로 구성됩니다. 큰 문제를 순차적으로 연결된 작은 단계로 쪼개는 전략은 알고리즘을 효율적으로 실행하는 데 매우 중요합니다.

복잡한 알고리즘의 작동 원리와 구조를 모두 표현하려면 어떻게 해야 할까요? 그 방법 중 하나는 실행 계획(execution plan)을 생성하는 것입니다. 실행 계획은 알고리즘을 여러 작업(task)으로 세분화하여 자세히 설명합니다. 각 작업은 매퍼(mapper) 또는 리듀서(reducer)이며, 이들을 **스테이지**(stage)라 칭하는 블록으로 묶을 수 있습니다. 다음 그림은 알고리즘을 실행하기 전에 아파치 스파크(Apache Spark) 런타임이 생성하는 실행 계획을 도식화한 것입니다.

❤ 그림 1-3 아파치 스파크 런타임이 생성하는 실행 계획

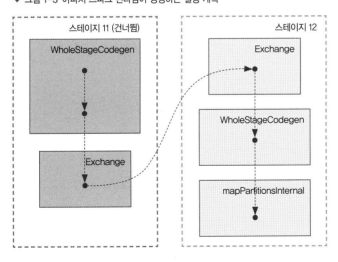

이 그림에 표현된 5개의 작업은 스테이지 11과 스테이지 12의 두 단계로 묶을 수 있습니다.

1.3 / 파이썬 패키지 살펴보기

프로그래밍 언어를 이용해 설계대로 알고리즘을 구현할 차례입니다. 이 책에서는 파이썬을 선택했습니다. 파이썬은 강력하고 유연한 오픈 소스 프로그래밍 언어로, 아마존 웹 서비스(Amazon Web Services, AWS), 마이크로소프트 애저(Microsoft Azure), 구글 클라우드 플랫폼(Google Cloud Platform, GCP)과 같은 클라우드 컴퓨팅 인프라에서도 사용할 수 있어 매우 유용합니다.

파이썬 공식 홈페이지(https://www.python.org)에서는 설치 방법과 초보자 가이드를 제공합니다. 여러분이 파이썬을 사용해 본 적이 없다면 이 초보자 가이드를 이용해 스스로 학습하길 추천합니다. 파이썬 언어에 대한 기본적인 내용을 이해하고 나면 이 책에서 다루는 개념들을 더 잘 이해할 수 있습니다.

이 책은 파이썬 3의 최신 버전을 사용합니다(파이썬 3.7.3 버전을 기준으로 작성했으나, 이후 버전에서도 정상 작동합니다).

1.3.1 파이썬 패키지

파이썬은 범용 언어입니다. 기본 파이썬에는 최소한의 기능만 구현되어 있기 때문에 사용 목적에 따라 추가 패키지를 설치하는 것이 좋습니다. 패키지를 설치하는 가장 쉬운 방법은 pip 명령어를 사용하는 것입니다.

```
pip install a_package
```

이미 설치된 패키지를 최신 버전으로 업데이트할 때는 upgrade 플래그를 사용합니다.

```
pip install a_package --upgrade
```

과학 컴퓨팅 패키지를 내려받을 수 있는 또 다른 소스는 아나콘다(Anaconda)입니다. 아나콘다는 https://continuum.io/downloads에서 내려받아 설치할 수 있습니다.

아나콘다에서 패키지를 내려받을 때는 다음과 같은 명령어를 사용합니다.

```
conda install a_package
```

아나콘다에서 기존 패키지를 업데이트할 때는 다음과 같은 명령어를 사용합니다.

```
conda update a_package
```

여러분이 사용할 수 있는 파이썬 패키지는 무궁무진합니다. 다음으로 알고리즘에 관한 유용한 패키지를 몇 가지 소개합니다.

SciPy 생태계

SciPy는 과학 연구를 위해 만들어진 파이썬 패키지입니다. SciPy는 다양한 난수(random number) 생성기, 선형 대수 루틴, 최적화 도구를 포함한 많은 기능이 담겨 있습니다. 또한, 패키지를 필요에 맞게 변형하고 다양한 기능을 추가할 수 있는 확장 기능도 갖추고 있습니다.

다음은 SciPy 생태계를 구성하는 주요 패키지입니다.

- **NumPy**: 알고리즘에서 배열이나 행렬과 같은 다차원 자료 구조를 생성하는 기능은 아주 중요합니다. NumPy는 통계와 데이터 분석에 필수적인 배열과 행렬 데이터 타입을 제공합니다. Numpy에 대한 자세한 내용은 https://numpy.org를 참조하세요.

- **scikit-learn**: 이 머신러닝 패키지는 인기 있는 SciPy 확장 기능 중 하나입니다. scikit-learn은 분류, 회귀, 클러스터링, 모델 검증 등 다양한 핵심 머신러닝 알고리즘을 제공합니다. scikit-learn에 대한 자세한 내용은 https://scikit-learn.org를 참조하세요.

- **pandas**: 오픈 소스 소프트웨어 라이브러리인 pandas는 다양한 알고리즘에서 널리 사용하는 테이블형 자료 구조를 제공합니다. 이 라이브러리는 상당히 많은 유용한 기능을 제공하며 그 성능 역시 고도로 최적화되어 있습니다. pandas에 대한 자세한 내용은 https://pandas.pydata.org를 참조하세요.

- **Matplotlib**: 강력한 시각화 자료를 생성할 수 있는 도구입니다. 이를 이용하면 데이터를 선 차트, 산포도, 막대 차트, 히스토그램, 파이 차트 등으로 표현할 수 있습니다. Matplotlib에 대한 자세한 내용은 https://matplotlib.org를 참조하세요.

- **Seaborn**: 이 라이브러리는 R 프로그래밍 언어의 ggplot2 라이브러리와 비슷합니다. Seaborn은 Matplotlib에 기반을 두고 통계 시각화에 특화된 고급 기능을 제공합니다. 자세한 내용은 https://seaborn.pydata.org를 참조하세요.

- **iPython**: 파이썬 코드를 작성, 테스트, 디버깅할 수 있는 인터랙티브 콘솔입니다.

- **파이썬 프로그램 실행**: 파이썬 프로그램은 .py 확장자를 가진 텍스트 파일로 저장할 수 있으며, 이를 콘솔에서 실행할 수 있습니다.

1.3.2 주피터 노트북으로 파이썬 사용하기

파이썬 프로그램을 실행하는 또 다른 방법은 주피터 노트북(Jupyter Notebook)을 활용하는 것입니다. 주피터 노트북은 브라우저를 이용해 코드를 개발할 수 있는 기능을 지원합니다. 이 책의 코드는 모두 주피터 노트북에서 실행했습니다. 주피터 노트북에서는 코드와 더불어 텍스트나 차트 등 다양한 정보를 쉽게 표현할 수 있기 때문에 알고리즘의 작동 원리를 효과적으로 설명할 수 있습니다.

주피터 노트북을 사용하려면 Jupyter-notebook 프로세스를 실행하고 여러분이 원하는 브라우저를 연 다음 http://localhost:8888을 주소창에 입력하면 됩니다.

▼ 그림 1-4 주피터 노트북

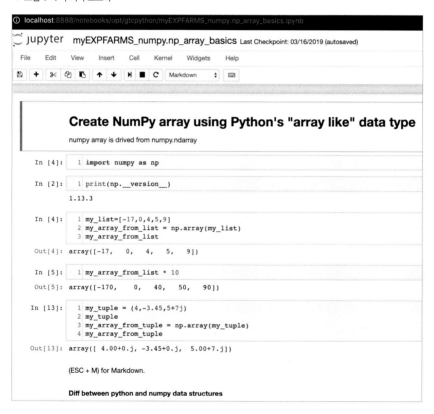

주피터 노트북은 셀(cell)이라는 블록으로 구성됩니다.

1.4 알고리즘 설계 기법 이해하기

알고리즘이란 현실 세계의 문제에 대한 수학적 해결책입니다. 알고리즘을 설계할 때는 다음과 같은 세 가지 사항을 고려해야 합니다.

1. 알고리즘이 우리가 기대한 결과를 출력하나요?

2. 이 결과를 얻기 위해 선택한 방법이 최적인가요?

3. 이 알고리즘이 규모가 더 큰 데이터셋에도 동작할까요?

해결책을 설계하기 전에 가장 중요한 것은 문제 자체의 복잡성을 이해하는 것입니다. 예를 들어, 문제를 요구사항과 복잡도의 측면에서 구체화하면 적절한 해결책을 설계하는 데 도움이 됩니다. 일반적으로 알고리즘은 문제의 특성에 따라 다음과 같은 유형으로 분류할 수 있습니다.

- **데이터 집약적 알고리즘**: 대규모 데이터를 처리하기 위해 설계된 알고리즘으로, 알고리즘의 원리 자체는 상대적으로 간단한 데이터인 경우가 많습니다. 대용량 파일에 적용된 압축 알고리즘은 데이터 집약적 알고리즘의 좋은 사례입니다. 대용량 파일의 데이터는 보통 처리 엔진(단일 노드 또는 클러스터)의 메모리보다 훨씬 크기 때문에 요구사항에 따라 데이터를 효율적으로 처리하려면 반복적인 처리 방식이 필요한 경우도 있습니다.

- **연산 집약적 알고리즘**: 이 알고리즘은 상당히 높은 프로세싱 요구사항이 있지만 대규모 데이터에 사용되지는 않습니다. 매우 큰 소수(prime number)를 찾는 알고리즘이 그 사례 중 하나입니다. 병렬화는 연산 집약적 알고리즘의 성능을 극대화할 수 있는 핵심 요소입니다.

- **데이터/연산 집약적 알고리즘**: 이 알고리즘은 대규모 데이터에 상당히 큰 연산을 수행합니다. 실시간으로 들어오는 동영상 데이터에 대해 감성 분석을 수행하는 것이 데이터/연산 집약적 알고리즘의 사례입니다. 이 알고리즘은 자원을 많이 소모하기 때문에 신중히 설계해야 하며 가용한 자원을 지능적으로 할당해야 합니다.

당면한 문제를 복잡성과 프로세싱 요구사항 측면에서 구체화하려면, 처리할 데이터와 연산에 대해 더 깊이 이해해야 합니다. 이를 더 자세히 알아봅시다.

1.4.1 데이터 차원

데이터를 **크기**(volume), **속도**(velocity), **다양성**(variety)의 세 가지 측면(3V)에서 살펴봅시다.

- **크기**: 알고리즘이 처리할 것으로 예상되는 데이터의 크기를 의미합니다.
- **속도**: 새로운 데이터가 생성되는 속도를 의미합니다. 속도는 0일 수도 있습니다.
- **다양성**: 알고리즘이 처리할 것으로 예상되는 데이터 유형의 수를 의미합니다.

다음 그림은 데이터의 3V를 더 자세히 표현한 것입니다. 그림의 중심에는 부피가 작고 다양성이 적으며 속도가 느린 가장 단순한 형태의 데이터가 있습니다. 중심에서 멀어질수록 데이터의 복잡도가 증가합니다. 속도 차원을 예로 들면, **배치 프로세스**, **주기적 프로세스**, **준 실시간 프로세스**, **실시간 프로세스** 순으로 복잡도가 늘어납니다. 실시간 프로세스는 이 세 가지 측면에서 다루기가 가장 어려운 카테고리입니다. 예를 들어, 여러 대의 감시 카메라로 얻는 실시간 동영상 데이터는 분량도 많고 종류도 다양하며 매우 빠른 속도로 새로운 데이터가 생성됩니다. 따라서 이러한 데이터를 효과적으로 저장하고 처리할 수 있는 기능을 갖추기 위해 적절한 설계가 필요합니다. 이와 반대로, 엑셀(Excel)로 만든 간단한 .csv 파일은 크기도 작고 형태가 균일하며 데이터 생성 속도도 느립니다.

❤ 그림 1-5 데이터의 3V

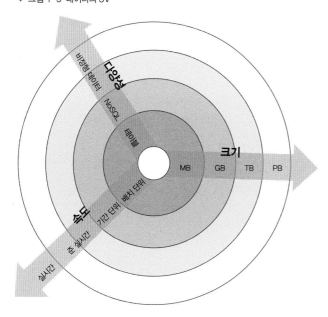

1.4.2 연산 차원

연산 차원은 문제를 처리하는 데 소요되는 컴퓨팅 자원에 대한 것입니다. 여러 해결책 중 가장 적절한 옵션을 결정하는 요소는 알고리즘의 프로세싱 요구사항입니다. 예를 들어, 딥러닝 알고리즘은 보통 상당히 많은 처리 능력이 필요합니다. 따라서 딥러닝 알고리즘을 사용한다면 다중 노드 병렬 아키텍처를 최대한 많이 사용하는 것이 좋습니다.

활용 사례

동영상 데이터에 대한 감성 분석을 수행하는 사례를 예로 들어 보겠습니다. 감성 분석의 목표는 영상 속 사람들의 슬픔, 행복, 두려움, 기쁨, 좌절, 황홀감 등을 포착하고 분류하는 것입니다. 이는 컴퓨팅 자원이 상당히 많이 필요한 연산 집약적 작업입니다. 다음 그림은 연산 차원을 설계하기 위해 전체 프로세스를 다섯 가지 작업으로 쪼개고 이를 다시 두 단계로 묶었습니다. 모든 데이터 변환과 준비 작업은 세 개의 매퍼 작업으로 구현되어 있습니다. 이를 위해 동영상을 세 개의 파티션으로 쪼갭니다. 이 파티션들을 **스플릿**(split)이라고 부릅니다. 매퍼 작업을 통해 전처리가 끝난 동영상은 **리듀서**라 부르는 두 개의 취합 작업으로 넘어갑니다. 감성 분석을 수행하기 위해 리듀서는 동영상들을 감성 카테고리별로 분류하는 작업을 실행합니다.

❤ 그림 1-6 연산 차원 설계

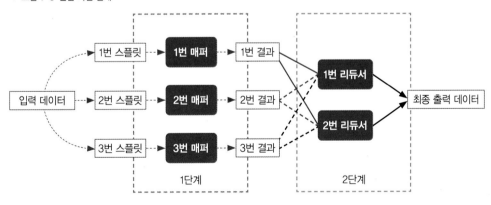

> 주의 ≡ 사용하는 매퍼와 리듀서의 개수에 따라 병렬 알고리즘의 실행 시간이 결정됩니다. 또한, 최적의 매퍼와 리듀서의 개수는 데이터의 특성과 사용하는 알고리즘의 유형 및 가용 리소스 규모에 따라 달라집니다.

1.5 / 성능 분석하기

알고리즘의 성능 분석은 설계에서 중요한 단계입니다. 알고리즘의 성능을 추정하는 방법 중 하나는 알고리즘의 복잡성을 파악하는 것입니다.

복잡도 이론은 알고리즘이 얼마나 복잡한지 판단하는 데 사용하는 도구입니다. 알고리즘을 유용하게 사용하기 위해서는 다음과 같은 세 가지 사항을 만족해야 합니다.

- 알고리즘은 정확해야 합니다. 문제에 적절한 답을 줄 수 없는 알고리즘은 그다지 도움이 되지 않습니다.

- 알고리즘을 우리가 이해할 수 있어야 합니다. 아무리 좋은 알고리즘이라도 너무 복잡하여 컴퓨터로 구현하기 어렵다면 쓸모가 없습니다.

- 알고리즘은 효율적이어야 합니다. 알고리즘이 도출한 결과가 아무리 정확하더라도 이를 출력하는 데 천년이 걸리거나 10억 테라바이트의 메모리가 필요하다면 문제 해결에 적합하지 않습니다.

알고리즘의 복잡도는 두 가지 방법으로 분석합니다.

- 공간 복잡도 분석: 알고리즘을 실행하는 데 필요한 런타임 메모리 크기를 추정합니다.
- 시간 복잡도 분석: 알고리즘을 실행하는 데 걸리는 시간을 추정합니다.

1.5.1 공간 복잡도 분석

공간 복잡도 분석(space complexity analysis)은 알고리즘이 입력 데이터를 처리하는 데 필요한 메모리 양을 추정합니다. 알고리즘은 입력 데이터를 처리할 때 임시로 만들어지는 자료 구조를 메모리에 저장합니다. 알고리즘이 설계되는 방식은 임시 데이터의 개수, 유형, 크기를 결정합니다. 그리고 이는 다시 알고리즘 실행을 위해 필요한 하드웨어의 메모리 사양을 정합니다. 분산 컴퓨팅 기술이 도입되고 처리해야 할 데이터 양이 점점 더 커지면서 공간 복잡도 분석이 점점 더 중요해지고 있습니다. **탄력적 분산 데이터셋**(Resilient Distributed Dataset, RDD)처럼 분산 컴퓨팅에 사용되는 최신 인메모리(in-memory) 자료 구조는 알고리즘의 다양한 실행 단계에 필요한 메모리 요구사항을 인식하는 효율적인 자원 할당 메커니즘이 필요합니다.

공간 복잡도 분석은 알고리즘의 효율적인 설계를 위해 필수적입니다. 알고리즘 설계 과정에서 공간 복잡도 분석이 제대로 수행되지 않는다면, 임시 데이터를 저장할 메모리가 부족한 현상이 발생하여 알고리즘의 성능과 효율성에 악영향을 줄 수 있습니다.

공간 복잡도는 13장에서 복잡한 런타임 메모리 요구사항을 가진 대규모 분산 알고리즘을 소개하면서 다시 다루겠습니다.

1.5.2 시간 복잡도 분석

시간 복잡도 분석(time complexity analysis)은 알고리즘의 구조에 따라 할당된 작업을 완료하는 데 걸리는 시간을 추정합니다. 공간 복잡도와 달리 시간 복잡도는 알고리즘을 실행하는 하드웨어의 성능이 아니라 알고리즘 자체의 구조에만 영향을 받습니다. 시간 복잡도 분석의 전체적인 목표는 알고리즘이 확장 가능한지, 더 큰 데이터셋을 얼마나 잘 다룰 수 있을지 답을 구하는 것입니다.

그 답을 얻기 위해 데이터 크기가 알고리즘 성능에 미치는 영향을 알아내고, 알고리즘이 정확한 답을 도출할 뿐만 아니라 확장성 있게 설계됐는지 확인해야 합니다. 빅데이터 시대를 맞아 대규모 데이터를 처리할 수 있는 알고리즘의 성능이 점차 중요해지고 있습니다.

보통 알고리즘은 여러 방법으로 설계할 수 있습니다. 시간 복잡도 분석을 수행하는 목표는 다음과 같습니다.

> "특정 문제를 여러 알고리즘으로 풀 수 있을 때 어떤 알고리즘이 시간 효율성 측면에서 가장 좋은가?"

알고리즘의 시간 복잡도는 다음과 같은 두 가지 방식으로 계산할 수 있습니다.

- **구현 후 프로파일링 분석 방식**: 다양한 후보 알고리즘을 구현하고 실행하여 성능을 비교합니다.
- **구현 전 이론적 분석 방식**: 알고리즘을 실행하지 않고 성능을 수학적으로 근사하여 비교합니다.

이론적 분석 방식의 장점은 알고리즘의 구조 자체에만 집중할 수 있다는 것입니다. 알고리즘을 실제로 구현하고 실행하는 것이 아니기 때문에 하드웨어의 성능이나 구현에 사용한 소프트웨어 기술, 프로그래밍 언어 등의 변수를 고려하지 않아도 됩니다.

1.5.3 성능 추정

일반적인 알고리즘의 성능은 주어진 입력 데이터의 유형에 따라 달라질 수 있습니다. 예를 들어, 입력 데이터가 문제 맥락에 맞도록 정렬되어 있다면 알고리즘의 실행 속도가 상당히 단축될 수 있습니다. 성능 측정에 미리 정리된 입력 데이터를 사용하면 일부 사례에서는 매우 뛰어난 테스트 결과를 얻을 수 있을 것입니다. 그러나 이를 두고 해당 알고리즘의 일반적인 성능이라 평가하기는 어렵습니다. 입력 데이터에 대한 알고리즘의 의존성 문제를 해결하기 위해서는 성능 분석 시 여러 경우를 고려해야 합니다.

최상의 경우

최상의 경우는 알고리즘이 최고의 성능을 낼 수 있도록 입력 데이터가 정리된 경우입니다. 최상의 경우를 분석해 성능의 상한선을 확인할 수 있습니다.

최악의 경우

알고리즘의 성능을 추정할 수 있는 두 번째 방식은 작업을 완료하는 데 걸리는 시간이 최대가 되는 경우입니다. 최악의 경우를 분석해 알고리즘이 가진 성능의 하한선을 확인할 수 있습니다. 어떠한 악조건에서도 알고리즘은 최저 수준보다는 항상 나은 성능을 보이도록 보장되어 있습니다. 최악의 경우 분석은 특히 대규모 데이터를 가진 복잡한 문제에 대한 알고리즘 성능을 측정할 때 유용합니다.

평균의 경우

평균의 경우 분석은 다양한 입력 데이터를 여러 그룹으로 나눕니다. 그리고 각 그룹에서 대표적인 데이터를 뽑아 성능 분석을 수행합니다. 마지막으로 그룹별 결과를 모아 전체 평균을 계산합니다.

평균의 경우 분석은 알고리즘에 투입하는 입력 데이터의 다양한 조합과 가능성을 고려해야 하기 때문에 항상 정확하지 않을 수 있으며 실행하기 어렵다는 단점이 있습니다.

1.5.4 알고리즘 선택

어떤 알고리즘을 선택하는 것이 가장 좋을까요? 어떤 알고리즘이 가장 빠른지 어떻게 알 수 있을까요? 이 질문에 대한 답을 구할 수 있는 도구는 시간 복잡도와 빅오 표기법(Big O notation)입니다.

일련의 숫자를 순서대로 정렬하는 문제를 예로 들어봅시다. 정렬 문제는 여러 알고리즘으로 풀 수 있습니다. 그 중에서 가장 적절한 알고리즘을 찾아봅시다.

정렬할 숫자가 많지 않다면 어떤 알고리즘을 선택할지는 별로 중요하지 않습니다. 예를 들어, 정렬할 리스트에 담긴 숫자가 10개($n=10$)뿐이라면 아무리 비효율적으로 설계된 알고리즘이라도 작업을 마치는 데 몇 마이크로초도 걸리지 않을 것입니다. 그러나 리스트의 크기가 백만 개에 달한다면 알고리즘의 선택이 현격한 차이를 만듭니다. 매우 비효율적인 알고리즘은 작업을 마치는 데 수 시간이 걸릴 수 있지만, 아주 잘 설계된 알고리즘은 몇 초 만에 정렬을 끝낼 수 있습니다. 그러므로 대규모 입력 데이터셋을 다루는 경우에는 시간과 노력이 들더라도 성능 분석을 통해 문제 해결에 적합한 알고리즘을 선택하는 것이 합리적입니다.

1.5.5 빅오 표기법

빅오 표기법은 알고리즘의 성능을 정량화하는 도구로써 최악의 경우 분석에 널리 사용되고 있습니다. 빅오 표기법의 여러 유형을 자세히 소개하겠습니다.

상수 시간 복잡도 O(1)

입력 데이터의 크기에 관계없이 알고리즘의 실행 시간이 동일하다면 실행에 상수 시간이 소요된다고 하며 $O(1)$로 표기합니다. 배열의 n번째 요소에 접근하는 예를 들어 봅시다. 이 작업은 배열의 크기와 관계없이 일정한 시간이 걸립니다. 배열의 첫 번째 요소를 반환하는 다음 함수의 복잡도는 $O(1)$입니다.

[in :]

```
def getFirst(myList):
    return myList[0]
```

그 결과는 다음과 같습니다.

[in :]

```
getFirst([1, 2, 3])
```

[out:]

```
1
```

```
[in :]
getFirst([1, 2, 3, 4, 5, 6, 7, 8, 9, 10])
```

```
[out:]
1
```

상수 시간이 소요되는 작업은 다음과 같습니다.

- push로 스택에 새 요소를 추가하거나 pop으로 스택에서 요소를 제거하는 작업
- 해시 테이블에 담긴 요소에 접근하는 작업

선형 시간 복잡도 O(n)

알고리즘의 실행 시간이 입력 크기에 비례한다면 이를 선형 시간 복잡도라고 하며 $O(n)$으로 표기합니다. 선형 시간 복잡도의 간단한 사례는 일차원 배열에 담긴 숫자의 총합을 구하는 것입니다.

```
[in :]
def getSum(myList):
    sum = 0
    for item in myList:
        sum = sum + item
    return sum
```

이 함수의 for 루프 구문을 주의 깊게 살펴보세요. 배열의 크기(n)가 커지면 그에 비례하여 루프를 순회하는 횟수가 늘어납니다. 따라서 이 함수의 복잡도는 $O(n)$입니다.

```
[in :]
getSum([1, 2, 3])
```

```
[out:]
6
```

```
[in :]
getSum([1, 2, 3, 4])
```

```
[out:]
```
```
10
```

선형 시간 복잡도를 가지는 작업 사례는 다음과 같습니다.

- 일차원 배열에서 요소를 검색하는 작업
- 일차원 배열에서 가장 작은 값을 가진 요소를 찾아내는 작업

이차 시간 복잡도 O(n²)

입력 데이터 크기의 제곱에 비례하여 실행 시간이 증가하는 알고리즘은 이차 시간 복잡도를 가집니다. 이차원 배열의 총합을 구하는 간단한 함수를 살펴봅시다.

```
[in :]
```
```python
def getSum(myList):
    sum = 0
    for row in myList:
        for item in row:
            sum += item
    return sum
```

하나의 for 루프 안에 또 다른 루프가 들어 있습니다. 이렇게 중첩된 루프는 $O(n^2)$의 복잡도를 가집니다.

```
[in :]
```
```python
getSum([[1, 2], [3, 4]])
```

```
[out:]
```
```
10
```

```
[in :]
```
```python
getSum([[1, 2, 3], [4, 5, 6]])
```

```
[out:]
```
```
21
```

이차 시간 복잡도를 가지는 또 다른 사례로는 **버블 정렬**(bubble sort) 알고리즘이 있습니다.

로그 시간 복잡도 O(logn)

알고리즘의 실행 시간이 입력 데이터의 크기에 로그를 취한 값에 비례한다면 로그 시간 복잡도를 가진다고 표현합니다. 루프를 순회할 때마다 입력 데이터의 크기는 일정한 배수로 줄어듭니다. 대표적인 사례는 이진 검색(binary search)입니다. 이진 검색은 파이썬의 리스트와 같은 일차원 배열에서 특정한 요소를 찾아내는 데 사용합니다. 이진 검색을 수행하기 위해서는 배열 안의 요소들이 순서대로 정렬되어 있어야 합니다. 이진 검색 알고리즘은 다음과 같이 구현합니다.

[in :]

```python
def searchBinary(myLists, item):
    first = 0
    last = len(myList) - 1
    foundFlag = False
    while (first <= last and not foundFlag):
        mid = (first + last) // 2
        if myList[mid] == item:
            foundFlag = True
        else:
            if item < myList[mid]:
                last = mid - 1
            else:
                first = mid + 1
    return foundFlag
```

이진 검색 함수는 배열이 미리 정렬되어 있다는 점을 충분히 활용합니다. 루프를 순회할 때마다 검색할 배열의 크기를 절반씩 줄여 나갑니다. 다음은 배열 안에 특정 값이 존재하는지 이진 검색으로 확인한 결과입니다.

[in :]

```python
searchBinary([8, 9, 10, 100, 1000, 2000, 3000], 10)
```

[out:]

```
True
```

```
[in :]
searchBinary([8, 9, 10, 100, 1000, 2000, 3000], 5)
```

```
[out:]
False
```

이진 검색 알고리즘은 3장 정렬과 검색 알고리즘에서 더 자세히 다루겠습니다.

지금까지 네 가지 빅오 표기법을 알아봤습니다. 입력 데이터의 크기에 비례하여 실행 시간이 증가하는 유형 중 최악의 성능은 $O(n^2)$이고 최고의 성능은 $O(logn)$입니다. $O(logn)$의 성능은 항상 달성할 수 있는 것은 아니지만 모든 알고리즘 성능의 기준이라 할 수 있습니다. 그에 반해 $O(n^2)$은 $O(n^3)$보다는 성능이 낮지만, 이 유형으로 분류되는 알고리즘은 주어진 시간 내에 처리할 수 있는 데이터 양이 제한되어 있기 때문에 대규모 데이터를 다루는 데는 적합하지 않습니다.

알고리즘의 복잡도를 줄이는 방법 중 하나는 정확도를 희생하는 것입니다. 이러한 유형의 알고리즘을 **근사 알고리즘**(approximate algorithm)이라고 합니다.

문제 해결에 적합한 알고리즘을 찾는 과정은 다음 그림에 묘사된 것처럼 설계, 구현, 성능 분석을 반복적으로 거칩니다.

❤ 그림 1-7 문제 해결에 적합한 알고리즘을 찾는 과정

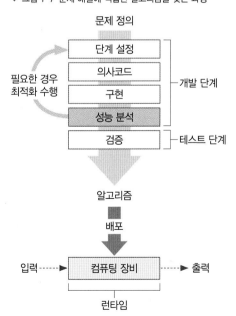

1.6 알고리즘 검증하기

유효성 검사를 통해 우리가 만든 알고리즘이 문제에 대한 수학적 해결책인지 확인할 수 있습니다. 검증 프로세스는 가능한 많은 유형과 값으로 구성된 입력 데이터를 사용하여 결과를 확인해야 합니다.

1.6.1 결정론적, 비결정론적 알고리즘과 최적, 근사 알고리즘

검증 기법은 알고리즘의 종류에 따라 달라집니다. 먼저 결정론적 알고리즘과 비결정론적 알고리즘을 나누어 살펴봅시다.

결정론적 알고리즘은 같은 입력 데이터에 대해 언제나 동일한 결과를 출력합니다. 이에 반해 비결정론적 알고리즘은 일련의 난수를 추가로 사용하기 때문에 입력 데이터가 동일하더라도 매번 다른 결과를 출력할 수 있습니다. 6장 비지도 학습 알고리즘에서 소개할 k-평균 클러스터링 알고리즘이 비결정론적 알고리즘의 사례입니다.

❤ 그림 1-8 결정론적 알고리즘과 비결정론적 알고리즘

또한, 알고리즘은 실행 속도를 높이기 위해 작동 방식을 단순화하거나 근사를 사용하는지에 따라 다음과 같은 두 가지로 분류할 수 있습니다.

- **최적(exact) 알고리즘**: 문제에 대한 정확한 해결책을 찾아내는 알고리즘으로, 어떠한 가정이나 근사를 사용하지 않습니다.
- **근사(approximate) 알고리즘**: 주어진 자원에 비해 당면한 문제가 지나치게 복잡한 경우, 몇 가지 가정을 사용하여 문제를 단순화할 수 있습니다. 이러한 가정 또는 단순화에 기반을 둔 근사 알고리즘은 문제에 대한 최적의 해결책을 제공하지는 않습니다.

1930년에 고안된 유명한 난제인 외판원 문제를 통해 최적 알고리즘과 근사 알고리즘의 차이점을 이해해 봅시다. 목표는 여러 도시를 한 번씩 거쳐 다시 본사로 돌아오는 가장 짧은 여행 경로를 찾아내는 것입니다. 제일 쉽게 떠올릴 수 있는 방법은 도시들을 잇는 경로를 모두 생성한 다음, 그중에서 가장 이동 비용이 적은 것을 선택하는 것입니다. 그러나 도시 개수를 n으로 둘 때 이 접근 방식의 복잡도는 $O(n!)$입니다. 방문해야 할 도시가 30개가 넘어가면 시간 복잡도는 상상하기 어려울 정도로 커집니다.

외판원이 30개 이상의 도시를 방문해야 할 때, 시간 복잡도를 줄일 수 있는 방법은 어느 정도의 근사와 가정을 사용하는 것입니다.

근사 알고리즘을 사용할 때 중요한 것은 문제의 요구사항을 파악할 때 정확도에 대한 기대치를 설정하는 것입니다. 근사 알고리즘을 통해 얻은 결과가 허용 가능한 범위 내에 위치하는지에 따라 그 유효성을 판단할 수 있습니다.

1.6.2 해석 가능성

아주 중요한 의사 결정을 내리는 데 알고리즘을 사용한다면, 언제든 알고리즘이 출력한 결과를 해석할 수 있는 능력을 갖추는 것이 필요합니다. 알고리즘을 통해 얻은 결론이 편향되지 않아야 하기 때문입니다.

특정한 결론을 내리는 데 어떤 변수들이 직접 또는 간접 사용됐는지 판단하는 능력을 알고리즘의 **해석 가능성**(explainability)이라고 합니다. 알고리즘으로 도출한 결론이 매우 파급력 있는 영향력을 행사하는 문제에서는 알고리즘이 가진 편향과 편견을 면밀히 검증해야 합니다. 사람들의 안전과 관련한 중대한 문제에 알고리즘을 사용하는 경우에는 검증 단계에 윤리적 분석이 포함됩니다.

딥러닝을 사용하는 알고리즘은 해석 가능성을 갖기 어려운 경우가 많습니다. 그러나 해당 알고리즘을 대출 심사와 같은 문제에 적용한다면 어떠한 이유로 '대출 불가'라는 결론이 내려졌는지 설명할 수 있어야 합니다.

알고리즘의 해석 가능성은 최근 연구가 활발히 이루어지고 있는 분야입니다. 최근 개발된 강력한 도구로는 2016년 제22차 ACM(Association for Computing Machinery) 국제 학회에서 발표된 **모델 무관 국소적 해석 기법**(Local Interpretable Model-Agnostic Explanation, LIME)이 있습니다. LIME은 입력 데이터의 각 변수에 작은 변화를 주었을 때 알고리즘의 결과가 어떻게 달라지는지 확인합니다. 이를 통해 LIME은 해당 예측 결과에 대한 각 변수의 영향력을 정량화합니다.

1.7 요약

이 장에서는 알고리즘의 기초를 다뤘습니다. 먼저 알고리즘을 개발하는 여러 단계를 공부했고, 알고리즘의 작동 원리를 설계하는 방법을 알아봤습니다. 공간 복잡도와 시간 복잡도 분석을 통해 알고리즘의 성능 분석을 살펴봤고, 마지막으로 알고리즘의 검증 단계를 학습했습니다.

다음 장의 주제는 알고리즘에서 사용하는 자료 구조입니다. 파이썬에서 제공하는 자료 구조를 학습하고, 이를 이용해 스택, 큐, 트리와 같은 더 복잡한 자료 구조를 만들어 보겠습니다.

2^장

알고리즘에
사용되는
자료 구조

2 장

알고리즘에
사용되는
자료 구조

알고리즘을 실행할 때는 임시로 생성되는 데이터를 저장할 수 있는 인메모리 자료 구조가 필요합니다. 적절한 자료 구조를 선택하는 것은 효율적인 알고리즘을 구현하는 데 필수입니다. 어떤 알고리즘은 재귀적이거나 반복적인 방식으로 작동하기 때문에 이를 위한 특별한 자료 구조가 필요합니다. 예를 들어, 재귀 알고리즘은 중첩된 자료 구조를 사용하여 더 쉽게 구현할 수 있으며 다른 방식에 비해 더 나은 성능을 얻을 수 있습니다. 이 장에서 소개하는 자료 구조는 파이썬 자료 구조입니다만, 자바나 C++ 등 다른 언어도 동일한 개념을 적용할 수 있습니다. 이 장을 마치고 나면 여러분은 다양한 자료 구조를 파악하고 그 활용 방법을 이해할 수 있습니다.

이 장의 주요 주제는 다음과 같습니다.

- 파이썬 자료 구조
- 추상화 자료 유형
- 스택과 큐
- 트리

2.1 / 파이썬 자료 구조 파악하기

모든 프로그래밍 언어는 복잡한 데이터를 저장하고 조작하는 데 자료 구조를 사용합니다. 파이썬의 자료 구조는 데이터를 효율적으로 관리하고 구성하며 검색할 수 있는 저장용 컨테이너입니다. 함께 저장되고 처리되는 데이터 요소들의 묶음을 **컬렉션**(collection)이라고 합니다. 자료 구조는 이러한 컬렉션을 저장합니다. 파이썬에는 다음과 같이 다섯 가지 자료 구조가 있습니다.

- **리스트**(list): 순서가 있으며 수정이 가능한 일련의 요소들
- **튜플**(tuple): 순서가 있으며 수정이 불가능한 일련의 요소들
- **세트**(set): 순서가 없는 요소들의 묶음
- **딕셔너리**(dictionary): 순서가 없는 키-값 쌍의 묶음
- **데이터프레임**(dataframe): 이차원 데이터를 저장하기 위한 이차원 구조

그럼 하나씩 알아봅시다.

2.1.1 리스트

파이썬에서 **리스트**(list)는 수정 가능한 일련의 요소들을 저장하는 데 주로 사용하는 자료 구조입니다. 리스트에 저장되는 요소들의 자료 유형은 모두 같지 않아도 됩니다.

리스트를 만들려면 데이터 요소들을 [ ] 안에 넣고 쉼표로 구분하면 됩니다. 다음 코드는 서로 다른 유형의 데이터 요소들로 구성된 리스트를 생성합니다.

[in :]

```
aList = ["John", 33, "Toronto", True]
print(aList)
```

[out:]

```
['John', 33, 'Toronto', True]
```

리스트를 이용하면 수정 가능한 일차원 자료 구조를 매우 쉽게 생성할 수 있습니다. 이는 알고리즘이 작동할 때 내부에서 만들어내는 임시 데이터를 다루는 데 매우 유용합니다.

리스트 사용하기

자료 구조의 유틸리티 함수는 리스트의 데이터를 관리하는 데 사용할 수 있어 매우 유용합니다.

몇 가지 사례를 알아봅시다.

- **리스트 인덱싱**(list indexing): 리스트에 담긴 요소들의 위치는 고정되어 있습니다. 따라서 인덱스를 이용해 리스트의 특정 위치에 존재하는 요소에 접근할 수 있습니다.

  [in :]
  ```
  bin_colors=['Red', 'Green', 'Blue', 'Yellow']
  bin_colors[1]
  ```

  [out:]
  ```
  'Green'
  ```

  이 코드에서 만든 리스트를 도식화하면 다음과 같습니다.

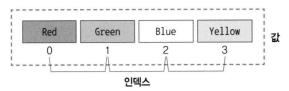

인덱스는 0부터 시작합니다. 따라서 bin_colors[1]로 리스트의 인덱스 1에 접근하면 Green이 출력됩니다.

• **리스트 슬라이싱(list slicing)**: 인덱스의 범위를 지정하여 리스트의 일부에 접근하는 것을 **슬라이싱**이라고 합니다. 다음 코드를 실행하면 리스트의 슬라이스를 생성할 수 있습니다.

[in :]

```
bin_colors=['Red', 'Green', 'Blue', 'Yellow']
bin_colors[0:2]
```

[out:]

```
['Red', 'Green']
```

리스트는 파이썬에서 가장 인기 있는 일차원 자료 구조입니다.

주의 ≡　리스트 슬라이싱할 때 두 개의 숫자로 범위를 표시합니다. 첫 번째 숫자의 인덱스는 범위에 포함되지만 두 번째 숫자는 포함되지 않습니다. 예를 들어, bin_colors[0:2]에는 bin_colors[0]과 bin_colors[1]이 포함되지만 bin_colors[2]는 제외됩니다. 잘못된 범위를 사용하면 오류 메시지를 출력할 수 있으니 주의하세요.

다음 코드 스니펫을 살펴봅시다.

[in :]

```
bin_colors=['Red', 'Green', 'Blue', 'Yellow']
bin_colors[2:]
```

[out:]

```
['Blue', 'Yellow']
```

[in :]

```
bin_colors[:2]
```

[out:]

```
['Red', 'Green']
```

시작 인덱스가 지정되지 않았다면 리스트의 첫 요소부터 범위에 포함됩니다. 반대로, 종료 인덱스가 지정되지 않았다면 리스트의 마지막 요소가 범위에 포함됩니다.

- **네거티브 인덱싱(negative indexing):** 파이썬에는 리스트의 끝에서부터 거꾸로 세는 음수 인덱스가 있습니다. 다음 코드를 살펴봅시다.

  [in :]

  ```
  bin_colors=['Red', 'Green', 'Blue', 'Yellow']
  bin_colors[:-1]
  ```

  [out:]

  ```
  ['Red', 'Green', 'Blue']
  ```

  [in :]

  ```
  bin_colors[:-2]
  ```

  [out:]

  ```
  ['Red', 'Green']
  ```

  [in :]

  ```
  bin_colors[-2:-1]
  ```

  [out:]

  ```
  ['Blue']
  ```

  네거티브 인덱싱은 기준점을 첫 번째 요소 대신 마지막 요소로 사용할 때 특히 유용합니다.

- **내포(nesting):** 리스트에 담긴 요소의 유형은 단순할 수도 있고 복잡할 수도 있습니다. 즉 리스트를 리스트 안에 넣을 수 있다는 의미입니다. 반복적이거나 재귀적인 알고리즘을 사용할 때 내포는 아주 중요한 기능을 제공합니다.

  다음 코드를 통해 내포가 어떻게 작동하는지 알아봅시다.

  [in :]

  ```
  a = [1, 2, [100, 200, 300], 6]
  max(a[2])
  ```

  [out:]

  ```
  300
  ```

  [in :]

  ```
  a[2][1]
  ```

  [out:]

  ```
  200
  ```

- **반복(iteration):** 파이썬은 for 루프를 통해서 리스트 안에 든 요소들을 반복적으로 처리할 수 있습니다. 다음 코드를 살펴봅시다.

  [in :]

  ```
  bin_colors=['Red', 'Green', 'Blue', 'Yellow']
  for aColor in bin_colors:
      print(aColor + " Square")
  ```

  [out:]

  ```
  Red Square
  Green Square
  Blue Square
  Yellow Square
  ```

  이 코드는 리스트 안에 든 요소를 반복해서 출력합니다.

람다 함수

리스트에 사용할 수 있는 람다(lambda) 함수는 다양합니다. 람다 함수는 알고리즘 맥락에서 매우 중요하며 함수를 즉시 생성할 수 있다는 것이 특징입니다. 람다 함수의 또 다른 이름은 **익명 함수**(anonymous function)입니다. 이 절에서는 람다 함수를 어떻게 사용할 수 있을지 알아봅시다.

- **데이터 필터링**: 데이터를 필터링하려면 먼저 조건 함수를 설정해야 합니다. 조건 함수는 단일 인수를 입력받아 불(Boolean) 값을 반환합니다. 그 예는 다음과 같습니다.

[in :]

```
list(filter(lambda x: x > 100, [-5, 200, 300, -10, 10, 1000]))
```

[out:]

```
[200, 300, 1000]
```

이 코드에서는 람다 함수를 사용해서 필터링 기준을 설정합니다. 필터링 기능은 정의된 기준에 따라 리스트에서 요소를 필터링하도록 설계됐습니다. 파이썬의 필터(filter) 함수는 일반적으로 람다와 함께 사용됩니다. 람다는 리스트 외에도 튜플 또는 세트의 요소를 필터링할 수 있습니다. 이 코드에서 설정된 필터링 기준은 x > 100입니다. 코드는 리스트의 모든 요소를 순회하면서 이 기준을 만족하지 않는 요소를 제외합니다.

- **데이터 변환**: 맵(map) 함수는 람다 함수를 이용해 데이터를 변환합니다. 그 예시는 다음과 같습니다.

[in :]

```
list(map(lambda x: x ** 2, [11, 22, 33, 44, 55]))
```

[out:]

```
[121, 484, 1089, 1936, 3025]
```

맵 함수를 람다 함수와 함께 사용하면 상당히 유용합니다. 맵 함수와 함께 사용할 경우 람다 함수로 변환 방식을 설정하고 이를 이용해 리스트 안에 든 요소들을 변환할 수 있습니다. 이 코드에서는 데이터에 2를 곱하여 변환합니다. 즉 우리는 맵 함수를 사용해서 목록의 각 요소에 2를 곱합니다.

- **데이터 집계**: 리스트를 순회하면서 값 쌍을 재귀적으로 처리하는 리듀스(reduce) 함수를 사용합니다.

[in :]

```
from functools import reduce
def doSum(x1, x2):
    return x1 + x2
x = reduce(doSum, [100, 122, 33, 4, 5, 6])
```

리듀스 함수를 사용할 때는 데이터 집계 함수를 정의해야 합니다. 이 코드에서 데이터 집계 함수는 doSum입니다. 이 함수는 주어진 리스트에 있는 요소들을 어떻게 집계할지 결정합니다. 집계 함수는 리스트의 첫 두 요소를 처리한 후 그 결과로 치환합니다. 이 축소 과정을 리스트 전체를 대상으로 진행하면 최종적으로는 하나의 값이 남게 됩니다. doSum 함수의 x1과 x2는 집계에 사용하는 두 값을 의미하며, doSum 함수는 집계 방식을 정의합니다.

이 코드를 실행하면 270이라는 결과를 얻을 수 있습니다.

range 함수

range 함수를 사용하면 숫자로 구성된 큰 리스트를 쉽게 생성할 수 있습니다.

range 함수는 간단하게 사용할 수 있습니다. 원하는 요소의 개수를 지정하기만 하면 됩니다. 기본적으로 만들어진 리스트의 요소는 0부터 시작해서 1씩 증가합니다.

[in :]

```
x = range(6)
list(x)
```

[out:]

```
[0, 1, 2, 3, 4, 5]
```

또한, 마지막 숫자와 건너뛸 숫자를 지정할 수 있습니다.

[in :]

```
oddNum = range(3, 29, 2)
list(oddNum)
```

```
[out:]
```

```
[3, 5, 7, 9, 11, 13, 15, 17, 19, 21, 23, 25, 27]
```

이 코드는 3부터 29 사이의 홀수로 구성된 리스트를 생성합니다.

리스트의 시간 복잡도

리스트의 여러 연산에서 시간 복잡도는 빅오 표기법을 이용해 다음과 같이 요약할 수 있습니다.

▼ 표 2-1 리스트의 시간 복잡도

연산 작업	시간 복잡도
요소 삽입	O(1)
요소 제거	O(n) (최악의 경우 전체 리스트를 순회해야 합니다)
리스트 슬라이싱	O(n)
요소 접근	O(n)
복사	O(n)

리스트에 요소를 추가하는 것은 리스트 크기와는 관계가 없습니다. 다른 모든 연산 작업의 시간 복잡도는 리스트 크기에 의존적입니다. 리스트 크기가 커짐에 따라 성능에 미치는 영향도 그만큼 증가합니다.

2.1.2 튜플

데이터 컬렉션을 저장할 수 있는 두 번째 자료 구조는 **튜플**(tuple)입니다. 리스트와 달리 튜플은 수정할 수 없는 자료 구조로, 읽기만 가능합니다. 튜플은 요소들을 ( )로 감싸서 생성합니다.

리스트와 마찬가지로 하나의 튜플은 여러 자료 유형을 요소로 가질 수 있습니다. 각 요소들은 복잡한 자료 유형을 가져도 됩니다. 그래서 튜플 안에 튜플을 두어 중첩된 자료 구조를 만드는 것이 가능합니다. 이를 이용하면 반복적이거나 재귀적인 알고리즘을 구현하는 데 유용하게 쓸 수 있습니다.

다음 코드는 튜플을 생성하는 예시입니다.

```
bin_colors=('Red', 'Green', 'Blue', 'Yellow')
bin_colors[1]
```

[out:]

```
'Green'
```

[in :]

```
bin_colors[2:]
```

[out:]

```
('Blue', 'Yellow')
```

[in :]

```
bin_colors[:-1]
```

[out:]

```
('Red', 'Green', 'Blue')
```

[in :]

```
a = (1, 2, (100, 200, 300), 6)    # 이중 튜플 자료 구조의 예시
max(a[2])
```

[out:]

```
300
```

[in :]

```
a[2][1]
```

[out:]

```
200
```

이 코드에서 a[2]는 세 번째 요소인 (100, 200, 300)을 가리킵니다. a[2][1]은 이 튜플에서 두 번째 요소인 200을 가리킵니다.

> **TIP** ≡ 성능 향상을 위해서는 가변 자료 구조(리스트 등)보다는 불변 자료 구조(튜플 등)를 사용하는 것이 좋습니다. 특히 대규모 데이터를 다루는 경우에는 불변 자료 구조를 사용하면 처리 속도를 크게 향상시킬 수 있습니다. 리스트에 요소를 자유롭게 변형할 수 있다는 장점에는 그만큼 비용이 발생합니다. 따라서 변형할 필요가 없다면 읽기 전용 튜플과 같은 불변 자료 구조를 이용해 처리 속도를 높이는 것이 좋습니다.

튜플의 시간 복잡도

튜플의 연산에 대한 시간 복잡도는 다음과 같습니다.

▼ 표 2-2 튜플 연산에 대한 시간 복잡도

연산 작업	시간 복잡도
요소 추가	O(1)

튜플에서 요소 추가 작업은 기존 튜플의 맨 마지막에 요소를 추가합니다. 이 작업의 시간 복잡도는 $O(1)$입니다.

2.1.3 딕셔너리

데이터를 키-값 쌍으로 저장해 두는 것은 분산 알고리즘에서 아주 중요합니다. 파이썬에서 이러한 키-값 쌍이 저장되는 자료 구조는 **딕셔너리**(dictionary)입니다. 딕셔너리를 생성하려면 전체 데이터 처리에 걸쳐 데이터를 가장 잘 식별할 수 있도록 키를 선택해야 합니다. 값은 숫자나 문자열 등 어떤 유형의 요소가 될 수 있습니다. 파이썬에서는 리스트와 같은 복잡한 데이터 유형도 값으로 지정할 수 있습니다. 값을 리스트로 지정하면 중첩된 딕셔너리를 만드는 것도 가능합니다.

딕셔너리를 생성할 때는 키-값 쌍을 {}로 감싸면 됩니다. 예를 들어, 다음 코드는 세 개의 키-값 쌍으로 구성된 간단한 딕셔너리를 생성합니다.

[in :]

```
bin_colors ={
    "manual_color": "Yellow",
    "approved_color": "Green",
```

```
        "refused_color": "Red"
    }
 print(bin_colors)
```

[out:]

```
 {'manual_color': 'Yellow', 'approved_color': 'Green', 'refused_color': 'Red'}
```

이 코드에서 생성한 세 개의 키-값 쌍을 도식화하면 다음 그림과 같습니다.

▼ 그림 2-2 딕셔너리의 키-값

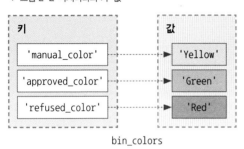

bin_colors

이번에는 키를 사용해 값에 접근하고 이를 갱신하는 방법을 알아봅시다.

1. 키에 대응하는 값에 접근하기 위해서는 get 함수를 사용하거나 해당 키를 인덱스로 사용하
   면 됩니다.

   [in :]

   ```
    bin_colors.get('approved_color')
   ```

   [out:]

   ```
    'Green'
   ```

   [in :]

   ```
    bin_colors['approved_color']
   ```

   [out:]

   ```
    'Green'
   ```

2. 키에 대응하는 값을 갱신하는 방법은 다음과 같습니다.

[in :]

```
bin_colors['approved_color'] = "Purple"
print(bin_colors)
```

[out:]

```
{'manual_color': 'Yellow', 'approved_color': 'Purple', 'refused_color': 'Red'}
```

딕셔너리의 시간 복잡도

다음은 딕셔너리와 관련한 연산 작업의 시간 복잡도입니다.

▼ 표 2-3 딕셔너리의 시간 복잡도

연산 작업	시간 복잡도
키 또는 값에 접근	O(1)
키 또는 값을 설정	O(1)
딕셔너리 복사	O(n)

딕셔너리 연산의 시간 복잡도 분석에서 중요한 점은 키-값에 접근하거나 설정하는 작업에 드는 시간은 딕셔너리의 크기와 관계가 없다는 것입니다. 즉 키-값 쌍이 셋뿐인 딕셔너리에 새로운 쌍을 추가하는 데 드는 시간은 백만 개 쌍이 담긴 딕셔너리에 쌍을 추가하는 데 드는 시간과 같습니다.

2.1.4 세트

세트(set)는 여러 유형으로 구성된 요소의 컬렉션으로 정의할 수 있습니다. 세트의 요소들은 {}로 묶여 있습니다. 예를 들어 보겠습니다.

[in :]

```
green = {'grass', 'leaves'}
print(green)
```

[out:]

```
{'grass', 'leaves'}
```

세트의 특징은 그 안에 든 요소의 중복을 허용하지 않는다는 것입니다. 우리가 일부러 동일한 요소를 추가하더라도 세트는 이를 무시합니다.

[in :]

```
green = {'grass', 'leaves', 'leaves'}
print(green)
```

[out:]

```
{'grass', 'leaves'}
```

세트에 어떤 연산을 수행할 수 있는지 알아보기 위해 먼저 다음과 같이 두 가지 세트를 정의합니다.

- yellow라는 세트를 정의하고 여기에 노란색 사물들을 저장합니다.
- red라는 세트를 정의하고 여기에 빨간색 사물들을 저장합니다.

어떤 사물들은 두 세트에 모두 속합니다. 두 세트와 사물 사이의 관계는 다음과 같이 벤 다이어그램(Venn diagram)으로 표현할 수 있습니다.

▼ 그림 2-3 세트 예시

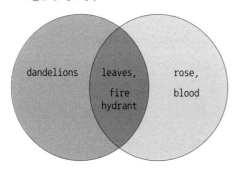

파이썬으로 이 두 세트를 생성하는 코드는 다음과 같습니다.

[in :]

```
yellow = {'dandelions', 'fire hydrant', 'leaves'}
red = {'fire hydrant', 'blood', 'rose', 'leaves'}
```

이번에는 파이썬이 제공하는 세트 연산입니다.

[in :]

```
yellow|red
```

[out:]

```
{'dandelions', 'fire hydrant', 'blood', 'rose', 'leaves'}
```

[in :]

```
yellow&red
```

[out:]

```
{'fire hydrant', 'leaves'}
```

이 코드 스니펫처럼 파이썬의 세트는 합집합(union)과 교집합(intersection) 연산을 지원합니다. 여러분이 이미 아는 것처럼 합집합 연산은 두 세트에 담긴 모든 요소를 종합하는 것이며, 교집합 연산은 두 세트에 모두 존재하는 요소만 추리는 것입니다.

- yellow|red: 두 집합의 합집합
- yellow&red: 두 집합의 교집합

세트의 시간 복잡도

다음은 세트 연산 작업의 시간 복잡도입니다.

▼ 표 2-4 세트의 시간 복잡도

연산 작업	시간 복잡도
요소 추가	O(1)
요소 제거	O(1)
복사	O(n)

세트에서 요소를 추가하거나 제거하는 데 소요되는 시간은 세트 크기와는 무관합니다.

2.1.5 데이터프레임

데이터프레임(dataframe)은 파이썬 pandas 라이브러리에서 제공하는 자료 구조로, 테이블형 데이터를 저장하는 데 널리 사용합니다. 이는 여러 알고리즘에서 사용하는 자료 구조 중 하나이며 전통적인 정형 데이터를 처리하는 데 사용합니다. 예를 들어 다음 표를 살펴봅시다.

▼ 표 2-5 데이터프레임 예

id	name	age	decision
1	Fares	32	TRUE
2	Elena	23	FALSE
3	Steven	40	TRUE

이 표를 데이터프레임으로 만들어 보겠습니다.

다음 코드처럼 간단하게 데이터프레임을 만들 수 있습니다.

[in :]

```
import pandas as pd
df = pd.DataFrame([
...          ['1', 'Fares', 32, True],
...          ['2', 'Elena', 23, False],
...          ['3', 'Steven', 40, True]])
df.columns = ['id', 'name', 'age', 'decision']
df
```

[out:]

```
   id   name  age  decision
0  1   Fares   32      True
1  2   Elena   23     False
2  3  Steven   40      True
```

이 코드 스니펫에서 df.columns는 데이터프레임의 열 이름이 담긴 리스트입니다.

> 주의 ≡   데이터프레임은 테이블형 자료 구조를 구현하기 위해 다른 프로그래밍 언어와 프레임워크에서도 사용합니다. 그 사례로는 R과 아파치 스파크 프레임워크가 있습니다.

데이터프레임 용어

데이터프레임과 관련한 용어를 몇 가지 알아보겠습니다.

- **축(axis)**: pandas 문서에서 데이터프레임의 개별 열(column)이나 행(row)을 축이라고 부릅니다.
- **축들(axes)**: 둘 이상의 축을 묶어 축들이라고 합니다.
- **라벨(label)**: 데이터프레임은 열과 행에 이름을 지을 수 있으며 이 이름을 라벨이라고 합니다.

데이터프레임의 부분 집합 생성하기

데이터프레임의 부분 집합을 생성하는 방법에는 두 가지가 있습니다. 여기서 생성하는 하위 집합을 myDF라고 부르겠습니다.

- 열 선택
- 행 선택

하나씩 살펴봅시다.

열 선택

머신러닝 알고리즘에서 적절한 특성들을 선택하는 것은 아주 중요합니다. 알고리즘을 실행할 때 우리가 가진 모든 특성이 필요한 것은 아닙니다. 파이썬에서는 열 선택으로 특성을 선택할 수 있습니다.

다음 코드 스니펫처럼 열 이름을 통해 데이터프레임의 열에 접근할 수 있습니다.

[in :]

```
df[['name', 'age']]
```

[out:]

```
     name  age
0    Fares  32
1    Elena  23
2   Steven  40
```

데이터프레임에 담긴 열의 순서는 수정하지 않는 한 고정되어 있습니다. 열의 인덱스를 이용하면 열에 접근할 수 있습니다.

```
[in :]
df.iloc[:, 3]
```

```
[out:]
0 True
1 False
2 True
```

이 코드는 데이터프레임의 세 번째 열을 출력합니다.

행 선택

데이터프레임의 각 행은 각 데이터 포인트에 대응됩니다. 전체 데이터셋 중 일부를 떼어내어 작은 데이터셋을 만들고 싶다면 행 선택을 수행하면 됩니다. 다음 두 가지 방법으로 행을 선택할 수 있습니다.

- 인덱스 사용하기
- 필터 사용하기

인덱스를 사용하여 전체 행 중 일부를 선택합니다.

```
[in :]
df.iloc[1:3, :]
```

```
[out:]
   id    name  age  decision
1  2    Elena   23     False
2  3   Steven   40      True
```

이 코드는 데이터프레임의 2번, 3번 행을 반환합니다.

필터로 데이터프레임을 거르기 위해서는 하나 이상의 열을 사용해 선별 조건을 만들면 됩니다. 예시는 다음과 같습니다.

```
[in :]
df[df.age>30]
```

[out:]

```
   id    name  age  decision
0   1   Fares   32      True
2   3  Steven   40      True
```

[in :]

```
df[(df.age<35)&(df.decision==True)]
```

[out:]

```
   id   name  age  decision
0   1  Fares   32      True
```

이 코드는 필터에 명시된 조건을 만족하는 행들로 구성된 부분 집합을 생성합니다.

2.1.6 행렬

행렬(matrix)은 고정된 수의 열과 행을 가진 이차원 자료 구조입니다. 행렬에 기록된 각 요소는 열과 행으로 접근할 수 있습니다. 파이썬에서는 numpy 배열을 사용해서 행렬을 만들 수 있습니다.

[in :]

```
myMatrix = np.array([[11, 12, 13], [21, 22, 23], [31, 32, 33]])
print(myMatrix)
```

[out:]

```
[[11 12 13]
 [21 22 23]
 [31 32 33]]
```

[in :]

```
print(type(myMatrix))
```

[out:]

```
<class 'numpy.ndarray'>
```

이 코드를 통해 3행 3열로 된 행렬이 생성됩니다.

행렬 연산

행렬로 표현된 데이터를 처리하는 연산에는 여러 가지가 있습니다. 예를 들어, 앞에서 만든 행렬을 전치(transpose)해 봅시다. transpose() 함수를 사용하면 열과 행을 뒤바꿀 수 있습니다.

[in :]
```
myMatrix.transpose()
```

[out:]
```
array([[11, 21, 31],
       [12, 22, 32],
       [13, 23, 33]])
```

행렬 연산은 멀티미디어 데이터를 처리할 때 상당히 많이 사용합니다.

지금까지 파이썬에서 제공하는 여러 자료 구조를 알아봤습니다. 다음 절에서는 추상화 자료 유형에 대해 알아봅시다.

2.2 추상화 자료 유형 파악하기

일반적으로 추상화(abstraction)는 공통적인 핵심 함수를 사용해 복잡한 시스템을 정의하는 개념입니다. 일반적인 자료 구조에 추상화 개념을 적용한 것이 **추상화 자료 유형**(Abstract Data Type, ADT)입니다. 추상화 자료 유형은 쓸모없는 디테일을 숨겨서 사용자가 일반적인 인터페이스를 사용하게 되므로 더 깔끔하고 단순한 코드로 알고리즘을 구현할 수 있다는 장점이 있습니다. 또한, 추상화 자료 유형은 C++, 자바, 스칼라 등 다른 프로그래밍 언어로도 구현할 수 있습니다.

이 절에서는 파이썬을 이용한 추상화 자료 유형에 대해 설명하겠습니다. 먼저 벡터부터 시작해 볼까요?

2.2.1 벡터

벡터(vector)는 데이터를 저장하는 일차원 자료 구조입니다. 파이썬에서 제공하는 여러 자료 구조 중 가장 인기가 많습니다. 벡터를 생성하는 방법은 크게 두 가지가 있습니다.

- 파이썬의 리스트 사용하기: 가장 손쉬운 방법입니다. 다음 코드는 네 개의 숫자가 담긴 리스트를 생성합니다.

  [in :]

  ```
  myVector = [22, 33, 44, 55]
  print(myVector)
  ```

  [out:]

  ```
  [22 33 44 55]
  ```

  [in :]

  ```
  print(type(myVector))
  ```

  [out:]

  ```
  <class 'list'>
  ```

- numpy 배열 사용하기: 벡터를 생성하는 또 다른 방법은 numpy 배열을 사용하는 것입니다.

  [in :]

  ```
  myVector = np.array([22, 33, 44, 55])
  print(myVector)
  ```

  [out:]

  ```
  [22 33 44 55]
  ```

  [in :]

  ```
  print(type(myVector))
  ```

  [out:]

  ```
  <class 'numpy.ndarray'>
  ```

2.2.2 스택

스택(stack)은 일차원 리스트를 저장하는 선형 자료 구조입니다. 스택은 저장할 요소들을 **후입선출**(Last-In First-Out, LIFO) 또는 **선입후출**(First-In Last-Out, FILO) 방식으로 다룰 수 있습니다. 스택의 특징은 요소가 추가되거나 제거되는 방식으로 규정할 수 있습니다. 요소가 하나 추가되면 들어간 입구를 통해서 요소 하나가 제거되어야 합니다.

스택과 관련한 연산에는 어떤 것이 있을까요?

- **isEmpty**: 스택이 비어 있다면 True를 반환합니다.
- **push**: 새 요소를 스택에 추가합니다.
- **pop**: 최근에 추가한 요소를 스택에서 제거하고 이를 반환합니다.

다음 그림은 스택이 요소를 추가하고 제거하는 과정을 설명합니다.

❤️ 그림 2-4 스택이 요소를 추가하고 제거하는 과정

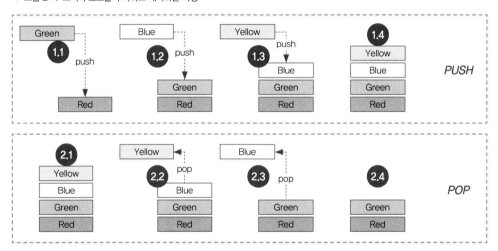

그림의 윗부분은 스택에 새 요소를 추가하는 push 연산을 표현합니다. 1.1, 1.2, 1.3 단계에서 푸시를 사용해 총 세 개의 요소를 스택에 추가했습니다. 그림의 아랫부분은 스택에서 요소를 꺼내는 작업을 보여줍니다. 2.2와 2.3 단계에서 pop 연산을 통해 LIFO 방식으로 두 개의 요소를 스택에서 꺼냅니다.

이번에는 파이썬으로 Stack 클래스를 생성하고 스택에서 사용하는 모든 연산을 구현해 보겠습니다.

[in :]

```
class Stack:
  def __init__(self):
      self.items = []
  def isEmpty(self):
      return self.items == []
  def push(self, item):
      self.items.append(item)
  def pop(self):
      return self.items.pop()
  def peek(self):
      return self.items[len(self.items)-1]
  def size(self):
      return len(self.items)
```

생성한 Stack 클래스를 사용하는 방법은 다음과 같습니다.

[in :]

```
# Stack 인스턴스를 생성합니다.
stack = Stack()

# 스택에 네 개의 요소를 추가합니다.
stack.push('Red')
stack.push('Green')
stack.push('Blue')
stack.push('Yellow')

# 스택에서 최근에 입력된 요소를 꺼내 옵니다.
stack.pop()
```

[out:]

```
'Yellow'
```

[in :]

```
# 스택이 비었는지 확인합니다.
stack.isEmpty()
```

[out:]

```
False
```

스택의 시간 복잡도

빅오 표기법을 이용해 스택이 사용하는 연산의 시간 복잡도를 알아봅시다.

▼ 표 2-6 스택의 시간 복잡도

연산 작업	시간 복잡도
push	O(1)
pop	O(1)
size	O(1)
peek	O(1)

size는 스택이 담고 있는 요소의 개수를 반환하며, peek은 스택의 맨 위에 위치한 아이템을 삭제하지 않고 접근합니다. 위 표에서 설명한 네 가지 연산의 성능은 스택의 크기에 좌우되지 않는다는 점을 꼭 기억하세요.

활용 사례

스택의 활용 사례는 정말 다양합니다. 사용자가 웹 브라우저에서 검색 기록을 조회할 때 보이는 데이터는 LIFO 패턴을 따르며 이를 스택에 저장합니다. 워드프로세서 소프트웨어에서 제공하는 실행 취소(Undo) 기능은 스택을 사용하는 또 다른 예시입니다.

2.2.3 큐

스택과 마찬가지로 큐(queue)도 n개의 요소를 저장하는 일차원 자료 구조입니다. 요소는 **선입선출**(First-In First-Out, FIFO) 형식으로 추가되고 제거됩니다. 큐의 한쪽 끝이 뒤(rear)가 되고 다른 한쪽이 앞(front)이 됩니다. 요소를 앞에서부터 제거하는 연산을 dequeue라고 하고, 요소를 뒤에서부터 추가하는 연산을 enqueue라고 합니다.

다음 그림의 윗부분은 enqueue 연산을 표현합니다. 1.1, 1.2, 1.3 단계는 각각 큐에 요소를 추가하며 그 결과는 1.4 단계와 같습니다. Yellow가 끝에, Red가 맨 앞에 있습니다.

아랫부분은 dequeue 연산입니다. 2.2, 2.3 단계는 큐의 맨 앞에서부터 요소를 하나씩 제거합니다.

▼ 그림 2-5 큐의 enqueue와 dequeue 연산

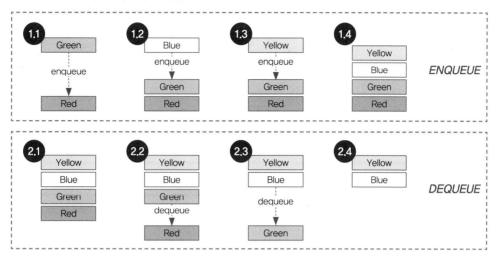

큐는 다음과 같이 구현할 수 있습니다.

[in :]

```python
class Queue(object):
    def __init__(self):
        self.items = []
    def isEmpty(self):
        return self.items == []
    def enqueue(self, item):
        self.items.insert(0,item)
    def dequeue(self):
        return self.items.pop()
    def size(self):
        return len(self.items)
```

그림 2-5에서 표현한 작업을 코드로 실행해 봅시다.

[in :]

```python
queue = Queue()
queue.enqueue('Red')
queue.enqueue('Green')
queue.enqueue('Blue')
queue.enqueue('Yellow')

print(queue.size())
```

```
4
```

[in :]

```
print(queue.dequeue())
```

[out:]

```
Red
```

[in :]

```
print(queue.dequeue())
```

[out:]

```
Green
```

2.2.4 스택과 큐에 대한 기본 아이디어

스택과 큐를 집에 있는 우편물 보관함에 비유해 보세요. 우리는 보통 우편물이 어느 정도 모일 때까지 두었다가 시간이 나면 하나씩 뜯어봅니다. 이 작업은 다음과 같은 두 가지 방법으로 처리할 수 있습니다.

- 우편물을 스택으로 저장합니다. 새로 도착한 우편물은 스택의 맨 위에 올라갑니다. 우리가 짬을 내어 우편물을 처리할 때는 맨 위에 놓인 것부터 시작합니다. 즉 가장 나중에 도착한 우편물부터 읽어봅니다. 리스트 최상단에 있는 우편물을 집어 드는 연산 작업이 바로 pop 연산입니다. 새로운 우편물을 스택의 맨 위에 두는 것이 push 연산입니다. 이 연산은 우편물을 보관하는 스택의 크기가 꽤 크고 매일 도착하는 우편물의 양이 많다면 스택 하단에 있을 수도 있는 꽤 중요한 등기우편은 영영 읽지 못하게 될 수도 있습니다.

- 우편물을 쌓아 두되 도착한 지 가장 오래된 것부터 처리합니다. 반드시 가장 오래된 것부터 읽도록 주의를 기울여야 합니다. 이 방법이 바로 큐를 사용하는 것입니다. 큐에 새로운 우편물을 던져 놓는 것이 enqueue 연산이고, 큐에서 우편물을 꺼내 읽는 것이 dequeue 연산입니다.

2.2.5 트리

알고리즘에서 트리는 계층적 데이터를 저장할 수 있는 기능 때문에 유용한 자료 구조 중 하나입니다. 알고리즘을 설계하는 동안 우리는 저장하거나 처리해야 하는 데이터 요소 사이의 계층 관계를 표현하는 데 필요한 모든 곳에서 트리를 사용합니다.

이 절에서는 이 흥미롭고 중요한 자료 구조를 자세히 알아보겠습니다.

각 트리는 유한한 수의 노드(node)로 구성됩니다. 트리의 시작이 되는 요소를 **루트**(root)라고 하며 노드와 노드 사이의 연결선을 **브랜치**(branch)라고 합니다.

용어

다음은 트리 자료 구조와 관련한 용어입니다.

▼ 표 2-7 트리와 관련한 용어

용어	설명
루트 노드	루트 노드는 부모 노드가 없습니다. 그림 2-6에서 루트 노드는 A입니다. 알고리즘의 세계에서 루트 노드는 가장 중요한 가치를 지니는 경우가 많습니다.
노드 레벨	루트 노드에서부터 해당 노드까지의 거리를 노드 레벨 또는 깊이라고 표현합니다. 그림 2-6에서 노드 D, E, F의 레벨은 2입니다.
형제 노드	노드의 레벨이 동일하고 부모 노드가 같은 노드들을 형제 노드라고 합니다. 그림 2-6에서는 B와 C에 해당됩니다.
부모 노드와 자식 노드	노드 F는 노드 C에 직접 연결되어 있지만 노드 C의 깊이가 노드 F보다 얕습니다. 따라서 노드 C는 노드 F의 부모 노드이며, 노드 F는 노드 C의 자식 노드가 됩니다.
노드의 차수(degree)	노드의 차수는 해당 노드가 가진 자식 노드의 수를 의미합니다. 예를 들어, 노드 B의 차수는 2입니다.
트리의 차수	트리의 차수는 트리를 구성하는 모든 노드가 가진 차수 중 최댓값입니다. 그림 2-6의 트리의 차수는 2입니다.
하위(sub) 트리	하위 트리는 선택한 노드를 루트 노드로 하여 그 자식 노드를 모두 포함합니다. 예를 들어, 노드 E를 루트로 하는 하위 트리는 노드 G와 노드 H를 포함합니다.
리프(leaf) 노드	자식 노드가 없는 노드를 리프 노드라고 합니다. 노드 D, F, G, H가 이에 해당됩니다.
내부(internal) 노드	트리에서 루트 노드나 리프 노드가 아닌 나머지 노드들을 내부 노드라고 합니다. 내부 노드들은 1개 이상의 부모 노드와 1개 이상의 자식 노드를 가집니다.

트리 유형

트리에는 여러 유형이 있습니다.

- **이진 트리(binary tree)**: 트리의 차수가 2인 트리를 이진 트리라고 합니다. 예를 들어, 아래 다이어그램에 묘사된 트리는 노드들의 최대 차수가 2인 이진 트리입니다.

▼ 그림 2-6 이진 트리

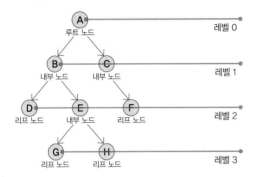

이 트리는 레벨이 4이며 8개의 노드로 구성되어 있습니다.

- **정 트리(full tree)**: 정 트리의 노드들은 모두 같은 레벨을 가집니다. 즉 노드의 차수와 트리의 차수가 동일합니다.

▼ 그림 2-7 정 트리

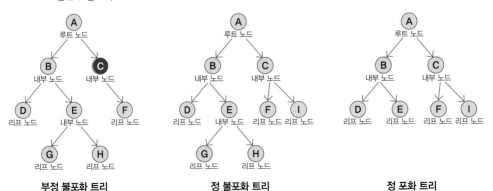

부정 불포화 트리	정 불포화 트리	정 포화 트리
(non–full, non–perfect tree)	(full, non–perfect tree)	(full, perfect tree)

왼쪽 트리는 노드 C의 차수만 1이기 때문에 부정 트리에 해당됩니다. 가운데 트리와 오른쪽 트리는 모든 노드의 차수가 동일하므로 정 트리입니다.

- **포화 트리(perfect tree):** 포화 트리는 정 트리의 특수 형태로, 모든 리프 노드가 동일한 레벨을 가집니다. 예를 들어, 그림 2-7의 오른쪽 이진 트리는 모든 리프 노드의 레벨이 2로 동일한 정 포화 트리입니다.

- **순서 트리(ordered tree):** 특정한 기준에 맞추어 자식 노드들이 정렬된 트리를 순서 트리라고 합니다. 왼쪽부터 오른쪽으로 오름차순으로 정렬된 트리인 경우, 동일한 레벨에 있는 노드들이 가진 값은 왼쪽에서 오른쪽으로 갈수록 증가합니다.

활용 사례

추상화 자료 유형인 트리는 7장 전통적인 지도 학습 알고리즘에서 다룰 주요 자료 구조 중 하나입니다. 트리는 계층 구조라는 특성 덕분에 6장 비지도 학습 알고리즘에서 소개할 네트워크 분석 알고리즘에서도 널리 사용합니다. 또한, 트리는 분할 및 정복 전략(divide and conquer strategy)에 기반으로 둔 다양한 정렬 및 검색 알고리즘에서도 자주 등장합니다.

2.3 요약

40 ALGORITHMS EVERY PROGRAMMER SHOULD KNOW

이 장에서는 다양한 유형의 알고리즘을 구현하는 데 사용할 수 있는 자료 구조에 대해 공부했습니다. 여러분은 이제 알고리즘으로 데이터를 저장하고 처리하는 데 사용할 적절한 자료 구조를 선택할 수 있을 것입니다. 또한, 자료 구조가 알고리즘의 성능에 미치는 영향을 이해할 수 있습니다.

다음 장의 주제는 정렬과 검색 알고리즘입니다. 알고리즘을 구현하면서 이 장에서 소개한 자료 구조의 일부를 사용해 보겠습니다.

memo

3^장

정렬과 검색 알고리즘

이 장의 학습 주제는 정렬과 검색 알고리즘입니다. 이 알고리즘들은 그 자체로도 널리 사용되지만 더 복잡한 알고리즘의 기초가 되기도 하므로 아주 중요합니다. 이 장에서는 먼저 여러 정렬 알고리즘부터 살펴보겠습니다. 정렬 알고리즘을 설계하는 다양한 방법을 성능의 관점에서 비교합니다. 그 다음은 몇 가지 검색 알고리즘을 소개하고, 실제 적용 사례를 통해 정렬과 검색 알고리즘을 어떻게 사용하면 좋을지 알아보겠습니다.

이 장을 마치고 나면 여러분은 정렬과 검색 알고리즘의 동작 원리와 장단점을 이해할 수 있습니다. 여러분이 나중에 공부하거나 사용하게 될 최신 알고리즘들은 내부적으로 정렬과 검색 알고리즘을 사용하는 경우가 많습니다. 그렇기 때문에 이들에 대한 이해를 단단히 쌓는다면 더 복잡한 최신 알고리즘을 깊이 이해하는 데 큰 도움이 될 것입니다.

이 장의 주요 주제는 다음과 같습니다.

- 정렬 알고리즘
- 검색 알고리즘
- 활용 사례

3.1 정렬 알고리즘 이해하기

빅데이터 시대의 최신 알고리즘들은 복잡하고 방대한 데이터베이스를 빠르고 효율적으로 검색하는 기능이 필요합니다. 정렬과 검색에 사용할 알고리즘과 전략은 데이터의 유형과 크기에 따라 달라집니다. 도출하는 결과는 같더라도 알고리즘에 따라 성능과 효율이 달라질 수 있기 때문에 실제 문제에 적용하기 위해서는 알고리즘의 작동 원리와 장단점을 파악해야 합니다.

이 절에서는 다음과 같은 정렬 알고리즘을 소개합니다.

- 버블 정렬
- 삽입 정렬
- 병합 정렬
- 셸 정렬
- 선택 정렬

3.1.1 파이썬에서 변수 바꾸기

정렬과 검색 알고리즘에서는 두 변수의 값을 서로 바꾸는 경우가 많습니다. 파이썬에서는 다음과 같이 간편하게 해당 작업을 수행할 수 있습니다.

[in :]

```
var1 = 1
var2 = 2
var1, var2 = var2, var1
print(var1, var2)
```

[out:]

```
2 1
```

이 구문은 여러 정렬과 검색 알고리즘에 등장합니다.

다음으로 버블 정렬에 대해 알아보겠습니다.

3.1.2 버블 정렬

버블 정렬(bubble sort)은 가장 간편하지만 속도가 가장 느린 정렬 알고리즘입니다. 버블 정렬은 비눗방울이 공중에 서서히 떠오르듯 리스트 안에서 가장 큰 값을 반복적으로 옮깁니다. 최악의 경우에 버블 정렬의 시간 복잡도는 $O(N^2)$이므로 되도록 작은 데이터셋에만 사용하는 것이 좋습니다.

버블 정렬의 작동 원리 이해하기

버블 정렬은 **패스**(pass)라는 과정을 반복합니다. 리스트의 크기가 N일 때 버블 정렬의 패스 개수는 $N-1$입니다. 첫 번째 패스를 먼저 알아보겠습니다.

리스트에 든 요소들을 작은 값부터 큰 값으로 정렬하려고 합니다. 이때 첫 번째 패스의 목표는 리스트의 가장 큰 값을 맨 오른쪽으로 보내는 것입니다. 패스가 진행됨에 따라 가장 큰 값이 서서히 이동하는 것을 볼 수 있습니다.

버블 정렬은 서로 붙어 있는 이웃끼리 값을 비교합니다. 인접한 두 값 중 왼쪽 값이 더 크다면 서로의 값을 뒤바꿉니다. 그리고 오른쪽으로 한 칸 이동합니다. 이 과정을 다음 그림처럼 리스트의 끝에 도달할 때까지 반복합니다.

▼ 그림 3-1 버블 정렬

첫 번째 패스 →

25	21	22	24	23	27	26	교환
21	25	22	24	23	27	26	교환
21	22	25	24	23	27	26	교환
21	22	24	25	23	27	26	교환
21	22	24	23	25	27	26	교환 X
21	22	24	23	25	27	26	교환
21	22	24	23	25	26	27	

버블 정렬을 파이썬으로 구현하면 다음과 같습니다.

[in :]

```
# 버블 정렬의 첫 번째 패스
list = [25, 21, 22, 24, 23, 27, 26]
lastElementIndex = len(list) - 1
print(0, list)
for idx in range(lastElementIndex):
        if list[idx] > list[idx+1]:
            list[idx], list[idx+1] = list[idx+1], list[idx]
        print(idx+1, list)
```

[out:]

```
0 [25, 21, 22, 24, 23, 27, 26]
1 [21, 25, 22, 24, 23, 27, 26]
2 [21, 22, 25, 24, 23, 27, 26]
3 [21, 22, 24, 25, 23, 27, 26]
4 [21, 22, 24, 23, 25, 27, 26]
5 [21, 22, 24, 23, 25, 27, 26]
6 [21, 22, 24, 23, 25, 26, 27]
```

첫 번째 패스가 마무리되면 가장 큰 값이 리스트의 맨 오른쪽에 위치하게 됩니다. 그 다음은 두 번째 패스입니다. 두 번째 패스의 목표는 두 번째로 가장 높은 값을 맨 오른쪽 끝에서 두 번째 위치로 옮기는 것입니다. 이전과 같은 방식으로 인접한 두 값을 비교한 다음, 그 결과에 따라 위치를 뒤바꿉니다. 첫 번째 패스에서 처리한 가장 큰 값은 이미 제 위치에 있으므로 두 번째 패스에서는 신경 쓸 필요가 없습니다.

두 번째 패스가 종료되면 버블 정렬 알고리즘은 세 번째 패스를 실행합니다. 이 과정을 리스트에 있는 모든 요소들이 오름차순으로 정렬될 때까지 반복합니다. 즉, 리스트에 N개의 데이터가 있다면 버블 정렬은 $N-1$번의 패스를 수행합니다. 다음은 재사용이 편리하도록 함수로 구현한 버블 정렬 코드입니다.

[in :]

```
def BubbleSort(list):
    # 리스트에 담긴 데이터를 순서대로 정렬합니다.
    lastElementIndex = len(list)-1
    for passNo in range(lastElementIndex, 0, -1):
        for idx in range(passNo):
            if list[idx] > list[idx+1]:
                list[idx], list[idx+1] = list[idx+1], list[idx]
    return list
```

버블 정렬의 성능 분석

버블 정렬은 두 개의 루프로 구성되어 있습니다.

- **외부 루프**: 패스를 의미합니다. 예를 들어, 첫 번째 패스는 외부 루프를 처음 1회 실행하는 것과 같습니다.

- **내부 루프**: 패스 내에서 가장 높은 값을 오른쪽으로 이동시킬 때까지 값들을 반복적으로 비교하는 과정입니다. 첫 번째 패스는 총 $N-1$번을, 두 번째 패스는 $N-2$번을 반복하는 식으로 패스 횟수가 올라감에 따라 값을 비교하는 횟수가 하나씩 줄어듭니다.

두 개의 루프가 중첩되어 있기 때문에 최악의 경우 버블 정렬의 시간 복잡도는 $O(N^2)$입니다.

3.1.3 삽입 정렬

삽입 정렬(insertion sort)의 기본 아이디어는 자료 구조에서 데이터 포인트를 하나씩 빼내어 올바른 위치에 집어넣는 과정을 반복하는 것입니다. 그렇기 때문에 삽입 정렬이라는 이름이 붙었습니다. 삽입 정렬의 구체적인 진행 과정은 다음과 같습니다.

첫 단계에서는 맨 왼쪽에 위치한 두 데이터 포인트를 서로 비교하고 값의 크기에 따라 정렬합니다. 그 다음 범위를 한 칸 확장하여 세 번째 데이터 포인트를 가져옵니다. 앞 단계에서 정렬한 두 개의 값을 이용해 세 번째 데이터 포인트의 적절한 위치를 결정합니다. 이 과정을 모든 데이터 포인트가 제 위치에 삽입될 때까지 반복합니다. 그림으로 표현하면 다음과 같습니다.

❤ 그림 3-2 삽입 정렬

25	26	22	24	27	23	21	25 삽입
25	26	22	24	27	23	21	26 삽입
22	25	26	24	27	23	21	22 삽입
22	24	25	26	27	23	21	24 삽입
22	24	25	26	27	23	21	27 삽입
22	23	24	25	26	27	21	23 삽입
21	22	23	24	25	26	27	21 삽입

파이썬 함수로 구현한 스니펫은 다음과 같습니다.

[in :]

```
def InsertionSort(list):
  for i in range(1, len(list)):
    j = i - 1
    element_next = list[i]
    while (list[j] > element_next) and (j >= 0):
      list[j+1] = list[j]
      j = j - 1
    list[j+1] = element_next
  return list
```

메인 루프는 리스트 전체를 순회합니다. 루프 안에 등장하는 list[j]는 현재 요소를, list[i]는 그 옆에 인접한 다음 요소를 의미합니다.

list[j] > element_next와 j ≥ 0을 만족하면 다음 요소의 위치에 현재 요소를 삽입합니다. 자리를 빼앗긴 다음 요소는 while 구문이 끝난 뒤에 위치를 재조정합니다.

이 코드를 이용해 다음 배열을 정렬해 보겠습니다.

[in :]

```
list = [25, 26, 22, 24, 27, 23, 21]
InsertionSort(list)
print(list)
```

```
[out:]
```

```
[21, 22, 23, 24, 25, 26, 27]
```

삽입 정렬의 성능 분석

삽입 정렬의 성능은 어떨까요? 앞에서 설명한 삽입 정렬의 작동 원리에서 알 수 있다시피, 대상 리스트가 이미 정렬된 상태라면 삽입 정렬은 매우 **빠르게** 동작합니다. 이 경우 삽입 정렬의 시간 복잡도는 선형, 즉 $O(N)$입니다. 아주 이상적인 경우라 할 수 있습니다.

반대로, 리스트를 순회할 때마다 모든 요소를 옮겨야만 하는 최악의 경우에는 어떨까요? 리스트 순회 횟수를 i라고 하면 삽입 정렬의 최악의 경우에 시간 복잡도는 다음과 같습니다.

$$w(N) = \sum_{i=1}^{N-1} i = \frac{(N-1)N}{2} = \frac{N^2-N}{2}$$

$$w(N) \approx \frac{1}{2}N^2 = O(N^2)$$

일반적으로 삽입 정렬은 크기가 작은 배열에 사용합니다. 삽입 정렬의 시간 복잡도는 평균의 경우에도 $O(N^2)$이므로 규모가 큰 배열에는 사용하지 않는 것이 좋습니다.

3.1.4 병합 정렬

지금까지 버블 정렬과 삽입 정렬이라는 두 가지 정렬 알고리즘을 소개했습니다. 이 두 알고리즘은 대상 배열이 부분적으로 정렬되어 있다면 좋은 성능을 발휘합니다. 세 번째로 소개할 정렬 알고리즘은 1940년에 존 폰 노이만(John von Neumann)이 개발한 **병합 정렬**(merge sort)입니다. 이 알고리즘의 특징은 그 성능이 입력 데이터의 정렬 여부와는 관계가 없습니다. 병합 정렬은 맵리듀스와 같은 빅데이터 알고리즘처럼 분할 및 정복 전략을 사용합니다. 분리(splitting)라는 첫 번째 단계는 데이터를 재귀적으로 둘로 나눕니다. 이 분리 과정은 나뉜 부분의 크기가 미리 정한 기준보다 작아질 때까지 반복됩니다. 두 번째는 병합(merging) 단계로, 최종 결과를 얻을 때까지 알고리즘이 병합과 처리를 반복합니다. 다음 그림은 병합 정렬의 작동 원리를 표현한 것입니다.

단계 1: 리스트 분리

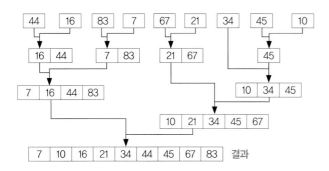

단계 2: 분리된 부분 병합

먼저 병합 정렬의 의사코드를 살펴봅시다.

[in :]

```
mergeSort(list, start, end)
  if (start < end)
    midPoint = (end - start) / 2 + start
    mergeSort(list, start, midPoint)
    mergeSort(list, midPoint + 1, start)
    merge(list, start, midPoint, end)
```

병합 정렬은 다음과 같은 세 가지 단계로 구성됩니다.

1. 입력된 리스트를 크기가 같은 두 부분으로 나눕니다.

2. 나뉜 부분의 크기가 1이 될 때까지 반복해서 분리합니다.

3. 각 부분을 정렬한 뒤 병합하여 최종적으로 정렬된 리스트를 반환합니다.

MergeSort를 구현하기 위한 코드는 다음과 같습니다.

[in :]

```
def MergeSort(list):
    if len(list)>1:
        # 리스트를 반으로 나눕니다.
        mid = len(list)//2
        left = list[:mid]
        right = list[mid:]

        # 나뉜 부분의 크기가 1이 될 때까지 반복합니다.
        MergeSort(left)
        MergeSort(right)

        a = 0
        b = 0
        c = 0

        while a < len(left) and b < len(right):
            if left[a] < right[b]:
                list[c]=left[a]
                a = a + 1
            else:
                list[c]=right[b]
                b = b + 1
            c = c + 1
        while a < len(left):
            list[c]=left[a]
            a = a + 1
            c = c + 1
        while b < len(right):
            list[c]=right[b]
            b = b + 1
            c = c + 1
    return list
```

이 코드를 사용해 다음 리스트를 정렬해 봅시다.

[in :]

```
list = [44, 16, 83, 7, 67, 21, 34, 45, 10]
MergeSort(list)
print(list)
```

[out:]

```
[7, 10, 16, 21, 34, 44, 45, 67, 83]
```

3.1.5 셸 정렬

버블 정렬은 바로 인접한 이웃끼리 값을 비교하여 순서를 맞춥니다. 대상 리스트가 어느 정도 정렬된 상태라면, 루프 내에서 순서가 틀어진 이웃들이 없어지는 즉시 알고리즘이 종료되기 때문에 꽤 괜찮은 성능을 얻을 수 있습니다. 그러나 전혀 정렬되지 않은 크기 N의 리스트에 버블 정렬을 사용한다면 $N-1$번의 패스를 수행해야만 합니다.

이렇게 인접한 이웃끼리의 값을 비교하여 교체하는 방식에 의문을 가진 도널드 셸(Donald Shell)이 **셸 정렬**(Shell sort)을 제안했습니다. 셸 정렬의 개념을 이해해 봅시다.

셸 정렬은 바로 인접한 이웃 대신 고정된 거리만큼 서로 떨어진 데이터 포인트끼리 묶어 이들을 정렬합니다. 다음 그림은 셸 정렬의 패스를 순차적으로 도식화한 것입니다. 첫 번째 패스는 바로 인접한 이웃들이 아닌 고정된 거리만큼 떨어진 두 데이터 포인트를 비교하여 정렬합니다. 두 번째 패스는 네 개의 데이터 포인트로 구성된 하위 리스트를 정렬합니다. 세 번째와 네 번째 패스를 보면 하위 리스트에 담긴 데이터 포인트의 개수가 점차 증가하며, 하위 리스트의 개수는 줄어드는 것을 볼 수 있습니다. 이 작업은 하나의 리스트에 모든 데이터 포인트가 들어갈 때까지 반복하다가 정렬 작업을 종료합니다.

▼ 그림 3-4 셸 정렬의 패스

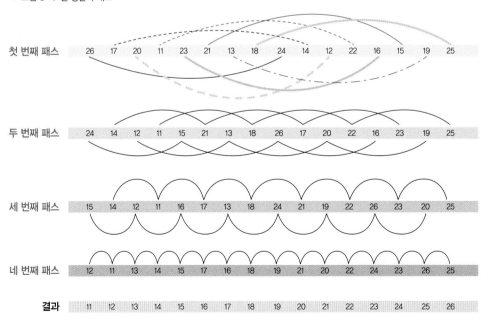

파이썬으로 구현한 셀 정렬 함수는 다음과 같습니다.

[in :]

```python
def ShellSort(list):
    distance = len(list) // 2
    while distance > 0:
        for i in range(distance, len(list)):
            temp = list[i]
            j = i
            # 하위 리스트 안에 든 요소들을 정렬합니다.
            while j >= distance and list[j - distance] > temp:
                list[j] = list[j - distance]
                j = j-distance
            list[j] = temp
        # 다음 패스를 위해 거리를 반으로 줄입니다.
        distance = distance//2
    return list
```

셀 정렬을 사용하여 다음 리스트를 정렬해 보겠습니다.

[in :]

```python
list = [26, 17, 20, 11, 23, 21, 13, 18, 24, 14, 12, 22, 16, 15, 19, 25]
ShellSort(list)
print(list)
```

[out:]

```
[11, 12, 13, 14, 15, 16, 17, 18, 19, 20, 21, 22, 23, 24, 25, 26]
```

이 ShellSort 함수를 사용하면 입력한 배열 자체를 수정합니다.

셀 정렬의 성능 분석

셀 정렬은 빅데이터보다는 중간 규모의 데이터셋에 적합합니다. 최대 6,000개 요소가 담긴 리스트라면 셀 정렬이 꽤 괜찮은 성능을 발휘합니다. 리스트가 어느 정도 정렬된 상태라면 셀 정렬의 성능은 더욱 올라갑니다. 이미 정렬된 최상의 경우에는 N개의 요소를 각각 한 번씩 검사하면 작업이 끝나기 때문에 시간 복잡도는 $O(N)$입니다.

3.1.6 선택 정렬

지금까지 살펴본 정렬 알고리즘 중 가장 간단한 것은 버블 정렬입니다. **선택 정렬**(selection sort)은
필요한 교환 횟수를 최소화한 버블 정렬의 개량 버전이라고 할 수 있습니다. 버블 정렬에서는 각
패스마다 가장 큰 값을 한 칸씩 움직여 맨 오른쪽으로 이동시킵니다. 따라서 크기가 N인 배열에
서는 $N-1$번 교환이 발생합니다. 그러나 선택 정렬에서는 각 패스마다 가장 큰 값을 찾아내 맨 오
른쪽으로 바로 이동시킵니다. 첫 번째 패스가 끝나면 가장 큰 값이 맨 오른쪽에 위치하고, 두 번째
패스가 끝나면 두 번째로 큰 값이 오른쪽 두 번째에 위치하게 됩니다. 알고리즘이 진행됨에 따라
이후의 값들은 그 크기에 맞는 합당한 위치로 옮겨집니다. 마지막 값은 $N-1$번째 패스가 끝난 후
에 제 위치로 이동합니다. 즉, 선택 정렬은 N개의 요소를 $N-1$번 패스를 사용해 정렬합니다.

▼ 그림 3-5 선택 정렬

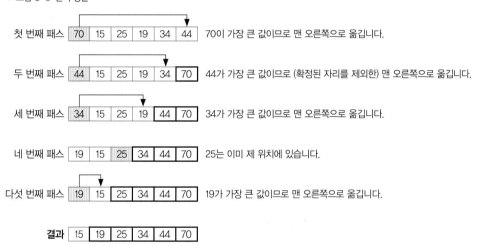

파이썬으로 구현한 선택 정렬은 다음과 같습니다.

[in :]

```python
def SelectionSort(list):
    for fill_slot in range(len(list) - 1, 0, -1):
        max_index = 0
        for location in range(1, fill_slot + 1):
            if list[location] > list[max_index]:
                max_index = location
        list[fill_slot],list[max_index] = list[max_index],list[fill_slot]
    return list
```

선택 정렬을 적용하여 다음 리스트를 정렬해 보겠습니다.

[in :]

```
list = [70, 15, 25, 19, 34, 44]
SelectionSort(list)
print(list)
```

[out:]

```
[15, 19, 25, 34, 44, 70]
```

선택 정렬의 성능 분석

선택 정렬의 시간 복잡도는 최악의 경우 $O(N^2)$입니다. 이는 버블 정렬의 성능과 비슷하기 때문에 큰 데이터셋에 사용하는 것은 피해야 합니다. 그러나 선택 정렬은 버블 정렬보다는 교환을 더 적게 하기 때문에 평균 성능은 더 뛰어납니다.

정렬 알고리즘 선택하기

적절한 정렬 알고리즘은 어떻게 선택해야 할까요? 이는 입력하는 데이터의 크기와 상태에 따라 달라집니다. 이미 정렬된 작은 리스트에 복잡한 알고리즘을 쓰는 것은 성능상 이점도 별로 없을뿐더러 코드를 쓸데없이 복잡하게 만드는 부작용을 낳기도 합니다. 예를 들어, 작은 데이터셋에 병합 정렬은 적합한 도구가 아닙니다. 데이터가 어느 정도 정렬되어 있다면 이를 감안하여 삽입 정렬을 선택하는 것이 좋습니다. 규모가 큰 데이터셋에는 병합 정렬이 가장 좋은 성능을 보장합니다.

3.2 / 검색 알고리즘 이해하기

40 ALGORITHMS EVERY PROGRAMMER SHOULD KNOW

복잡한 자료 구조 속에서 데이터를 효율적으로 찾아내는 것은 매우 중요한 작업입니다. 우리가 떠올릴 수 있는 가장 단순한 방법은 데이터를 하나하나 확인하는 것입니다. 별로 효율적인 방법은 아니죠. 검색해야 할 데이터 양이 커진다면 더 정교한 검색 알고리즘을 사용하는 것이 좋습니다.

이 절에서는 다음과 같은 검색 알고리즘에 대해 알아보겠습니다.

- 선형 검색

- 이진 검색

- 보간 검색

하나씩 자세히 알아봅시다.

3.2.1 선형 검색

가장 단순한 검색 전략은 데이터를 하나씩 살펴보는 것입니다. 조회한 데이터가 우리가 찾는 대상이라면 해당 데이터를 반환하고 루프를 종료합니다. 검색 조건에 부합하지 않는다면 모든 데이터를 확인할 때까지 검색을 계속 이어갑니다. 이 **선형 검색**(linear search)이 가진 명백한 단점은 느린 속도입니다. 모든 데이터를 조회해야 하기 때문입니다. 반대로, 선형 검색의 장점은 다른 검색 전략이 요구하는 데이터 정렬을 하지 않아도 된다는 것입니다.

다음은 선형 검색 알고리즘의 코드입니다.

[in :]

```python
def LinearSearch(list, item):
    index = 0
    found = False

    # 개별 데이터가 조건에 부합하는지 확인합니다.
    while index < len(list) and found is False:
        if list[index] == item:
            found = True
        else:
            index = index + 1
    return found
```

간단한 사례로 이 함수를 테스트해 보겠습니다.

[in :]

```python
list = [12, 33, 11, 99, 22, 55, 90]
print(LinearSearch(list, 12))
print(LinearSearch(list, 91))
```

```
[out:]
```
```
True
False
```

검색 대상이 리스트에 존재하면 함수는 True를 반환합니다.

선형 검색의 성능 분석

앞에서 설명한 것처럼 선형 검색은 데이터를 하나씩 확인하는 간단한 알고리즘입니다. 따라서 선형 검색의 시간 복잡도는 최악의 경우 $O(N)$입니다.

3.2.2 이진 검색

이진 검색(binary search)의 전제 조건은 데이터가 정렬되어 있어야 한다는 것입니다. 이 알고리즘은 반복적으로 검색 대상을 반으로 줄이면서 최저와 최고 인덱스를 갱신하는 방식을 사용합니다.

```
[in :]
```
```python
def BinarySearch(list, item):
    first = 0
    last = len(list)-1
    found = False

    while first<=last and not found:
        midpoint = (first + last)//2
        if list[midpoint] == item:
            found = True
        else:
            if item < list[midpoint]:
                last = midpoint-1
            else:
                first = midpoint+1
    return found
```

이진 검색 결과는 다음과 같습니다.

```
list = [12, 33, 11, 99, 22, 55, 90]
sorted_list = BubbleSort(list)
print(BinarySearch(list, 12))
print(BinarySearch(list, 91))
```

[out:]

```
True
False
```

앞서 설명한 바와 같이 이진 검색의 전제 조건은 정렬된 데이터입니다. 앞의 코드 스니펫에서는 버블 정렬을 이용해 데이터를 정렬했습니다. 검색 조건을 만족하는 데이터를 발견하면 이진 검색 함수는 True를 반환합니다.

이진 검색의 성능 분석

이 알고리즘은 반복적으로 검색 대상 데이터를 절반씩 줄이기 때문에 '이진' 검색이라는 이름이 붙었습니다. 검색 대상 데이터가 N개라면 이진 검색 알고리즘의 시간 복잡도는 최악의 경우 $O(logN)$입니다.

3.2.3 보간 검색

이진 검색은 데이터의 중간을 확인하는 방법을 사용합니다. **보간 검색**(interpolation search)은 조금 더 정교한 방식으로 작동합니다. 이 알고리즘은 정렬된 배열 속에서 검색할 대상의 위치를 추정합니다. 간단한 예로, 영어 사전에서 river라는 단어를 찾아보겠습니다. 사전의 정중앙을 열어보는 대신, 알파벳에서 r의 위치를 감안해 조금 더 뒷부분을 펼쳐 단어를 찾아볼 것입니다. 이처럼 보간 검색도 조건에 부합하는 데이터가 있을 가능성이 높은 지점을 중간 지점으로 선택하는 전략을 취합니다.

[in :]

```
def IntPolsearch(list, x):
    idx0 = 0
    idxn = (len(list) - 1)
    found = False
```

```
    while idx0 <= idxn and x >= list[idx0] and x <= list[idxn]:

        # 중간 지점을 확인합니다.
        mid = idx0 + int(((float(idxn - idx0)/(list[idxn] - list[idx0])) * (x - list[idx0])))

        # 검색 대상과 중간 지점의 값을 비교합니다.
        if list[mid] == x:
            found = True
            return found

        if list[mid] < x:
            idx0 = mid + 1
    return found
```

데이터에 관계없이 무조건 중간 지점만 확인하는 이진 검색에 비해, 보간 검색은 이 코드와 같이 더 정교한 방식으로 중간 지점을 설정합니다. 알고리즘의 실행 결과는 다음과 같습니다.

[in :]

```
list = [12, 33, 11, 99, 22, 55, 90]
sorted_list = BubbleSort(list)
print(IntPolsearch(list, 12))
print(IntPolsearch(list, 91))
```

[out:]

```
True
False
```

이진 검색과 마찬가지로 보간 검색을 사용하려면 데이터를 미리 정렬해야 합니다.

보간 검색의 성능 분석

검색 대상 데이터의 분포가 고르지 않다면 보간 검색은 제 성능을 발휘하기 어렵습니다. 최악의 경우 시간 복잡도는 $O(N)$입니다. 그러나 데이터가 고르게 분포해 있는 최상의 경우 시간 복잡도는 $O(log(log(N)))$입니다.

3.3 활용 사례 – 이민관리청에 접수된 서류 조회하기

주어진 데이터 저장소에서 원하는 부분을 정확하고 효율적으로 검색하는 것은 우리가 현실 세계에서 사용하는 다양한 서비스에서 아주 중요합니다. 여러분이 선택한 검색 알고리즘의 종류에 따라 데이터를 미리 정렬해 두어야 할 수도 있습니다. 어떤 알고리즘이 적절한지는 여러분이 풀려는 문제의 성격과 주어진 데이터의 유형과 양에 따라 달라집니다.

이 장에서 소개한 여러 알고리즘을 활용해 이민관리청에 접수된 서류의 과거 기록을 조회하는 문제를 풀어봅시다. 지원자가 입국을 위해 비자 신청 서류를 접수하면 시스템은 해당 지원자의 과거 기록을 조회합니다. 과거 기록이 존재한다면 승인 또는 반려 횟수를 집계합니다. 과거 기록이 없다면 신규 지원자로 분류하여 새로운 식별자를 부여합니다. 이 시스템에서 지원자의 과거 기록을 검색하고 조회하고 식별하는 기능은 매우 중요합니다. 과거에 있었던 서류 반려 기록은 해당 지원자의 심사 결과에 부정적인 영향을 미칠 수 있기 때문입니다. 반대로, 승인을 받았던 지원자는 재승인을 받을 확률이 높습니다. 일반적으로 저장된 비자 신청 서류는 수백만 건에 달하기 때문에 정확하고 효율적인 검색을 위해서는 정교한 시스템 설계가 필수입니다.

데이터베이스에 저장된 과거 기록이 다음 테이블처럼 정리되어 있다고 합시다.

▼ 표 3-1 알고리즘 문제 예시 – 이민관리청에 접수된 서류 조회하기

개인식별번호	지원접수번호	이름	성	생년월일	심사 결과	심사일자
45583	677862	John	Doe	2000–09–19	승인	2018–08–07
54543	877653	Xman	Xsir	1970–03–10	반려	2018–06–07
34332	344565	Agro	Waka	1973–02–15	반려	2018–05–05
45583	677864	John	Doe	2000–09–19	승인	2018–03–02
22331	344553	Kal	Sorts	1975–01–02	승인	2018–04–15

이 표에서 첫 번째 열인 개인식별번호는 지원자별로 할당되는 고유한 식별자입니다. 데이터베이스에 30만 명의 지원자가 있다면 30만 개의 개인식별번호가 담긴 셈입니다.

두 번째 열은 지원접수번호로, 각 비자 신청 사례에 할당된 고유 번호입니다. 과거에 비자를 신청한 적 있는 지원자는 여러 개의 지원접수번호를 갖게 됩니다. 이 표에서 John Doe라는 개인에

부여된 개인식별번호는 1개이지만 지원접수번호는 2개입니다.

이 표는 전체 데이터베이스의 일부에 지나지 않습니다. 데이터베이스에 과거 10년치 비자 신청 서류가 들어 있어 그 행의 개수가 1백만에 달한다고 가정해 봅시다. 평균적으로 1분에 2명이 비자 신청 서류를 접수합니다. 서류를 신청하는 사례마다 우리는 다음과 같은 작업을 수행해야 합니다.

- 신청 서류에 지원접수번호를 할당합니다.
- 해당 지원자가 과거에 접수한 기록이 있는지 확인합니다.
- 과거 기록이 존재한다면 기입력된 개인식별번호를 이용해 승인/반려 횟수를 집계합니다.
- 과거 기록이 없다면 해당 지원자에게 새 개인식별번호를 발급합니다.

다음과 같은 정보를 가진 지원자가 들어왔다고 가정해 보겠습니다.

- 성: Doe
- 이름: John
- 생년월일: 2000-09-19

이 정보를 바탕으로 빠르고 정확하게 검색할 수 있는 시스템을 어떻게 설계할 수 있을까요?

데이터베이스에서 지원자를 검색하는 시스템을 구축하는 전략 중 하나는 다음과 같습니다.

- 전체 데이터베이스를 생년월일을 기준으로 정렬합니다.
- 제출된 신청 서류에 지원접수번호를 발급합니다.
- 신청 서류에 기록된 생년월일에 해당하는 과거 기록을 검색합니다. 이것이 첫 번째 검색 단계입니다.
- 첫 번째 검색 단계로 거른 데이터를 대상으로 두 번째 검색을 수행합니다. 두 번째 검색은 신청 서류상 기록된 성과 이름을 사용합니다.
- 검색 결과가 존재한다면 해당 기록에 기입된 개인식별번호를 사용하여 해당 지원자의 과거 기록을 모두 조회합니다. 그리고 승인/반려 횟수를 집계합니다.
- 검색 결과가 없다면 신규 개인식별번호를 발급합니다.

과거 기록이 담긴 데이터베이스를 정렬하려면 어떤 정렬 알고리즘을 사용해야 할까요? 여기서 다루는 데이터베이스는 규모가 방대하기 때문에 버블 정렬은 적합하지 않습니다. 셸 정렬은 성능상 더 나은 선택이기는 하지만 이는 부분적으로 정렬된 데이터를 전제로 합니다. 따라서 이 사례에서는 병합 정렬이 가장 적절한 해결책인 듯합니다.

새로운 지원자가 도착하면 우리는 이 사람을 데이터베이스에서 조회해야 합니다. 데이터가 미리 정렬되어 있다면 보간 검색이나 이진 검색을 사용할 수 있습니다. 생년월일과 같은 데이터는 보통 균등하게 분포되어 있으므로 보간 검색을 사용해도 좋습니다.

생년월일을 이용한 첫 번째 검색 단계를 통해 소수의 지원자들을 추려낼 수 있습니다. 이제는 같은 생년월일을 가진 지원자 중에서 우리가 찾는 사람이 있는지 확인해야 합니다. 첫 번째 단계에서 검색 데이터의 크기를 크게 줄였기 때문에 두 번째 단계에서는 버블 정렬 등을 사용할 수 있습니다. 지원자의 과거 기록이 존재한다면 개인식별번호를 사용해 과거 승인/반려 횟수를 집계합니다.

성과 이름을 사용하는 두 번째 검색 단계는 실제로는 조금 더 복잡한 검색 알고리즘을 사용하기도 합니다. 성과 이름은 간혹 조금 다르게 적힌 경우가 있기 때문이지요. 이럴 때는 일종의 거리 계산 알고리즘을 사용해 유사도가 특정 기준을 넘으면 동일인으로 판정합니다.

3.4 요약

이 장에서는 정렬과 검색 알고리즘을 소개하고 장단점을 알아봤습니다. 또한, 알고리즘의 성능을 파악하고 언제 사용하면 좋을지도 학습했습니다.

다음 장의 주제는 동적 알고리즘입니다. 알고리즘을 설계하는 실용적인 사례와 페이지랭크 알고리즘을 알아보겠습니다. 또한, 선형 계획법도 다루겠습니다.

4장

알고리즘 설계

이 장에서 다룰 주제는 알고리즘 설계에 관한 핵심 개념입니다. 여러 알고리즘을 설계할 때 사용하는 다양한 기법과 그 장단점을 학습하고 나면 효율적인 알고리즘을 설계하는 데 도움이 될 것입니다.

이 장에서는 먼저 알고리즘 설계의 기본 개념과 문제를 바라보는 관점을 소개합니다. 이를 바탕으로 효율적인 알고리즘을 설계하는 데 사용할 수 있는 몇 가지 전략을 다룰 것입니다. 아울러 외판원 문제를 예제로 삼아 몇 가지 설계 기법을 적용해 보겠습니다. 또한, 선형 계획법에 대해 학습하고 이를 적용하여 현실 세계의 문제를 풀어봅니다.

이 장의 세부 주제는 다음과 같습니다.

- 다양한 알고리즘 설계 방식
- 알고리즘 선택의 상충 관계
- 현실 세계의 문제 정의
- 현실 세계의 최적화 문제 해결

알고리즘 설계에 관한 기본 개념을 먼저 알아봅시다.

4.1 / 알고리즘 설계의 기본 개념 살펴보기

아메리칸 헤리티지 사전에 따르면 알고리즘의 정의는 다음과 같습니다.

> "어떤 초기 조건이 주어졌을 때, 특정 목표를 달성하기 위해 규정된 순서에 따라 수행될 수 있으며, 인식 가능한 최종 조건 집합을 가진 명료한 요구사항으로 구성된 유한한 집합이다."

알고리즘을 설계한다는 것은 '특정 목표'를 가장 효율적으로 달성할 수 있는 '명료한 요구사항으로 구성된 유한한 집합'을 고안하는 것입니다. 좋은 알고리즘을 설계하기 위해서는 먼저 우리가 풀려는 문제를 완벽히 이해해야 합니다. 무엇을 완료해야 하는지(요구사항)를 파악한 후에 어떻게 완료할 것인지(알고리즘 설계)를 고민해야 합니다. 문제 이해 단계에서는 문제가 가진 기능적 요구사항과 비기능적 요구사항을 모두 파악해야 합니다.

- 기능적 요구사항은 우리가 풀려는 문제가 가진 입력과 출력 인터페이스와, 이에 관한 함수를 의미합니다. 기능적 요구사항을 통해 우리는 기대하는 결과를 얻기 위해 구현해야 할 데이터 처리, 가공 및 연산 과정을 이해할 수 있습니다.

- 비기능적 요구사항은 알고리즘의 성능과 보안에 관한 기대치를 설정합니다. 알고리즘 설계란 결국 실행에 필요한 자원과 제약 조건을 만족하면서 기능적 요구사항과 비기능적 요구사항을 최대로 만족하는 방법을 찾아내는 것이라 할 수 있습니다.

기능적 요구사항과 비기능적 요구사항을 모두 만족할 수 있는 좋은 방안을 구하기 위해 다음과 같은 세 가지 관점을 고려해야 합니다. 이는 1장에서도 다룬 내용입니다.

- 관점 1: 설계한 알고리즘이 우리가 기대하는 결과를 출력하는가?
- 관점 2: 설계한 알고리즘이 결과를 얻을 수 있는 최적의 방법인가?
- 관점 3: 설계한 알고리즘이 규모가 더 큰 데이터셋을 다룰 수 있는가?

이 세 가지 관점에 대해서 하나씩 알아봅시다.

4.1.1 관점 1 – 설계한 알고리즘이 우리가 기대하는 결과를 출력하는가?

알고리즘은 현실 세계의 문제를 해결하는 수학적 해결책입니다. 정확하지 않은 결과를 출력하는 알고리즘은 가치 있다고 보기 어렵습니다. 따라서 알고리즘의 정확성을 검증하는 방법을 고려하는 일을 나중으로 미뤄서는 안 됩니다. 이는 반드시 알고리즘의 설계에 반영되어야 합니다. 알고리즘을 검증하는 전략을 구상하기 위해서는 먼저 다음과 같은 두 가지 측면을 고려해야 합니다.

- **정답 정의하기**: 알고리즘을 검증하려면 일련의 입력 데이터와 그에 대응하는 정확한 결과가 있어야 합니다. 우리가 풀려는 문제의 맥락에서 이 정확한 결과는 **정답**(truth)이라 부릅니다. 우리가 만드는 알고리즘은 처음에는 그 정확도가 매우 떨어지지만 반복 작업을 통해 더 나은 해결책으로 진화합니다. 이때 알고리즘 검증에 사용하는 정답은 레퍼런스로 매우 중요한 역할을 수행합니다.

- **지표 선택하기**: 알고리즘이 출력한 답이 정답으로부터 얼마나 멀리 떨어져 있는지 정량화하는 방법을 고민해야 합니다. 올바른 지표를 고를 수 있다면 우리가 만든 알고리즘의 성능을 정확하게 측정할 수 있습니다.

머신러닝 알고리즘 중 지도 학습 알고리즘은 데이터셋에 담긴 라벨 데이터를 정답으로 사용합니다. 예를 들어, 개와 고양이를 분류하는 문제를 풀 때는 개와 고양이 이미지 데이터를 종에 맞게 분류한 후 그 분류 라벨을 정답지로 사용하는 것입니다. 분류 모델의 성능을 측정하는 데 널리 사용하는 방법은 정확도입니다만, 이외에 재현율이나 정밀도를 사용하기도 합니다.

4.1.2 관점 2 – 설계한 알고리즘이 결과를 얻을 수 있는 최적의 방법인가?

두 번째 관점은 다음 질문에 대한 답을 찾는 것입니다.

> "현재 해결책이 최선입니까? 현재 보유한 해결책보다 더 나은 해결책이 존재하지 않음을 증명할 수 있습니까?"

이 질문은 언뜻 보면 답하기 쉬운 것처럼 느껴집니다. 그러나 이는 결코 쉬운 문제가 아닙니다. 연구자들이 수십 년에 걸쳐 연구를 진행하고 있는데도, 어떤 종류의 알고리즘은 그를 통해 얻은 해결책이 문제를 해결할 수 있는 유일한 최적의 방법인지 아직 증명되지 않았습니다. 그렇기 때문에 우리는 먼저 문제와 그 요구사항, 그리고 알고리즘을 실행하는 데 투입해야 하는 자원을 명확히 이해해야 합니다. 다음과 같은 질문을 생각해 봐야 합니다.

> "이 문제를 푸는 최적의 해결책을 찾는 것을 목표로 해야 할까요? 최적의 해결책을 찾아내고 또 이를 검증하는 것은 시간도 오래 걸리고 복잡하기 때문에 휴리스틱에 기반을 둔 실행 가능한 해결책을 찾는 것이 때로는 최선의 선택이 될 수 있습니다."

따라서 문제의 성격과 복잡도를 이해하는 것은 매우 중요하며, 자원 요구사항을 측정하는 데 도움이 됩니다.

더 자세한 내용으로 들어가기 전에 먼저 몇 가지 용어를 정의하겠습니다.

- **다항시간 알고리즘(polynomial time algorithm)**: 알고리즘의 시간 복잡도가 $O(n^k)$이고 k가 상수라면 이 알고리즘을 다항시간 알고리즘이라고 부릅니다.
- **증명서(certificate)**: 알고리즘을 반복적으로 개선하는 과정에서 생성되는 후보 해결책을 증명서라고 부릅니다. 특정한 문제를 반복해서 풀어 나가면 일련의 증명서들이 생성됩니다. 이 증명서들이 점차 어떤 특정한 방향으로 수렴한다면, 새롭게 생성된 증명서가 이전에 만들어진 것보다 더 낫다고 판단할 수 있습니다. 이때 증명서가 문제의 요구조건을 만족하는 지점에 다다르면 이를 최종 해결책으로 채택합니다.

1장에서 알고리즘의 시간 복잡도를 분석하는 도구인 빅오 표기법을 배웠습니다. 시간 복잡도 분석이라는 맥락에서 우리는 다음과 같은 두 가지 소요 시간을 측정합니다.

- 알고리즘이 후보 해결책(증명서)을 생성하는 데 걸리는 시간 t_r
- 후보 해결책을 검증하는 데 걸리는 시간 t_s

문제의 복잡도 파악하기

알고리즘 연구자는 시간 복잡도를 기준으로 문제를 여러 카테고리로 분류합니다. 문제에 대한 해결책을 곧바로 설계하는 대신, 먼저 문제의 유형을 파악하는 것이 좋습니다. 일반적으로 문제는 다음과 같은 세 가지 유형으로 구분할 수 있습니다.

- 유형 1: 문제를 해결하는 다항시간 알고리즘이 존재한다는 것이 보장된 문제
- 유형 2: 다항시간 알고리즘으로 풀 수 없다는 것을 증명할 수 있는 문제
- 유형 3: 문제를 해결하는 다항시간 알고리즘을 찾아낼 수 없으며, 다항시간 알고리즘으로 문제를 해결할 수 없다는 것도 증명할 수 없는 문제

또한, 문제는 다음과 같은 종류로도 정의할 수 있습니다.

- **비결정론적 다항시간(Non-deterministic Polynomial time, NP) 문제**: NP 문제는 다음 조건을 만족해야 합니다.
  - 후보 해결책(증명서)이 최적이라는 것을 증명하는 다항시간 알고리즘이 존재해야 합니다.
- **다항시간(Polynomial time, P) 문제**: NP 문제의 하위 집합에 해당되는 유형의 문제라고 생각할 수 있습니다. NP 문제의 조건에 더해서 P 문제는 다음과 같은 조건을 만족해야 합니다.
  - 문제를 풀 수 있는 다항시간 알고리즘이 최소 한 개 이상 존재해야 합니다.

P와 NP 문제의 관계는 다음 그림과 같습니다.

▼ 그림 4-1 P와 NP 문제의 관계

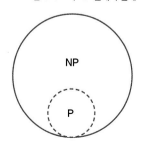

주의 ≡ 어떤 문제가 NP일 때, 이 문제는 P에도 해당할까요? P-NP 문제는 아직까지도 풀리지 않은 컴퓨터 과학계의 난제입니다. 클레이 수학 연구소(Clay Mathematics Institute)에서는 이를 밀레니엄 문제 중 하나로 선정하고 백만 달러의 상금을 걸었습니다. P-NP 문제에 대한 해답이 밝혀지면 인류는 AI, 암호학, 이론적 컴퓨터 공학 분야에서 엄청난 진전을 이룰 것입니다.

▼ 그림 4-2 풀리지 않은 P-NP 문제

P와 NP 외에도 두 가지 종류가 더 있습니다.

- **NP-완전(NP-complete) 문제:** NP-완전 문제는 NP 문제 중에서도 가장 어려운 문제들로 구성된 하위 집합입니다. NP-완전 문제는 다음과 같은 두 가지 조건을 만족해야 합니다.
  - 해결책을 생성할 수 있는 알려진 다항시간 알고리즘이 존재하지 않습니다.
  - 제안된 해결책이 최적이라는 것을 검증할 수 있는 알려진 다항시간 알고리즘이 존재합니다.
- **NP-난해(NP-hard) 문제:** NP-난해 문제는 NP 집합에 있는 문제만큼 풀기 어렵지만 NP 집합에는 속하지 않는 문제들을 지칭합니다.

지금까지 소개한 네 종류의 문제를 도식화하면 다음과 같습니다.

▼ 그림 4-3 문제의 네 가지 유형

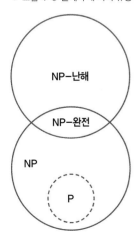

P = NP가 성립하는지는 여전히 밝혀지지 않았습니다. 수많은 연구자가 이를 규명하기 위해 노력하고 있지만 그 반대인 P ≠ NP일 확률이 매우 높습니다. 그러한 경우 NP-완전 문제를 풀 수 있는 다항시간 알고리즘은 존재하지 않습니다.

4.1.3 관점 3 – 설계한 알고리즘이 규모가 더 큰 데이터셋을 다룰 수 있는가?

알고리즘은 미리 정의된 방식으로 데이터를 처리하여 결과를 출력합니다. 일반적으로 데이터의 크기가 커질수록 이를 처리하는 데 더 많은 시간이 소요됩니다. 빅데이터는 데이터의 크기, 종류의 다양성, 생성 속도의 관점에서 기반 인프라와 알고리즘에 부하를 많이 주는 데이터를 통칭하는 용어로 종종 사용됩니다. 설계가 잘 된 알고리즘의 특징 중 하나는 확장성입니다. 이는 알고리즘이 어떠한 상황에서도 주어진 자원을 적절히 활용하여 합리적인 시간 내에 정확한 결과를 낼 수 있어야 한다는 의미입니다. 좋은 알고리즘 설계의 중요성은 빅데이터를 다룰 때 더욱 강조됩니다. 알고리즘의 확장성은 다음과 같은 두 가지 측면에서 측정할 수 있습니다.

- **입력 데이터가 증가하면 필요한 자원도 증가합니다.** 이러한 요구사항을 추정하는 것을 공간 복잡도 분석이라고 합니다.
- **입력 데이터가 증가하면 이를 처리하는 시간도 증가합니다.** 이를 분석하는 것을 시간 복잡도 분석이라고 합니다.

알고리즘 개발과 검증 단계에서는 보통 전체 데이터 대신 그 일부를 사용합니다. 그러나 설계 단계에서는 반드시 알고리즘을 대규모 데이터에 적용할 수 있는지, 적용하려면 어떤 방식을 취해야 하는지 고려해야 합니다. 특히 데이터의 크기가 알고리즘의 성능에 어떤 영향을 주는지 면밀히 분석할 필요가 있습니다.

4.2 알고리즘 설계 전략 이해하기

40 ALGORITHMS EVERY PROGRAMMER SHOULD KNOW

잘 정의된 알고리즘은 풀려는 문제를 여러 개의 작은 하위 문제로 쪼개서 가용 자원을 최적으로 활용합니다. 알고리즘 설계에 적용할 수 있는 전략은 여러 가지가 있습니다. 이 절에서는 그 중에서 다음과 같은 세 가지 전략을 상세히 알아보겠습니다.

- 분할 및 정복 전략
- 동적 계획법 전략
- 탐욕 알고리즘 전략

4.2.1 분할 및 정복 전략 이해하기

큰 문제를 서로 독립적인 여러 개의 하위 문제로 쪼갭니다. 각 하위 문제를 푸는 하위 해결책을 도출한 다음, 이를 모두 모으면 전체 문제에 대한 해결책이 됩니다. 이를 **분할 및 정복**(divide and conquer) 전략이라고 합니다.

데이터셋 d를 가진 문제 P가 있다고 생각해 보겠습니다. 문제 P를 k개로 쪼개서 하위 문제 $P_1 \sim P_k$를 만듭니다. 각 하위 문제는 데이터셋 d의 일부를 사용합니다. 즉 P_1은 d_1을, P_k는 d_k를 사용해 해결하는 것입니다.

구체적인 사례를 통해 더 자세히 알아봅시다.

활용 사례 – 아파치 스파크

아파치 스파크는 분할 및 정복 전략을 이용해 복잡한 문제를 풀어내는 오픈 소스 프레임워크입니다. 스파크는 전체 문제를 여러 개의 작은 하위 문제로 쪼갠 다음, 각 하위 문제를 독립적으로 처리합니다. 간단한 사례로 리스트에 담긴 단어의 개수를 세어 봅시다.

리스트에 다음과 같은 단어들이 들어 있습니다.

[in :]

```
wordsList = [python, java, ottawa, news, java, ottawa]
```

우리의 목적은 각 단어의 빈도를 계산하는 것입니다. 분할 및 정복 전략을 사용하면 이를 효율적으로 처리할 수 있습니다.

분할 및 정복 전략의 구현 방법은 다음 그림에 표현되어 있습니다.

▼ 그림 4-4 분할 및 정복 전략의 구현 방법

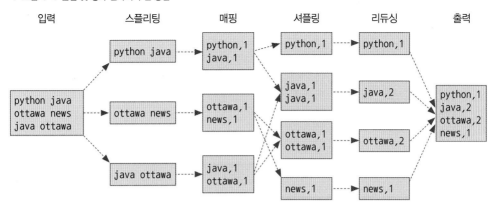

그림에 표현된 각 단계는 다음과 같은 작업을 수행합니다.

1. **스플리팅(splitting)**: 입력 데이터를 여러 개의 파티션(partition)으로 쪼갭니다. 각 파티션은 독립적으로 처리될 수 있습니다. 이 사례에서는 전체 입력 데이터를 세 개의 파티션으로 나누었습니다.

2. **매핑(mapping)**: 분할된 각 파티션에 독립적으로 적용되는 연산을 매핑 연산이라고 합니다. 이 사례에서 매핑 연산은 각 단어를 키-값 쌍으로 변환합니다. 파티션이 세 개이므로 세 개의 매핑 연산이 병렬로 실행됩니다.

3. **셔플링(shuffling)**: 비슷한 키끼리 묶는 작업입니다. 이 작업이 마무리되면 각 그룹별로 취합 함수를 사용합니다. 셔플링은 네트워크에 퍼져 있는 키를 찾아 비슷한 것끼리 묶어야 하기 때문에 연산량이 많습니다.

4. **리듀싱(reducing)**: 그룹에 적용하는 취합 함수입니다. 이 사례에서는 단어의 개수를 세는 함수를 가리킵니다.

이를 코드로 어떻게 구현할까요? 분산 컴퓨팅 프레임워크인 아파치 스파크를 사용해 분할 및 정복 전략을 구현해 봅시다.

1. 아파치 스파크를 사용하려면 아파치 스파크 런타임 컨텍스트를 생성해야 합니다.

[in :]

```
import findspark
findspark.init()
from pyspark.sql import SparkSession
spark = SparkSession.builder.master("local[*]").getOrCreate()
sc = spark.sparkContext
```

2. 예제에 사용할 단어 리스트를 만듭니다. 리스트를 스파크의 네이티브 자료 구조인 탄력적 분산 데이터셋(Resilient Distributed Dataset, RDD)으로 변환합니다.

[in :]

```
wordsList = ['python', 'java', 'ottawa', 'ottawa', 'java', 'news']
wordsRDD = sc.parallelize(wordsList, 4)
# wordsRDD에 담긴 요소를 불러 모아 출력합니다.
print(wordsRDD.collect())
```

3. map 함수를 사용하여 단어를 키-값 쌍으로 바꿉니다.

[in :]

```
wordPairs = wordsRDD.map(lambda w: (w, 1))
print(wordPairs.collect())
```

[out:]

```
[('python', 1), ('java', 1), ('ottawa', 1), ('ottawa', 1), ('java', 1), ('news', 1)]
```

4. reduce 함수를 사용하여 데이터를 집계하여 최종 결과를 출력합니다.

[in :]

```
wordCountsCollected = wordPairs.reduceByKey(lambda x, y: x + y)
print(wordCountsCollected.collect())
```

[out:]

```
[('python', 1), ('java', 2), ('ottawa', 2), ('news', 1)]
```

지금까지 간단한 사례를 통해 분할 및 정복 전략의 작동 방식을 살펴봤습니다.

주의 ≡ 마이크로소프트 애저, 아마존 웹 서비스, 구글 클라우드 플랫폼과 같은 최신 클라우드 컴퓨팅 인프라는 분할 및 정복 전략을 직접 또는 간접적으로 사용하여 대규모 데이터를 빠르고 효율적으로 처리합니다.

4.2.2 동적 계획법 이해하기

동적 계획법(dynamic programming)은 1950년대에 리차드 벨만(Richard Bellman)이 알고리즘 최적화를 위해 제안한 전략입니다. 이 전략은 무거운 연산 작업을 재활용하는 똑똑한 캐싱(caching) 메커니즘에 기반을 두고 있습니다. 이 캐싱 메커니즘을 **메모이제이션**(memoization)이라고 부릅니다.

동적 계획법은 풀려는 문제가 작은 하위 문제들로 구성된 경우에 유용하게 사용할 수 있습니다. 하위 문제를 푸는 연산 작업은 다른 하위 문제에도 반복되는 경우가 많습니다. 동적 계획법의 핵심 아이디어는 시간이 많이 소요되는 연산 작업을 수행한 후, 이 결과를 다른 하위 문제에 재활용하는 것입니다. 이 과정을 담당하는 것이 메모이제이션입니다. 따라서 동적 계획법은 입력 데이터를 반복 처리하는 재귀적 구조를 가진 문제를 풀 때 강력한 성능을 발휘합니다.

4.2.3 탐욕 알고리즘 이해하기

이 절의 내용을 살펴보기 전에 먼저 다음과 같은 두 가지 용어를 이해해야 합니다.

- **알고리즘 오버헤드**(algorithmic overhead): 어떤 문제에 최적의 해결책을 찾기 위해서는 시간이 소요됩니다. 문제가 복잡해질수록 최적의 해결책을 찾는 데 걸리는 시간도 늘어납니다. 알고리즘 오버헤드를 Ω_i로 표기하겠습니다.

- **최적해와의 차이**(delta from optimal): 최적화 문제에는 최적의 해결책이 존재합니다. 이를 **최적해**(optimal solution)라고 부릅니다. 최적해가 무엇인지 알 수 없는 문제도 있습니다. 최적해를 계산하거나 검증하는 데 비현실적으로 오랜 시간이 소요되기 때문입니다. 최적해가 알려진 경우에는 우리가 가진 현재 해결책과 최적해와의 차이를 구할 수 있습니다. 이 책에서 설명하는 알고리즘은 보통 반복 과정을 통해 해결책을 점차 업데이트하는 방식을 취합니다. i번째 반복 단계의 해와 최적해 간의 차이를 Δ_i로 표기합니다.

복잡한 문제에는 다음과 같은 두 가지 전략을 사용할 수 있습니다.

- **전략 1**: 시간을 들여 최적해에 가까운 해를 찾으려 노력합니다. 즉, Δ_i를 최소화합니다.
- **전략 2**: 알고리즘 오버헤드 Ω_i를 최소화합니다. 부족하지만 빠른 방법을 사용해서 최소한 동작하는 해결책을 찾아냅니다.

탐욕 알고리즘은 전략 2에 해당합니다. 즉, 전역적(global) 최적해를 찾으려 노력하는 대신, 알고리즘 오버헤드를 최소화하는 방식을 선택하는 것입니다.

탐욕 알고리즘은 여러 선택지가 연속적으로 구성된 문제에서 최적해를 찾아낼 수 있는 빠르고 간단한 방법입니다. 이 알고리즘은 분기마다 최선의 안을 선택하지만, 그 일련의 선택이 전역적으로도 최적인지 확인하지 않습니다. 따라서 현실 문제에 탐욕 알고리즘을 사용하는 경우, 특별히 운이 좋은 경우를 제외하고 일반적으로는 전역적 최적해를 얻을 수 없습니다. 그렇다면 탐욕 알고리즘은 쓸모가 없는 것일까요? 전역적 최적해를 찾으려면 굉장히 많은 시간을 투자해야 합니다. 탐욕 알고리즘은 분할 및 정복 전략이나 동적 계획법에 비해 계산 속도가 훨씬 빠르기 때문에 최적이 아니더라도 어느 정도 작동 가능한 해결책이 필요한 경우에 유용하게 사용할 수 있습니다.

일반적으로 탐욕 알고리즘은 다음과 같이 정의할 수 있습니다.

- 데이터셋 D에서 요소 k를 선택합니다.
- 후보 해결책 또는 증명서 S가 k를 포함하는지 확인합니다. 만약 k가 S에 포함된다면 해결책은 합집합(S, k)가 됩니다.
- S가 다 채워지거나 D의 모든 요소를 확인할 때까지 이 과정을 반복합니다.

4.3 활용 사례 – 외판원 문제 해결하기

1930년대에 고안되어 널리 알려진 **외판원 문제**(Traveling Salesman Problem, TSP)를 예제로 살펴봅시다. 외판원 문제는 NP-난해 문제입니다. 이 문제를 어떻게 접근하면 좋을까요? 처음부터 바로 최적해를 구하려고 노력하는 대신, 모든 도시를 방문해야 한다는 조건만 만족하는 투어 일정을 무작위로 생성합니다. 그리고 나서 이 투어 일정을 점진적으로 개선합니다. 이 과정에서 반복해서 생성되는 투어 일정이 바로 후보 해결책이자 증명서가 됩니다. 방문해야 하는 도시 개수가 늘어나면 후보 해결책이 최적해인지 검증하는 데 걸리는 시간은 기하급수적으로 증가합니다. 그 대신 간편한 추론 방식을 이용하면 비록 최적해는 얻을 수 없어도 그것에 근접한 투어 일정을 생성할 수 있습니다.

▼ 표 4-1 외판원 문제

입력	n개의 도시로 된 리스트(도시는 V로 표기)와 도시 간 거리 dij $(1 \leq i, j \leq n)$
출력	모든 도시를 한 번씩 방문하고 출발지로 되돌아오는 가장 짧은 투어

외판원은 주어진 리스트에 적힌 도시들을 모두 방문해야 합니다. 문제의 조건은 두 가지입니다.

- 리스트에 적힌 도시들 사이의 거리는 알려져 있습니다.
- 각 도시는 반드시 한 번만 방문해야 합니다.

적절한 투어 일정을 찾아내는 것이 가능할까요? 외판원이 이동해야 할 총 거리를 최소화하는 최적해는 무엇일까요?

외판원 문제에 등장하는 캐나다의 다섯 도시 간 거리는 다음 표에 정리되어 있습니다.

▼ 표 4-2 외판원 문제 – 캐나다의 다섯 도시 간 거리

	오타와	몬트리올	킹스턴	토론토	서드버리
오타와	–	199	196	450	484
몬트리올	199	–	287	542	680
킹스턴	196	287	–	263	634
토론토	450	542	263	–	400
서드버리	484	680	634	400	–

투어의 시작과 끝은 항상 같은 도시여야 합니다. 예를 들어, 오타와–서드버리–몬트리올–킹스턴–토론토–오타와를 거치는 투어의 이동 거리는 총 $484 + 680 + 287 + 263 + 450 = 2{,}164$입니다. 이 투어의 이동 거리가 다른 투어들보다 짧을까요? 이동 거리가 가장 짧은 최적의 투어 일정은 무엇일까요? 여러분이 직접 생각해 보고 계산해 보세요.

4.3.1 무차별 대입 전략 사용하기

첫 번째로 머릿속에 떠오르는 방법은 무차별 대입 전략(brute-force strategy)입니다. 무차별 대입 전략은 다음과 같은 방식으로 동작합니다.

1. 가능한 모든 투어 일정을 생성하고 이동 거리를 측정합니다.
2. 이동 거리가 가장 짧은 투어를 선택합니다.

합리적인 접근 방법인 것 같습니다. 하지만 문제가 있습니다. n개의 도시를 순회하는 투어는 총 $(n-1)!$개라는 것입니다. 방문할 도시가 다섯 개뿐이라면 총 $4! = 24$개 투어 일정을 만들고 이들의 거리를 재면 됩니다. 이 예제에서는 무차별 대입 전략을 충분히 사용할 만합니다. 그러나 방문

해야 할 도시가 늘어나면 그에 따라 필요한 연산 횟수가 매우 크게 증가하기 때문에 무차별 대입 전략은 금세 쓸모없어집니다.

파이썬으로 무차별 대입 전략을 구현하는 방법을 살펴봅시다.

먼저, 투어 {1, 2, 3}은 도시 1, 도시 2, 도시 3을 거치는 투어를 의미합니다. 도시 간 이동 거리는 도시 간 최소 거리인 유클리드 거리라는 가정을 사용합니다.

먼저 세 가지 유틸리티 함수를 정의합니다.

- distance_points: 두 지점 간 거리를 계산합니다.
- distance_tour: 외판원이 이동해야 할 투어의 이동 거리를 계산합니다.
- generate_cities: 가로 500, 세로 300의 직사각형 안에서 n개의 도시를 무작위로 생성합니다.

다음 코드를 살펴봅시다.

[in :]

```python
import random
from itertools import permutations
alltours = permutations

def distance_tour(aTour):
    return sum(distance_points(aTour[i - 1], aTour[i]) for i in range(len(aTour)))

aCity = complex

def distance_points(first, second): return abs(first - second)

def generate_cities(number_of_cities):
    seed = 111
    width = 500
    height = 300
    random.seed((number_of_cities, seed))
    return frozenset(aCity(random.randint(1, width), random.randint(1, height))
                     for c in range(number_of_cities))
```

이 코드에서 itertools 패키지의 permutation 함수를 alltours로 정의했습니다. 또한, 각 지점의 위치는 복소수(complex number)로 표현했습니다. 두 지점 간 위치의 차를 계산한 다음, 절댓값을 취하면 유클리드 거리를 구할 수 있습니다.

- generate_cities(n)을 실행하여 n개의 도시를 생성합니다.

- 두 도시 a와 b 사이의 거리는 distance_points(a, b)로 손쉽게 구할 수 있습니다.

다음은 brute_force 함수를 정의할 차례입니다. 이 함수는 모든 가능한 투어를 생성한 다음, 그 중에서 이동 거리가 가장 짧은 투어를 선택합니다.

[in :]

```
def brute_force(cities):
    "모든 가능한 투어를 생성한 다음 이동 거리가 가장 짧은 투어를 선택합니다."
    return shortest_tour(alltours(cities))

def shortest_tour(tours): return min(tours, key=distance_tour)
```

도시를 시각화할 유틸리티 함수를 구현합니다.

- visualize_tour: 모든 도시와 도시 간 연결선을 플롯에 그립니다. 또한, 투어를 시작한 도시에 별도의 표시를 남깁니다.

- visualize_segment: 도시와 연결선을 그리는 함수로, visualize_tour 함수에 의해 호출됩니다.

다음 코드를 살펴봅시다.

[in :]

```
%matplotlib inline
import matplotlib.pyplot as plt

def visualize_tour(tour, style='bo-'):
    if len(tour) > 1000: plt.figure(figsize=(15, 10))
    start = tour[0:1]
    visualize_segment(tour + start, style)
    visualize_segment(start, 'rD')

def visualize_segment(segment, style='bo-'):
    plt.plot([X(c) for c in segment], [Y(c) for c in segment], style, clip_on=False)
    plt.axis('scaled')
    plt.axis('off')

def X(city): "X axis"; return city.real
def Y(city): "Y axis"; return city.imag
```

tsp 함수는 다음과 같은 작업을 수행합니다.

1. 입력된 도시 개수에 따라 투어를 생성합니다.

2. 알고리즘이 실행되는 시간을 측정합니다.

3. 그래프를 생성합니다.

자, 이제 무차별 대입 전략을 이용해 최적의 투어를 생성해 봅시다.

[in :]

```
import time
from collections import Counter
def tsp(algorithm, cities):
    t0 = time.perf_counter()
    tour = algorithm(cities)
    t1 = time.perf_counter()
    assert Counter(tour) == Counter(cities) # 모든 도시는 한 번만 등장해야 합니다.
    visualize_tour(tour)
    print("{}:{} cities = tour length {:.0f} (in {:.3f} sec)".format(name(algorithm),
len(tour), distance_tour(tour), t1 - t0))

def name(algorithm): return algorithm.__name__.replace('_tsp', '')

tsp(brute_force, generate_cities(10))
```

[out:]

```
brute_force: 10 cities => tour length 1107 (in 16.737 sec)
```

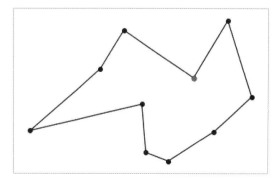

이 코드에서는 도시 10개를 생성했습니다. n = 10이라면 모든 가능한 조합의 개수는 $(10-1)!$ = 362,880이 됩니다. n이 커지면 조합의 개수가 급격히 늘어나므로 무차별 대입 전략을 사용하기 어렵습니다.

4.3.2 탐욕 알고리즘 사용하기

이번에는 탐욕 알고리즘을 사용해서 외판원 문제를 풀어 보겠습니다. 탐욕 알고리즘은 전체 관점에서 최적인 도시를 선택하는 것이 아니라, 매 순간 그 상황에서만 최적인 도시를 다음 방문지로 결정합니다. 즉, 현 위치에서 가장 가까운 도시로 이동하는 것입니다. 당연하게도 이 선택은 전체 투어의 관점에서는 최적의 선택이 아닐 확률이 높습니다.

탐욕 알고리즘은 매우 간단합니다.

1. 출발지를 무작위로 선택합니다.

2. 현 위치에서 가장 거리가 가까우면서도 방문한 적이 없는 도시로 이동합니다.

3. 단계 2를 반복합니다.

이를 파이썬 함수로 구현하면 다음과 같습니다.

[in :]

```
def greedy_algorithm(cities, start=None):
    C = start or first(cities)
    tour = [C]
    unvisited = set(cities - {C})
    while unvisited:
        C = nearest_neighbor(C, unvisited)
        tour.append(C)
        unvisited.remove(C)
    return tour

def first(collection): return next(iter(collection))

def nearest_neighbor(A, cities):
    return min(cities, key=lambda C: distance_points(C, A))
```

이 탐욕 알고리즘을 2,000개 도시를 거쳐야 하는 외판원 문제에 적용해 봅시다.

[in :]

```
tsp(greedy_algorithm, generate_cities(2000))
```

[out:]

```
greedy_algorithm:1984 cities = tour length 15886 (in 0.684 sec)
```

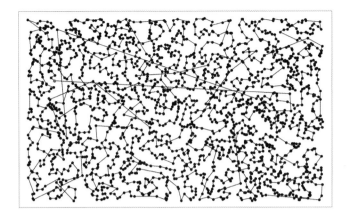

방문할 도시가 2,000개나 되지만 탐욕 알고리즘은 고작 0.684초 만에 투어 경로를 만들어 냈습니다. 만약 이 문제에 무차별 대입 전략을 사용했다면 총 (2000-1)!개의 투어가 생성됐을 것이며 이 작업에는 억겁의 시간이 소요됐을 것입니다.

그러나 탐욕 알고리즘으로 만들어낸 해결책도 최적해임을 보장할 수 없다는 점을 꼭 기억하세요.

4.4 페이지랭크 알고리즘 이해하기

이 절에서는 **페이지랭크**(PageRank) 알고리즘을 알아보겠습니다. 이 알고리즘은 1990년대 말 스탠포드에서 박사 과정을 밟고 있던 래리 페이지(Larry Page)와 세르게이 브린(Sergey Brin)이 인터넷 검색 서비스인 구글에서 사용자의 검색어에 따른 결과에 순서를 매기는 용도로 고안했습니다. 페이지랭크 알고리즘은 사용자가 입력한 검색어의 맥락을 바탕으로 검색 결과의 중요도를 수치화합니다.

> 주의 ≡　래리 페이지와 세르게이 브린은 스탠포드 대학에 다니던 중 페이지랭크 알고리즘을 개발했습니다. 페이지랭크라는 이름은 래리 페이지가 붙였습니다.

페이지랭크 알고리즘이 최초에 풀려 한 문제를 구체적으로 정의해 봅시다.

4.4.1 문제 정의하기

인터넷에는 수많은 정보가 담겨 있습니다. 검색 엔진에 검색어를 입력하면 보통 수많은 결과가 출력됩니다. 이를 자세히 들여다보면 검색 결과는 어떤 기준에 맞춰서 정렬된 것임을 알 수 있습니다. 검색 엔진은 검색 결과의 순위를 이용해 전체 내용을 요약하여 사용자에게 전달하기도 합니다.

4.4.2 페이지랭크 알고리즘 구현하기

페이지랭크 알고리즘에서 가장 중요한 부분은 각 검색 결과, 또는 검색된 페이지의 중요도를 계산하는 최적의 방법을 찾는 것입니다. 특정한 페이지의 중요도를 0~1 사이의 숫자로 계산하기 위해 페이지랭크 알고리즘은 다음과 같은 두 가지 정보 컴포넌트를 활용합니다.

- **사용자가 입력한 검색어와 관련한 정보**: 이 컴포넌트는 사용자가 입력한 검색어의 맥락과 검색된 페이지의 내용이 얼마나 서로 밀접하게 연관되어 있는지 추정합니다. 페이지의 내용은 페이지의 저자(author)라는 요소에 직접적인 영향을 받습니다.

- **사용자가 입력한 검색어와는 상관없는 정보**: 이 컴포넌트는 페이지가 가진 링크, 조회 수, 이웃의 맥락에서 페이지가 가진 중요도를 정량화합니다. 웹 페이지들은 다양한 환경과 성격을 가지며 인터넷 전체를 아우르는 평가 기준을 확립하기 어렵기 때문에, 이 컴포넌트는 계산하기가 쉽지 않습니다.

파이썬에서 페이지랭크 알고리즘을 구현하려면 먼저 다음과 같은 라이브러리들을 불러와야 합니다.

[in :]

```
import numpy as np
import networkx as nx
import matplotlib.pyplot as plt
%matplotlib inline
```

이해를 돕기 위해 다섯 개의 페이지가 등록된 간단한 네트워크를 분석해 보겠습니다. 페이지 리스트를 myPages에, 네트워크를 myWeb이라는 변수에 할당합니다.

[in :]

```
myWeb = nx.DiGraph()
myPages = range(1, 5)
```

페이지 간 연결 상태를 임의로 설정하여 네트워크에 입력합니다.

[in :]

```
connections = [(1, 3), (2, 1), (2, 3), (3, 1), (3, 2), (3, 4), (4, 5), (5, 1), (5, 4)]
myWeb.add_nodes_from(myPages)
myWeb.add_edges_from(connections)
```

네트워크를 그래프로 표현합니다.

[in :]

```
pos = nx.shell_layout(myWeb)
nx.draw(myWeb, pos, arrows=True, with_labels=True)
plt.show()
```

이 코드를 실행하면 다음과 같이 네트워크를 시각적으로 표현할 수 있습니다.

❤ 그림 4-5 다섯 개의 페이지가 등록된 네트워크 분석

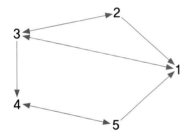

페이지랭크 알고리즘은 웹 페이지의 패턴을 전이 행렬(transition matrix)로 표현합니다. 전이 행렬의 크기는 $n \times n$입니다. 여기서 n은 노드의 개수를 의미합니다. 전이 행렬에 담긴 수치는 한 노드에서 다른 노드로 이동할 확률을 뜻합니다.

다음 코드 스니펫은 전이 행렬을 생성하기 위한 함수입니다.

```
def createPageRank(aGraph):
    nodes_set = len(aGraph)
    M = nx.to_numpy_matrix(aGraph)
    outwards = np.squeeze(np.asarray(np.sum(M, axis=1)))
    prob_outwards = np.array([1.0/count if count > 0 else 0.0 for count in outwards])
    G = np.asarray(np.multiply(M.T, prob_outwards))
    p = np.ones(nodes_set) / float(nodes_set)
    if np.min(np.sum(G, axis=0)) < 1.0:
        print('경고: 전이 확률 합의 최솟값이 1보다 작습니다.')
    return G, p
```

이 함수가 반환하는 G는 우리가 만든 네트워크의 전이 행렬입니다.

[in :]

```
G, p = createPageRank(myWeb)
print(G)
```

▼ 그림 4-6 앞에서 만든 네트워크의 전이 행렬

```
[6]  G, p = createPageRank(myWeb)
     print (G)
⊡    [[0.       0.5    0.33333333 0.     0.5    ]
     [0.       0.     0.33333333 0.     0.     ]
     [1.       0.5    0.         0.     0.     ]
     [0.       0.     0.33333333 0.     0.5    ]
     [0.       0.     0.         1.     0.     ]]
```

보시다시피 이 네트워크의 전이 행렬의 크기는 5×5입니다. 전이 행렬의 각 열은 네트워크에 있는 각 노드를 의미합니다. 예를 들어, 두 번째 열은 두 번째 노드의 전이 확률 정보를 담고 있습니다. 노드 2에서 노드 1, 또는 노드 3으로 이동할 확률은 각각 0.5입니다. 행렬의 대각성분은 모두 0입니다. 그 이유는 자기 자신으로 되돌아오는 연결을 가진 노드가 없기 때문입니다.

전이 행렬은 값이 0인 요소가 많은 희소 행렬(sparse matrix)입니다. 노드 개수가 많아질수록 전이 확률이 0인 값이 늘어납니다.

4.5 선형 계획법 이해하기

선형 계획법(linear programming)의 근간을 이루는 알고리즘은 1940년대 초 캘리포니아 대학의 조지 단치히(George Dantzig)가 고안했습니다. 단치히는 당시 미 공군에 근무하면서 전투 병력 지원을 위한 물자 공급 계획을 테스트하는 데 선형 계획법 개념을 사용했습니다. 제2차 세계대전 말 무렵 그는 미국 국방성에서 근무하기 시작했고, 이때 그가 이전에 개발한 알고리즘을 발전시켜 선형 계획법이라는 이름을 붙였습니다. 그리고 이 기법은 군사 전투 계획에 사용됐습니다.

오늘날 선형 계획법은 다음과 같이 어떠한 제약 조건이 주어졌을 때 변수를 최소화하거나 최대화하는 현실 세계의 문제를 푸는 데 널리 쓰이고 있습니다.

- 자동차 정비소에서 차량을 수리하는 데 소요되는 시간을 최소화하기
- 분산 컴퓨팅 환경에 자원을 할당하여 응답 시간을 최소화하기
- 회사 내에 자원을 최적으로 할당하여 전체 수익을 극대화하기

4.5.1 선형 계획법 문제 정의하기

선형 계획법을 사용하기 위한 조건은 다음과 같습니다.

- 문제를 방정식의 집합으로 표현할 수 있어야 합니다.
- 방정식에 사용되는 변수 사이에 일차 방정식이 성립해야 합니다.

목적 함수 정의하기

앞에서 소개한 세 가지 사례의 목적 함수는 모두 변수를 최소화하거나 최대화합니다. 목적 함수는 다른 변수들의 선형 함수로 표현됩니다. 선형 계획법은 주어진 제약 조건을 만족하면서 목적 함수를 최소화하거나 최대화하는 것이 목표입니다.

제약 조건 설정하기

현실 세계의 문제에서 무언가를 최소화하거나 최대화할 때는 지켜야 할 제약 조건이 존재합니다.

예를 들어, 자동차를 수리하는 데 소요되는 시간을 최소화하려면 투입할 수 있는 정비공의 수를 고려해야 합니다. 선형 계획법에서는 이러한 제약 조건을 선형 방정식으로 표현합니다.

4.6 / 활용 사례 – 선형 계획법을 활용해 용량 계획하기

현실 세계의 문제에 선형 계획법을 사용하는 실용적인 사례를 알아봅시다. 두 종류의 로봇을 생산하는 공장의 수익을 최대화하려고 합니다.

- **고급 로봇 모델(A)**: 모든 기능을 갖춘 로봇입니다. 고급 로봇 모델은 개당 5,000달러의 수익을 창출합니다.

- **기본 로봇 모델(B)**: 기본 기능만 갖춘 로봇입니다. 기본 로봇 모델은 개당 2,500달러의 수익을 창출합니다.

로봇을 생산하려면 총 3인의 노동력이 필요합니다. 각 로봇을 생산하기 위해 필요한 작업일수는 다음과 같습니다.

▼ 표 4-3 각 로봇을 생산하기 위해 필요한 작업일수

로봇 종류	기술자	AI 전문가	엔지니어
고급 로봇 모델(A)	3일	4일	4일
기본 로봇 모델(B)	2일	3일	3일

공장의 가동 주기는 30일입니다. 기술자(1명)는 30일 중 20일 동안 생산에 참여할 수 있습니다. AI 전문가(1명)는 30일 모두 작업에 투입할 수 있습니다. 엔지니어(2명)는 30일 중 8일을 쉽니다.

다음은 공장에 투입할 수 있는 노동력을 정리한 표입니다.

	기술자	AI 전문가	엔지니어
인원 수	1명	1명	2명
한 주기당 작업 가능 일수	1 x 20 = 20일	1 x 30 = 30일	2 x 22 = 44일

모든 정보를 종합해 모델을 만듭니다.

- 최대 수익 = 5000A + 2500B

- 조건

    - $A \geq 0$: 고급 로봇 모델의 생산량은 0보다 크거나 같아야 합니다.

    - $B \geq 0$: 기본 로봇 모델의 생산량은 0보다 크거나 같아야 합니다.

    - $3A + 2B \leq 20$: 기술자 투입 일수의 제약 조건입니다.

    - $4A + 3B \leq 30$: AI 전문가 투입 일수의 제약 조건입니다.

    - $4A + 3B \leq 44$: 엔지니어 투입 일수의 제약 조건입니다.

먼저 선형 계획법에 사용할 파이썬 라이브러리 pulp를 불러옵니다.

[in :]

```
import pulp
```

그 다음, 이 라이브러리에서 제공하는 LpProblem 함수를 호출하여 문제의 클래스 인스턴스를 생성합니다. 이 인스턴스에 Profit maximising problem이라는 이름을 붙입니다.

[in :]

```
model = pulp.LpProblem("Profit maximising problem", pulp.LpMaximize)
```

선형 변수 A와 B를 정의합니다. 변수 A는 생산할 고급 로봇 모델의 개수를, 변수 B는 기본 로봇 모델의 개수를 의미합니다.

[in :]

```
A = pulp.LpVariable('A', lowBound=0, cat='Integer')
B = pulp.LpVariable('B', lowBound=0, cat='Integer')
```

앞서 만든 최대 수익 모델과 조건 모델을 참고하여 다음과 같이 목적 함수와 제약 조건을 설정합니다.

[in :]

```
# 목적 함수를 설정합니다.
model += 5000 * A + 2500 * B, "Profit"

# 제약 조건을 설정합니다.
model += 3 * A + 2 * B <= 20
model += 4 * A + 3 * B <= 30
model += 4 * A + 3 * B <= 44
```

solve 함수로 해결책을 계산합니다.

[in :]

```
model.solve()
pulp.LpStatus[model.status]
```

A, B와 목적 함수의 값을 출력합니다.

[in :]

```
# 결정 변수의 값을 출력합니다.
print(A.varValue)
print(B.varValue)
```

[out:]

```
6.0
1.0
```

[in :]

```
# 목적 함수의 값을 출력합니다.
print(pulp.value(model.objective))
```

[out:]

```
32500.0
```

주의 ≡ 선형 계획법은 자원 활용을 최적화하여 생산성을 높일 수 있는 도구로 다양한 제조업 분야에서 널리 사용되고 있습니다.

어느덧 이 장의 끝에 이르렀습니다! 지금까지 배운 내용을 정리해 봅시다.

4.7 / 요약

이 장에서는 알고리즘을 설계하는 다양한 방법을 알아봤습니다. 적절한 알고리즘을 설계하기 위한 상충 관계와, 현실 세계의 문제를 정의하는 올바른 방법을 학습했습니다. 이 장에서 다룬 내용을 사용하면 잘 설계된 알고리즘을 구현할 수 있습니다.

다음 장의 주제는 그래프 기반 알고리즘입니다. 그래프를 표현하는 여러 방법에 대해 알아보겠습니다. 그리고 데이터 포인트를 중심으로 이웃을 형성하여 특정한 분석을 수행하는 기법을 학습하겠습니다. 마지막으로 그래프에서 정보를 검색하는 최적의 방법을 살펴보겠습니다.

5^장

그래프 알고리즘

어떤 종류의 연산 문제들은 그 내용과 데이터의 구조를 그래프를 통해 효과적으로 표현할 수 있습니다. 이러한 문제에 적용할 수 있는 알고리즘을 **그래프 알고리즘**(graph algorithm)이라고 합니다. 여러 활용 분야 중에서도 특히 그래프 알고리즘이 각광받는 영역은 검색입니다. 그래프 알고리즘은 복잡하고 상호연결성이 높은 자료 구조에서 원하는 정보를 빠르게 찾을 수 있는 가장 효율적인 방법입니다. 빅데이터, 소셜미디어, 분산형 데이터의 시대에 그래프 알고리즘은 매우 주목받는 기법으로 떠오르고 있습니다.

이 장에서는 그래프 알고리즘의 기반이 되는 개념을 소개합니다. 또한, 네트워크 분석 이론의 기초도 다루겠습니다. 그 다음에는 그래프를 순회하는 다양한 방법에 대해 알아보겠습니다. 마지막으로 그래프 알고리즘을 사기 범죄(fraud) 탐지에 어떻게 사용하는지 사례를 통해 알아보겠습니다.

주요 학습 개념은 다음과 같습니다.

- 다양한 형태의 그래프
- 네트워크 분석 이론
- 그래프 순회
- 사례 연구: 사기 범죄 분석
- 문제 공간에서 버텍스의 이웃을 설정/탐색하는 기법

이 장을 마치고 나면 여러분은 그래프를 통해 복잡하게 얽혀 있는 자료 구조를 표현하고, 직접 또는 간접적인 관계로 얽혀 있는 네트워크에서 정보를 추출하며, 이를 통해 실생활의 문제를 해결하는 방법을 습득할 수 있습니다.

5.1 그래프 표현 이해하기

그래프는 버텍스(vertex)와 엣지(edge)로 구성된 자료 구조입니다. 버텍스는 네트워크를 구성하는 개체를 의미합니다. 모든 버텍스는 버텍스 집합에 속합니다($v \in V$). 엣지는 두 버텍스를 잇습니다. 마찬가지로 모든 엣지는 엣지 집합에 속합니다($e \in E$). 네트워크의 버텍스 개수는 $|V|$, 엣지 개수는 $|E|$로 표시합니다.

두 버텍스 사이를 연결하는 엣지는 이들 사이의 관계를 표현합니다. 몇 가지 예를 살펴봅시다.

- 사람들 사이의 친분 관계(마크 ↔ 제인)

- 링크드인(LinkedIn)에서 맺어진 연결 관계(제인 ↔ 앨리스)

- 클러스터 내에 물리적으로 연결된 두 노드(노드 A ↔ 노드 B)

- 연구 학회에 참석한 연구원(앨리스 ↔ 빅데이터 학회)

어떻게 파이썬으로 네트워크를 생성하고 분석할 수 있을까요? 이 책에서는 networkx라는 라이브러리를 사용합니다. 간단한 네트워크를 만들어 보면서 사용 방법을 익혀 봅시다. 먼저 버텍스나 엣지가 없는 빈 네트워크를 만듭니다.

[in :]

```
import networkx as nx
G = nx.Graph()
```

버텍스를 하나 추가합니다.

[in :]
```
G.add_node("Mike")
```

리스트로 여러 버텍스를 한 번에 추가할 수 있습니다.

[in :]
```
G.add_nodes_from(["Amine", "Wasim", "Nick"])
```

두 버텍스를 잇는 엣지를 하나 추가합니다.

[in :]
```
G.add_edge("Mike", "Amine")
```

생성한 버텍스와 엣지 목록을 출력합니다.

[in :]
```
list(G.nodes)
```

[out:]
```
['Mike', 'Amine', 'Wasim', 'Nick']
```

```
list(G.edges)
```

[out:]

```
[('Mike', 'Amine')]
```

버텍스가 아직 네트워크상에 존재하지 않더라도 이를 포함하는 엣지를 다음과 같이 등록할 수 있습니다.

[in :]

```
G.add_edge("Amine", "Imran")
```

다시 엣지 목록을 출력하면 새로 등록한 엣지를 확인할 수 있습니다.

[in :]

```
list(G.edges)
```

[out:]

```
[('Mike', 'Amine'), ('Amine', 'Imran')]
```

5.1.1 그래프 유형

그래프는 크게 다음과 같은 네 가지 유형으로 구분할 수 있습니다.

- 무방향 그래프
- 방향 그래프
- 무방향 멀티그래프
- 방향 멀티그래프

하나씩 자세히 알아봅시다.

무방향 그래프

보통 그래프 속 노드들이 형성하는 관계에는 방향성이 없습니다. 즉, 서로 연결된 노드 사이에는 어떠한 상하 관계나 순서가 존재하지 않습니다. 이러한 엣지를 **무방향 엣지**(undirected edge)라고 하며, 이들로 이루어진 네트워크를 **무방향 그래프**(undirected graph)라고 합니다. 다음 그림은 무방향 그래프를 표현한 것입니다.

▼ 그림 5-1 무방향 그래프

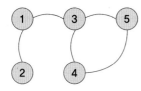

무방향 관계의 예시는 다음과 같습니다.

- 마이크와 아미네는 같은 아파트에 사는 이웃입니다.
- 동등 계층 간(peer-to-peer) 통신망에 연결된 노드 A와 노드 B

방향 그래프

노드 사이의 관계가 어떠한 방향성을 갖는 경우 해당 그래프를 **방향 그래프**(directed graph)라고 합니다.

▼ 그림 5-2 방향 그래프

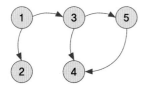

방향성이 있는 관계의 예시는 다음과 같습니다.

- 마이크와 그의 집(마이크는 그의 집을 소유합니다. 그러나 그의 집은 마이크를 소유하지 않습니다.)
- 존은 폴의 매니저입니다.

무방향 멀티그래프

노드들이 여러 관계로 얽혀 있는 경우도 있습니다. 두 노드 사이를 잇는 엣지가 두 개 이상인 셈입니다. 두 노드를 잇는 여러 엣지는 서로 다른 유형의 관계를 표현하기도 합니다. 이러한 형태의 연결을 허용하는 그래프를 **멀티그래프**(multigraph)라 부릅니다. 여러분이 사용하는 그래프가 멀티그래프라면 이를 반드시 명확하게 표현해야 합니다.

무방향 멀티그래프(undirected multigraph)는 다음과 같이 도식화할 수 있습니다.

▼ 그림 5-3 무방향 멀티그래프

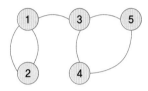

무방향 멀티그래프의 사례는 다음과 같습니다.

- 마이크와 존은 같은 부서에서 근무하는 동료입니다. 이들은 목요일에는 업무를 마치고 저녁에 스페인어 수업을 같이 듣습니다. 이들의 관계는 직장 동료이자 수업 동기입니다.

방향 멀티그래프

멀티그래프에 있는 노드 사이에 방향 관계가 존재한다면 이를 **방향 멀티그래프**(directed multigraph)라 부릅니다.

▼ 그림 5-4 방향 멀티그래프

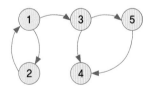

방향 멀티그래프의 사례는 다음과 같습니다.

- 마이크는 직장 상사인 존에게 업무를 보고합니다. 존은 마이크에게 파이썬 프로그래밍 언어를 가르칩니다.

5.1.2 특수한 유형의 엣지

엣지는 그래프에 있는 여러 버텍스를 연결하여 이들 사이의 관계를 표현합니다. 두 버텍스를 잇는 간단한 형태의 엣지 외에도 다음과 같은 특수 유형의 엣지가 있습니다.

- **셀프 엣지(self-edge)**: 어떤 버텍스는 자기 자신과 관계를 형성하기도 합니다. 가령, 존이 그의 개인용 은행 계좌에서 사업용 계좌로 돈을 이체한다면 자기 자신에게 송금을 하는 것으로 볼 수 있습니다. 이러한 관계는 버텍스에서 나온 엣지가 다시 자기 자신에게 돌아가는 형태의 엣지로 표현할 수 있습니다.
- **하이퍼 엣지(hyperedge)**: 엣지 하나가 셋 이상의 버텍스에 연결된 형태입니다. 프로젝트를 함께 하는 존, 마이크, 사라의 관계를 떠올려 보면 하이퍼 엣지가 무엇인지 쉽게 이해할 수 있습니다.

> 주의 ≣ 하나 이상의 하이퍼 엣지가 있는 그래프를 **하이퍼 그래프**(hypergraph)라고 합니다.

셀프 엣지 그래프와 하이퍼 그래프는 다음과 같습니다.

▼ 그림 5-5 셀프 엣지 그래프와 하이퍼 그래프

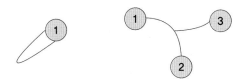

셀프 엣지 그래프   하이퍼 그래프

그래프는 하나 이상의 특수한 유형의 엣지를 포함할 수 있습니다. 즉, 셀프 엣지와 하이퍼 엣지를 모두 가진 그래프를 생성하는 것이 가능합니다.

5.1.3 에고 중심 네트워크

어떤 사람을 알고 싶다면 그 친구들을 보라는 말이 있습니다. 네트워크 분석에도 비슷한 접근 방식이 있습니다. 특정한 버텍스 m에 대한 중요한 정보는 그와 연결된 다른 버텍스들에서 얻을 수 있을지도 모릅니다. 버텍스 m을 중심으로 한 에고 중심 네트워크는 m과, m에 직접적으로 연결된 이웃들로 구성되어 있습니다. 이들은 도수(degree)가 1인 이웃입니다. 여기서 버텍스 m을 **에고**(ego)라 하며, 바로 인접한 이웃을 **알터**(alter)라고 부릅니다.

다음 그림에서 검게 표시된 부분은 버텍스 3의 에고 중심 네트워크를 표현한 것입니다.

▼ 그림 5-6 (버텍스 3의) 에고 중심 네트워크

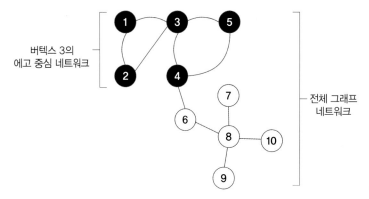

이 에고 중심 네트워크는 도수가 1인 이웃만 포함했습니다만, 도수가 n인 이웃까지 확장하는 것도 가능합니다. 이 경우 m으로부터 n단계 멀리 위치한 이웃까지 네트워크를 구성하게 됩니다.

5.1.4 소셜 네트워크 분석

소셜 네트워크 분석(Social Network Analysis, SNA)은 그래프 이론의 주요 활용 분야입니다. 다음과 같은 조건을 만족하는 네트워크 그래프 분석을 소셜 네트워크 분석이라고 합니다.

- 그래프를 구성하는 버텍스가 사람을 의미합니다.
- 버텍스를 연결하는 엣지는 친구, 친족, 연인 등 다양한 사회적 관계를 표현합니다.
- 그래프 분석을 통해 도출한 결과는 강력한 사회적 파급 효과를 불러올 수 있습니다.

인간의 행동을 어떻게 분석할 수 있을까요? 사회적 맥락을 배제한 채 특정 개인만 집중적으로 분석한다면 단편적인 결론에 이르기 쉽습니다. SNA는 사람들이 형성하는 다양한 관계를 그래프로 표현하여 분석함으로써 인간관계와 상호작용에 대한 통찰을 제공합니다. 그리고 이를 활용하여 복잡한 사회 문제에 도전할 수 있습니다.

SNA의 활용 사례는 다음과 같습니다.

- 페이스북, 트위터, 링크드인과 같은 소셜 미디어 플랫폼 서비스상에 보이는 개인의 행동에 대한 이해

- 사기 범죄의 발생 경로에 대한 이해

- 사회 내 범죄 행위에 대한 이해

> **주의 ≡** 비즈니스에 특화된 소셜 네트워크 서비스인 링크드인은 최신 소셜 네트워크 분석 기법의 발달에 크게 기여했습니다. 링크드인은 그래프 알고리즘 분야를 선도하는 기업입니다.

사회가 가진 복잡한 연결 구조를 분석하는 SNA는 그래프 이론의 활용 사례 중 하나입니다. 그래프를 추상화하는 또 다른 방법은 이를 네트워크로 설정하고 네트워크 분석을 위해 고안된 알고리즘을 적용하는 것입니다. 이를 **네트워크 분석 이론**(network analysis theory)이라 합니다.

5.2 네트워크 분석 이론 살펴보기

40 ALGORITHMS EVERY PROGRAMMER SHOULD KNOW

앞서 설명했듯이 서로 얽혀 있는 데이터는 네트워크로 표현할 수 있습니다. 이 절에서 우리는 네트워크로 표현된 데이터를 탐색하고 분석하기 위해 개발된 다양한 기법을 학습할 것입니다. 먼저 네트워크 분석 이론이 가진 몇 가지 중요한 사항을 짚고 넘어가겠습니다.

네트워크의 기본 단위는 버텍스(또는 노드)입니다. 네트워크는 버텍스로 구성된 거미줄입니다. 버텍스를 연결하는 선들은 이들 사이의 관계를 표현합니다. 네트워크로 문제를 풀기 위해서는 버텍스가 가진 중요성 또는 유용성을 정량화해야 합니다. 여기에는 다양한 방법을 적용할 수 있습니다.

5.2.1 최단 경로

경로(path)란 시작 버텍스와 끝 버텍스 사이에 있는 일련의 연속적인 버텍스들을 의미합니다. 경로 상에 있는 버텍스의 집합을 p라고 하겠습니다. 동일한 버텍스는 경로에서 단 한 번만 등장해야 합니다. 즉, p는 중복된 버텍스를 허용하지 않습니다.

경로의 길이는 이를 구성하는 엣지의 개수입니다. 모든 가능한 경로 중에서 가장 거리가 짧은 경로를 **최단 경로**(shortest path)라고 합니다. 최단 경로 계산은 그래프 이론 알고리즘에서 상당히 자주 사용하지만 그 계산이 항상 쉬운 것은 아닙니다. 시작 버텍스와 끝 버텍스를 잇는 최단 경로를 계산하는 방법은 여러 가지입니다. 그 중에서 가장 인기 있는 최단 경로 탐색 알고리즘은 1950년대 후반에 고안된 **다익스트라 알고리즘**(Dijkstra's algorithm)입니다. 다익스트라 알고리즘은 **범지구위치결정시스템**(Global Positioning System, GPS)이나 네트워크 라우팅 알고리즘 등 다양한 분야에서 널리 사용되고 있습니다.

> 주의 ≡   지도 서비스를 운영하고 있는 구글과 애플은 최고의 최단 경로 알고리즘을 개발하기 위해 끝없이 경쟁하고 있습니다. 최근 두 회사는 복잡한 최단 경로 계산 시간을 수 초 이내로 단축하고자 노력하고 있습니다.

이 장의 후반부에서 다룰 **너비 우선 검색**(Breadth-First Search, BFS) 알고리즘을 약간 수정하면 다익스트라 알고리즘이 됩니다. BFS는 그래프상에 있는 모든 엣지의 이동 비용은 동일하다는 가정을 사용합니다. 이와 달리 다익스트라 알고리즘은 엣지의 이동 비용이 다양한 네트워크에도 적용할 수 있습니다.

다익스트라 알고리즘은 단일 출발지(single source)로부터의 최단 경로를 계산하는 알고리즘입니다. 만약 모든 출발지-도착지 쌍의 최단 경로를 구하고 싶다면 **플로이드-워셜**(Floyd-Warshall) 알고리즘을 쓰는 것이 좋습니다.

5.2.2 삼각형

세 개의 버텍스가 세 개의 엣지로 연결된 형태를 **삼각형**(triangle) 그래프라고 합니다. 삼각형 그래프를 구성하는 버텍스들은 삼총사처럼 밀접하게 연결되어 있기 때문에 소셜 네트워크 분석에서 버텍스의 성향을 파악하는 데 자주 활용합니다.

버텍스 m이 포함된 삼각형 그래프를 상상해 봅시다. 나머지 두 버텍스는 버텍스 m에 연결되어 있으므로 이를 버텍스 m의 에고 중심 네트워크라고도 볼 수 있습니다. 이 에고 중심 네트워크에서 버텍스 m은 에고, 나머지 두 버텍스는 알터가 됩니다. 두 알터 버텍스가 사기 범죄를 모의한 것으로 드러났다고 가정합시다. 버텍스 m의 정확한 상태는 아직 알 수 없으나, 두 알터와 밀접한 관계를 맺고 있기 때문에 버텍스 m이 범죄에 연루됐을 것이라 의심할 수 있습니다. 만약 둘 중 하나만 범죄에 연루된 것으로 밝혀진다면 버텍스 m에 대한 경계는 한층 완화될 것입니다.

5.2.3 밀도

모든 버텍스들이 서로 연결된 네트워크를 떠올려 봅시다. 이러한 형태의 네트워크를 **완전 연결 네트워크**(fully connected network)라고 합니다.

버텍스의 개수가 N인 완전 연결 네트워크의 엣지 수는 다음과 같이 구할 수 있습니다.

$$Edges_{total} = \binom{n}{2} = \frac{N(N-1)}{2}$$

여기서 밀도(density)의 개념이 등장합니다. 밀도란 그래프에서 관측된 엣지 개수와 최대 허용 가능한 엣지 개수의 비율입니다. 우리가 네트워크에서 확인한 엣지의 개수를 $Edges_{observed}$라고 한다면 밀도는 다음과 같은 수식으로 표현할 수 있습니다.

$$density = \frac{Edges_{observed}}{Edges_{total}}$$

모든 버텍스가 상호 연결되어 있는 삼각형 네트워크의 밀도는 1입니다. 여기에 엣지를 더 추가하는 것은 불가능하므로 밀도는 1을 초과할 수 없습니다.

5.2.4 중심성 지표 이해하기

중심성 지표는 해당 버텍스가 그래프 내에서 얼마나 중요한지 나타내는 지표입니다. 이 절에서는 다음과 같은 네 가지 중심성 지표를 살펴보겠습니다.

- 도수
- 매개
- 근접
- 고유벡터

도수 중심성

특정 버텍스에 연결된 엣지의 수를 **도수**(degree)라고 합니다. 도수는 해당 버텍스가 다른 버텍스와 얼마나 잘 연결되어 있는지, 네트워크 내에서 메시지를 얼마나 빠르게 전파할 수 있는지 표현합니다. 학급 내에서 친하게 지내는 친구가 많을수록 **도수 중심성**(degree centrality)이 높아집니다.

버텍스 집합 V와 엣지 집합 $\mathcal{E}$로 된 그래프 aGraph가 있습니다. aGraph는 $|V|$개의 버텍스와 $|\mathcal{E}|$개의 엣지를 가지고 있습니다. 도수 중심성은 버텍스의 도수를 $(|V|-1)$로 나눈 값입니다.

$$C_{DC_a} = \frac{deg(a)}{|V| - 1}$$

다음 그림으로 예를 들어봅시다.

▼ 그림 5-7 그래프 네트워크

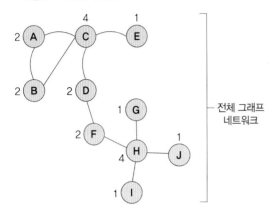

이 그림에서 버텍스 C의 도수는 4입니다. 버텍스 C의 도수 중심성은 다음과 같이 계산합니다.

$$C_{DC_c} = \frac{deg(c)}{|V| - 1} = \frac{4}{10 - 1} = 0.44$$

매개 중심성

매개 중심성(betweenness centrality)은 그래프 내에서 버텍스가 다른 버텍스들 사이에 위치하는 정도를 표현합니다. 학급 내에 여러 개의 작은 소모임이 있습니다. 매개 중심성이 높은 학생은 각 소모임에 친한 친구들이 하나씩 있습니다. 덕분에 친구가 많지 않아도 학급 내의 모든 소식과 소문을 알 수 있습니다. 컴퓨터 네트워크 분야에서는 통신 장애와 같은 부정적인 효과를 매개 중심성을 이용해 측정합니다.

그래프 aGraph에 속한 버텍스 a의 매개 중심성을 계산하는 방식은 다음과 같습니다.

1. aGraph에 있는 버텍스들로 페어를 구성하고 페어 간 최단 경로를 계산합니다. 이를 $n_{shortest_{Total}}$이라고 하겠습니다.

2. $n_{shortest_{Total}}$을 이용해 버텍스 a를 지나는 최단 경로의 개수를 셉니다. 이를 $n_{shortest_a}$라고 합니다.

3. 매개 중심성의 계산 공식은 다음과 같습니다.

$$C_{betweenness_a} = \frac{n_{shortest_a}}{n_{shortest_{Total}}}$$

공정성과 근접 중심성

그래프 aGraph에서 버텍스 a의 **공정성**(fairness)은 자기 자신과 그래프 내 다른 버텍스와의 거리를 모두 더한 것입니다. 도수 중심성과 달리 공정성은 대상 버텍스에 직접 연결되어 있지 않은 버텍스와의 거리도 반영합니다. 공정성에 역수를 취하면 **근접 중심성**(closeness centrality)이 됩니다.

계산 과정은 다음과 같습니다.

1. 버텍스 a와 다른 버텍스들을 잇는 최단 경로들을 구합니다.

2. 이 최단 경로의 거리를 모두 더합니다. 이를 n_{sum_a}라고 하겠습니다.

3. 이 값에 역수를 취합니다.

$$C_{closeness} = \frac{1}{n_{sum_a}}$$

고유벡터 중심성

고유벡터 중심성(eigenvector centrality) 지표는 다른 버텍스의 중심성을 가중치로 반영합니다. 학급 내에서도 인기가 많은 친구들과 친하게 지내는 친구는 고유벡터 중심성이 높습니다. 구글에서 개발한 웹 페이지에 점수를 매기는 페이지랭크 알고리즘은 고유벡터 중심성 지표에서 파생됐습니다.

5.2.5 파이썬으로 중심성 지표 계산하기

간단한 네트워크를 생성하고 중심성 지표를 계산해 봅시다. 다음 코드 스니펫을 참조하세요.

[in :]

```
import networkx as nx
import matplotlib.pyplot as plt
vertices = range(1, 10)
edges = [(7, 2), (2, 3), (7, 4), (4, 5), (7, 3), (7, 5), (1, 6), (1, 7), (2, 8), (2, 9)]
G = nx.Graph()
```

```
G.add_nodes_from(vertices)
G.add_edges_From(edges)
nx.draw(G, with_labels=True, node_color='y', node_size=800)
```

이 코드를 통해 생성된 그래프는 다음과 같습니다.

❤ 그림 5-8 예제 실행 결과

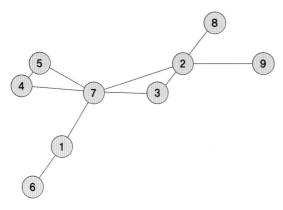

각 버텍스의 중심성 지표를 계산합니다.

[in :]

```
nx.degree_centrality(G)
```

[out:]

```
{1: 0.25,
 2: 0.5,
 3: 0.25,
 4: 0.25,
 5: 0.25,
 6: 0.125,
 7: 0.625,
 8: 0.125,
 9: 0.125}
```

[in :]

```
nx.betweenness_centrality(G)
```

[out:]

```
{1: 0.25,
 2: 0.46428571428571425,
 3: 0.0,
 4: 0.0,
 5: 0.0,
 6: 0.0,
 7: 0.7142857142857142,
 8: 0.0,
 9: 0.0}
```

[in :]

```
nx.closeness_centrality(G)
```

[out:]

```
{1: 0.5,
 2: 0.6153846153846154,
 3: 0.5333333333333333,
 4: 0.47058823529411764,
 5: 0.47058823529411764,
 6: 0.34782608695652173,
 7: 0.7272727272727273,
 8: 0.4,
 9: 0.4}
```

[in :]

```
centrality = nx.eigenvector_centrality(G)
sorted((v, '{:0.2f}'.format(c)) for v, c in centrality.items())
```

[out:]

```
[(1, '0.24'),
 (2, '0.45'),
 (3, '0.36'),
 (4, '0.32'),
 (5, '0.32'),
 (6, '0.08'),
 (7, '0.59'),
 (8, '0.16'),
 (9, '0.16')]
```

이 그래프에서 가장 중심에 있는 버텍스는 무엇일까요? 언뜻 보기에는 버텍스 7이 그래프 중심에 있는 것처럼 보입니다. 중심성 지표 계산 결과도 마찬가지입니다. 버텍스 7은 다른 버텍스보다 모든 중심성 지표가 높습니다. 즉, 버텍스 7이 이 그래프에서는 가장 중요하다고 볼 수 있습니다.

그래프에서 정보를 추출하려면 어떻게 해야 할까요? 그래프는 버텍스와 엣지에 상당히 많은 정보를 담고 있는 복잡한 자료 구조입니다. 문제를 풀 수 있는 정보를 얻기 위해서는 효율적으로 네트워크를 탐색해야 합니다. 다음 절에서는 여러 네트워크 탐색 전략을 알아보겠습니다.

5.3 그래프 순회 이해하기

네트워크 문제를 풀기 위해서는 그래프로부터 정보를 추출해야 합니다. 특정한 방식을 따라 그래프에 있는 모든 버텍스와 엣지를 확인하는 과정을 **그래프 순회**(graph traversal)라고 합니다. 그래프 순회는 모든 버텍스와 엣지를 단 한 번만 방문합니다. 일반적으로 그래프 순회는 크게 두 가지 방법이 있습니다. 폭을 넓게 탐색하는 방식을 **너비 우선 검색**(BFS)이라 하며, 깊이를 깊게 탐색하는 방식을 **깊이 우선 검색**(DFS)이라 부릅니다. 하나씩 자세히 알아봅시다.

5.3.1 너비 우선 검색

너비 우선 검색(Breadth-First Search, BFS)은 그래프 내에 레이어 또는 레벨로 구성된 이웃 그룹들이 있을 때 적용할 수 있는 가장 효율적인 그래프 순회 전략입니다. 예를 들어, 링크드인 회원의 관계 네트워크는 회원을 중심으로 1단계 커넥션, 2단계 커넥션과 같은 레이어로 구성되어 있습니다.

BFS는 루트 버텍스에서 시작하여 그 인근 레이어에 있는 이웃 버텍스들을 탐색합니다. 이웃들에 대한 확인이 끝나면 다음 레이어로 이동하여 검색 과정을 반복합니다.

아래 무방향 그래프와 함께 BFS 알고리즘을 살펴봅시다.

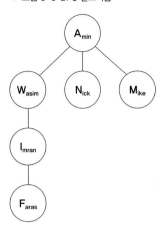

▼ 그림 5-9 BFS 알고리즘

먼저 버텍스별로 최근접 이웃으로 구성된 리스트를 만듭니다. 이를 인접 리스트(adjacency list)라고 합니다. 파이썬에서는 딕셔너리 자료 구조를 이용해 이를 표현할 수 있습니다.

[in :]

```
graph = {
  'Amin'  : {'Wasim', 'Nick', 'Mike'},
  'Wasim' : {'Imran', 'Amin'},
  'Imran' : {'Wasim', 'Faras'},
  'Faras' : {'Imran'},
  'Mike'  : {'Amin'},
  'Nick'  : {'Amin'}}
```

BFS 알고리즘은 초기 설정과 메인 루프로 되어 있습니다. 먼저 초기 설정 부분부터 알아봅시다.

초기 설정

그래프 순회는 버텍스들을 한 번씩만 방문해야 합니다. 따라서 방문 기록을 관리하여 앞으로 어떤 버텍스를 방문해야 할지 알아야 합니다. 따라서 다음과 같은 두 자료 구조가 필요합니다.

- visited: 방문한 버텍스를 저장합니다. 알고리즘 초기에는 방문한 버텍스가 없으므로 리스트는 비어 있습니다.
- queue: 다음 번 검색에서 방문할 버텍스를 저장합니다. 리스트나 큐를 사용합니다.

메인 루프

다음은 메인 루프를 구현할 차례입니다. 메인 루프는 큐에 있는 버텍스를 하나씩 꺼내어 방문 기록을 확인합니다. 방문 기록이 없다면 해당 버텍스에 연결된 이웃 버텍스를 큐에 추가합니다. 이미 방문한 적이 있다면 큐에 있는 다음 버텍스로 이동합니다.

메인 루프를 파이썬으로 구현해 봅시다.

1. queue에서 첫 번째 버텍스를 꺼내 옵니다.

   [in :]

   ```
   node = queue.pop(0)
   ```

2. 해당 버텍스가 visited 리스트에 없다면 이를 visited에 추가합니다. 그리고 이 버텍스의 이웃 버텍스 목록을 그래프에서 불러옵니다.

   [in :]

   ```
   visited.append(node)
   neighbours = graph[node]
   ```

3. 불러온 이웃들을 queue에 추가합니다.

   [in :]

   ```
   for neighbour in neighbours:
       queue.append(neighbour)
   ```

4. 메인 루프가 종료되면 그동안 방문한 모든 버텍스가 담긴 visited가 반환됩니다.

5. 초기 설정과 메인 루프가 담긴 전체 코드는 다음과 같습니다.

   [in :]

   ```
   def bfs(graph, start):
       visited = []
       queue = [start]

       while queue:
           node = queue.pop(0)
           if node not in visited:
               visited.append(node)
               neighbours = graph[node]
               for neighbour in neighbours:
   ```

```
            queue.append(neighbour)
    return visited
```

이번에는 간단한 친구 관계 네트워크를 통해 BFS가 어떻게 작동하는지 알아봅시다.

- 레벨 1에 있는 유일한 버텍스인 Amin을 첫 버텍스로 삼아 알고리즘을 시작합니다.

- 레벨 2로 이동하여 Wasim, Nick, Mike를 하나씩 차례로 방문합니다.

- 레벨 3의 Imran, 레벨 4의 Faras를 차례로 방문합니다.

그래프 순회가 끝나면 방문한 모든 버텍스는 visited에 저장되고 알고리즘이 종료됩니다.

❤ 그림 5–10 BFS의 그래프 순회 패턴

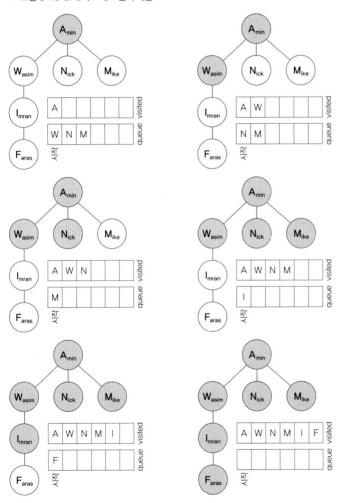

BFS로 그래프를 순회해 봅시다. 함수를 실행하면 레이어별로 버텍스를 방문하는 것을 확인할 수 있습니다.

[in :]

```
bfs(graph, 'Amin')
```

[out:]

```
['Amin', 'Wasim', 'Nick', 'Mike', 'Imran', 'Faras']
```

다음은 깊이 우선 검색 알고리즘입니다.

5.3.2 깊이 우선 검색

BFS는 레이어별로 버텍스를 방문합니다. 이와 달리 **깊이 우선 검색**(Depth-First Search, DFS)은 개별 경로를 하나씩 끝까지 탐색합니다. 선택한 경로의 끝에 도달하면 DFS는 그 과정에서 방문한 모든 버텍스들을 방문 완료 처리합니다. 그리고 걸어온 길을 되돌아 나와 경로를 시작한 버텍스로 이동합니다. 이 버텍스에 아직 방문하지 않은 또 다른 경로가 있다면 이에 대한 탐색을 시작합니다. 더 이상 새로운 경로가 없다면 알고리즘을 종료합니다.

어떤 그래프는 순환 경로를 가지기도 합니다. 불(boolean) 플래그를 사용하여 버텍스 방문 기록을 관리하면 순환 경로에 빠지는 것을 방지할 수 있습니다.

DFS는 2장에서 다룬 스택을 사용합니다. 스택은 후입선출 방식으로 데이터를 관리합니다. BFS가 사용하는 큐는 선입선출 방식입니다.

DFS의 코드 구현은 다음과 같습니다.

[in :]

```
def dfs(graph, start, visited=None):
    if visited is None:
        visited = set()
    visited.add(start)
    print(start)
    for next in graph[start] - visited:
        dfs(graph, next, visited)
    return visited
```

dfs 함수가 제대로 동작하는지 테스트해 봅시다. 함수 중간에 있는 print를 통해 버텍스들을 어떤 순서로 방문했는지 확인할 수 있습니다. 방문 기록을 저장하는 visited는 세트이기 때문에 방문한 순서대로 버텍스가 정렬되어 있지 않습니다.

[in :]

```
dfs(graph, 'Amin')
```

[out:]

```
Amin
Mike
Wasim
Imran
Faras
Nick
{'Imran', 'Wasim', 'Faras', 'Amin', 'Mike', 'Nick'}
```

DFS 알고리즘의 작동 방식은 다음과 같습니다.

- 그래프의 맨 위 버텍스인 Amin부터 시작합니다.

- 레벨 2에 있는 Wasim을 방문합니다. Wasim에 연결된 레벨 3 버텍스인 Imran, 레벨 4 버텍스인 Faras를 방문하고 경로의 끝에 도달합니다.

- 경로를 시작했던 Amin 버텍스로 되돌아옵니다. 그리고 아직 방문하지 않은 레벨 2 버텍스인 Nick과 Mike를 차례로 방문합니다.

다음 그림은 DFS의 그래프 순회 패턴을 도식화한 것입니다.

❤ 그림 5-11 DFS의 그래프 순회 패턴

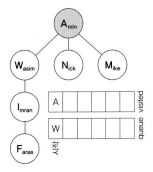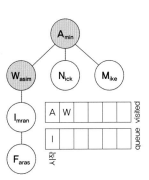

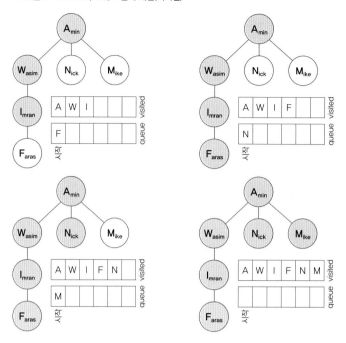

> 주의 ≡　DFS는 트리에도 사용할 수 있습니다.

다음 절에서는 이 장에서 학습한 여러 개념을 이용해 현실 세계의 문제를 어떻게 풀 수 있는지 사례를 통해 알아봅시다.

5.4 활용 사례 – 사기 범죄 분석하기

40 ALGORITHMS EVERY PROGRAMMER SHOULD KNOW

이 절에서는 사기 범죄 탐지 사례를 통해 소셜 네트워크 분석(SNA)을 어떻게 활용할 수 있는지 알아보겠습니다. 인간은 서로 관계를 맺고 살아가는 사회적 동물입니다. 자신과 비슷한 사람들과 어울리는 인간의 사회적 경향성을 **호모필리**(homophily)라고 합니다. **호모필릭 네트워크**(homophilic network)는 어떠한 공통적인 특징을 바탕으로 연결된 집단을 의미합니다. 향우회, 동창회, 취미 소모임 등이 호모필릭 네트워크의 대표 사례입니다.

사기 범죄자 수사에서도 호모필릭 네트워크를 활용할 수 있습니다. 범죄자로 확인된 사람들과 밀접한 관계를 맺고 있는 사람은 범죄에 연루되어 있을 가능성이 있다고 판단하는 것입니다. 물론 범죄자의 지인이라고 해서 무작정 수사 선상에 올리는 것은 **연좌죄**(guilt by association) 논란을 피하기 어렵습니다.

간단한 사례를 통해 SNA를 활용한 범죄 분석 과정을 알아봅시다. 예시로 사용할 그래프는 9개의 버텍스와 8개의 엣지로 구성되어 있습니다. 이 네트워크에서 4개의 버텍스는 **범죄자**(F)임이 확인됐습니다. 나머지 5명은 범죄 기록이 없으므로 **비범죄자**(NF)로 분류합니다.

1. 먼저, 필요한 패키지를 불러옵니다.

   [in :]

   ```python
   import networkx as nx
   import matplotlib.pyplot as plt
   ```

2. vertices와 edges를 임의로 생성합니다.

   [in :]

   ```python
   vertices = range(1, 10)
   edges = [(7, 2), (2, 3), (7, 4), (4, 5), (7, 3), (7, 5), (1, 6), (1, 7), (2, 8),
   (2, 9)]
   ```

3. 빈 그래프를 생성합니다.

   [in :]

   ```python
   G = nx.Graph()
   ```

4. 그래프에 버텍스와 엣지를 입력하고 위치를 조정합니다.

   [in :]

   ```python
   G.add_nodes_from(vertices)
   G.add_edges_from(edges)
   pos = nx.spring_layout(G)
   ```

5. NF 버텍스를 그립니다.

   [in :]

   ```python
   nx.draw_networkx_nodes(
     G,
   ```

```
  pos,
  nodelist=[1, 4, 3, 8, 9],
  with_labels=True,
  node_color='g',
  node_size=1300
)
```

6. F 버텍스를 그립니다.

[in :]

```
nx.draw_networkx_nodes(
  G,
  pos,
  nodelist=[2, 5, 6, 7],
  node_color='r',
  node_size=1300
)
```

7. 엣지와 버텍스 레이블을 표현합니다.

[in :]

```
nx.draw_networkx_edges(
  G,
  pos,
  edges,
  width=3,
  alpha=0.5,
  edge_color='b'
)

labels = {}
labels[1] = r'1 NF'
lables[2] = r'2 F'
labels[3] = r'3 NF'
labels[4] = r'4 NF'
labels[5] = r'5 F'
labels[6] = r'6 F'
labels[7] = r'7 F'
labels[8] = r'8 NF'
labels[9] = r'9 NF'

nx.draw_networkx_labels(G, pos, labels, font_size=16)
```

코드를 실행하면 다음과 같은 그래프가 출력됩니다.

▼ 그림 5-12 사기 범죄 분석 예시 - 4명의 범죄자(F)와 5명의 비범죄자(NF)

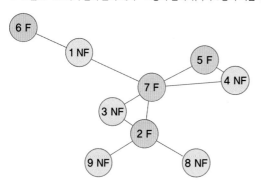

다음과 같이 그래프에 새로운 인물 q가 추가됐다고 가정해 보겠습니다. 우리는 이 인물에 대한 사전 정보가 없기 때문에 범죄자 여부를 알 수 없습니다. 따라서 이 인물이 다른 사람과 맺고 있는 관계를 활용하여 범죄 연루 가능성을 판단할 것입니다.

▼ 그림 5-13 사기 범죄 분석 예시 - 새로운 인물 q 추가

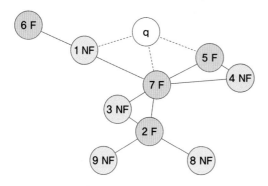

다음과 같은 두 가지 방법으로 버텍스 q를 분류하겠습니다.

- 간단한 분석 방법으로 버텍스 간 연결 정보만 사용합니다.
- 고급 기법인 감시탑 분석 방법으로 기존 버텍스의 중심성 지표나 사기 유형에 대한 추가 정보를 사용합니다.

하나씩 자세히 알아봅시다.

5.4.1 간단한 사기 분석 방법

간단한 사기 분석은 네트워크에 있는 사람의 행동은 그 사람과 연결되어 있는 사람들에 의해 영향을 받는다는 가정에 기반을 둡니다. 그래프에서 두 버텍스가 서로 연결되어 있으면 비슷한 행동을 할 가능성이 높다고 판단한 것입니다.

이를 바탕으로 어떤 버텍스 q가 F일 확률 $P(F|q)$는 다음과 같이 구할 수 있습니다.

$$P(F|q) = \frac{1}{degree_q} \sum_{n_j \in Neighbourhood_n | class(n_j) = F} w(n, n_j) DOS_{normalized_j}$$

$Neighbourhood_n$은 버텍스 n의 이웃을, $w(n, n_j)$는 버텍스 n과 n_j를 잇는 엣지의 가중치를 의미합니다. 이 사례에서는 범죄자와 연결된 엣지는 1을, 비범죄자와 연결된 엣지는 0을 부여합니다. 또 $degree_q$는 버텍스 q의 도수입니다. $DOS_{normalized_j}$는 잠시 후에 설명하겠습니다. 수식을 이용하면 확률을 다음과 같이 계산할 수 있습니다.

$$P(F|q) = \frac{1 + 1}{3} = \frac{2}{3} = .67$$

이 방법에 따르면 버텍스 q가 사기 범죄자일 확률은 67%입니다. 범죄자로 분류하기 위해서는 확률값에 대한 판단 기준이 필요합니다. 범죄자로 분류할 확률의 하한선이 30%라면 이 인물이 범죄자일 확률은 67%이므로, 우리는 이 사람을 범죄자(F)로 분류합니다.

그래프에 새로운 버텍스가 추가되면 수식에 필요한 버텍스의 도수와 엣지 정보가 바뀌기 때문에 다시 계산해야 합니다.

5.4.2 감시탑 사기 분석 방법

앞에서 알아본 간단한 사기 분석 방법은 다음과 같은 두 가지 한계점을 지니고 있습니다.

- 간단한 사기 분석 방법은 소셜 네트워크에 있는 각 버텍스의 중요도를 활용하지 않습니다. 사기 범죄자가 뭉쳐 있는 허브에 연결된 버텍스와 아주 멀리 따로 떨어져 있는 버텍스는 그 의미가 매우 다릅니다.

- 또한, 간단한 사기 분석 방법은 범죄 여부만 활용할 뿐, 해당 범죄가 어떤 유형인지 또는 얼마나 심각한 범죄인지에 대한 정보는 반영하지 않습니다.

감시탑 사기 분석(watchtower fraud analytics) 방법은 이러한 두 가지 한계점을 극복한 방식입니다. 먼저 다음과 같은 개념을 살펴봅시다.

부정적 효과 점수

사기 범죄를 저지른 사람은 어떤 부정적 결과 또는 효과와 관련되어 있다고 볼 수 있습니다. 부정적 효과는 사안에 따라 경중이 다르게 마련입니다. 다른 사람의 명의를 도용하여 대출 사기를 벌이는 것과 이미 만료된 20달러짜리 상품권을 재사용하려 속임수를 쓰는 것은 그 심각성이 다릅니다.

예를 들어, 범죄 유형에 따라 다음과 같이 점수를 매길 수 있습니다. 이는 과거에 발생한 여러 범죄 사건과 그 피해 규모를 바탕으로 정한 수치입니다.

❤ 표 5-1 범죄 유형에 따른 점수

부정적 효과	점수
명의 도용 사기	10
신용카드 절도	8
위조 지폐 사용	7
범죄 기록	6
범죄 기록 없음	0

의심 수준

의심 수준(Degree Of Suspicion, DOS)은 어떤 사람이 사기 범죄자인지에 대한 의심을 수치화한 것입니다. DOS 값이 0이라는 것은 해당 인물의 위험도가 아주 낮다는 것이며, DOS 값이 9에 가깝다면 아주 위험한 인물임을 의미합니다.

과거 데이터를 분석해 보니 전문 사기꾼은 그들이 속한 소셜 네트워크에서 아주 중심적인 위치를 차지하고 있다고 합니다. 이러한 정보를 활용하기 위해 버텍스별로 네 가지 중심성 지표를 구합니다. 그리고 이 중심성 지표들의 평균값으로 네트워크 내에서 해당 인물이 얼마나 중요한지 판단하겠습니다.

또한, 표 5-1을 이용해 각 인물들이 연루된 사기 범죄의 유형에 따른 점수를 활용하겠습니다. 이를 통해 우리는 각 개인의 의심 수준 값에 범죄 유형별 심각성을 반영할 수 있습니다.

마지막으로 중심성 지표의 평균값과 부정적 효과 점수를 곱하여 DOS 값을 산출합니다. 그리고 DOS 값을 네트워크의 DOS 최댓값으로 나누어 표준화합니다.

네트워크를 구성하는 9개 버텍스의 DOS 값을 계산하여 다음 표에 정리했습니다.

▼ 표 5-2 네트워크를 구성하는 9개 버텍스의 DOS 값

	버텍스 1	버텍스 2	버텍스 3	버텍스 4	버텍스 5	버텍스 6	버텍스 7	버텍스 8	버텍스 9
도수 중심성	0.25	0.5	0.25	0.25	0.25	0.13	0.63	0.13	0.13
매개 중심성	0.25	0.47	0	0	0	0	0.71	0	0
근접 중심성	0.5	0.61	0.53	0.47	0.47	0.34	0.72	0.4	0.4
고유벡터 중심성	0.24	0.45	0.36	0.32	0.32	0.08	0.59	0.16	0.16
중심성 지표 평균	0.31	0.51	0.29	0.26	0.26	0.14	0.66	0.17	0.17
부정적 효과 점수	0	6	0	0	7	8	10	0	0
DOS 점수	0	3	0	0	1.82	1.1	6.625	0	0
DOS 표준 점수	0	0.47	0	0	0.27	0.17	1	0	0

각 버텍스의 DOS 표준 점수는 다음과 같습니다.

▼ 그림 5-14 각 버텍스의 DOS 표준 점수

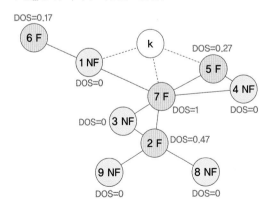

새로 추가된 버텍스 k의 DOS 점수는 다음 공식을 이용해 구할 수 있습니다.

$$DOS_k = \frac{1}{degree_k} \sum_{n_j \in Neighbourhood_n} w(n, n_j)DOS_{normalized_j}$$

버텍스 k의 DOS 표준 점수는 다음과 같습니다.

$$DOS_k = \frac{(0 + 1 + 0.27)}{3} = 0.42$$

DOS 표준 점수는 0과 1 사이의 값입니다. 새로운 인물 k의 DOS 표준 점수는 0.42입니다. DOS 점수를 구간으로 나누어 다음과 같이 정의했습니다. 이는 임의로 정한 기준입니다.

▼ 표 5-3 DOS 구간에 따른 위험 등급

DOS 값 구간	위험 등급
DOS = 0	무위험
0 < DOS ≤ 0.1	낮은 위험
0.1 < DOS ≤ 0.3	중간 위험
DOS > 0.3	높은 위험

이 기준에 따르면 새로운 인물 k는 높은 위험 인물(DOS > 0.3)로 분류되기 때문에 주의 깊게 살펴봐야 합니다.

네트워크 분석은 대개 시간 차원을 고려하지 않습니다. 그런데 최근에 개발된 고급 기법은 시간의 흐름에 따라 변화하는 그래프의 특징도 분석에 반영하기도 합니다. 이를 통해 연구자는 네트워크가 시간에 따라 변화할 때 버텍스 간 관계가 어떻게 달라지는지 파악할 수 있습니다. 그래프의 시계열 정보는 분석의 복잡도를 크게 증가시키는 단점이 있지만, 기존 방법으로는 얻을 수 없는 통찰을 더해 주는 이점이 있습니다.

5.5 요약

이 장에서는 그래프 기반 알고리즘을 공부했습니다. 이 장을 통해 여러분은 그래프 형식의 데이터를 생성하고 다양한 기법을 활용하여 분석했습니다. 또한, 두 버텍스 간 최단 경로를 계산하고 그래프를 순회하는 효과적인 전략에 대해 알아봤습니다. 이러한 지식을 활용하여 소셜 네트워크 분석, 범죄 네트워크 분석 등 다양한 네트워크 문제에 도전해 보세요.

6장

비지도 학습
알고리즘

이 장의 주제는 비지도(unsupervised) 학습 알고리즘입니다. 이 장에서는 먼저 비지도 학습 기법을 소개합니다. 그리고 나서 k-평균 클러스터링과 계층적 클러스터링 알고리즘을 배우고, 입력 변수가 많을 때 유용하게 사용할 수 있는 차원 축소 알고리즘을 다룹니다. 이어서 이상 탐지에 비지도 학습을 어떻게 사용할 수 있는지 설명합니다. 마지막으로 연관 규칙 마이닝을 살펴보고, 연관 규칙 마이닝으로 발견한 패턴이 여러 데이터 요소 간에 존재하는 흥미로운 관계를 어떻게 표현하는지 설명합니다.

이 장을 학습하고 나면 비지도 학습이 어떻게 현실 세계의 문제를 풀 수 있는지 이해할 수 있습니다. 또한, 비지도 학습에 현재 사용하는 기본 알고리즘과 방법들을 익힐 수 있습니다.

이 장에서는 다음과 같은 주제를 다룹니다.

- 비지도 학습
- 클러스터링 알고리즘
- 차원 축소 알고리즘
- 이상 탐지 알고리즘
- 연관 규칙 마이닝

6.1 비지도 학습 이해하기

비지도 학습을 가장 간단히 정의하면 데이터에 내재된 패턴을 탐색하고 이를 이용해 비정형 데이터를 구조화하는 프로세스를 말합니다. 데이터가 무작위로 생성된 것이 아니라면 데이터 요소 간에는 다차원 문제 공간상에서 어떤 패턴이 있기 마련입니다. 비지도 학습은 그러한 숨겨진 패턴을 찾아내 데이터셋에 구조를 부여합니다. 다음 그림은 이 개념을 표현한 것입니다.

❤ 그림 6-1 비지도 학습의 개념

비지도 학습은 기존 패턴에서 새로운 특성을 발굴하여 구조를 부여한다는 것을 유념하세요.

6.1.1 데이터 마이닝 사이클에서의 비지도 학습

데이터 마이닝 프로세스의 전반적인 라이프 사이클을 살펴보면 비지도 학습의 역할을 이해할 수 있습니다. 데이터 마이닝 프로세스를 **단계**(phases)라 부르는 독립적인 부분으로 쪼개는 방법에는 여러 가지가 있습니다. 그 중 인기 있는 두 가지 방법은 다음과 같습니다.

- **CRISP-DM**(Cross-Industry Standard Process for Data Mining) 라이프 사이클

- **SEMMA**(Sample, Explore, Modify, Model, Access) 데이터 마이닝 프로세스

CRISP-DM은 크라이슬러(Chrysler), SPSS(Statistical Package for Social Science) 등 여러 회사에 속한 데이터 마이너 전문가들이 개발하고, SEMMA는 SAS(Statistic Analysis System)가 제안했습니다. 이 절에서는 CRISP-DM을 통해 데이터 마이닝 사이클에서 비지도 학습이 어떤 역할을 수행하는지 알아보겠습니다. 참고로 SEMMA의 라이프 사이클도 비슷한 단계들로 구성되어 있습니다.

CRISP-DM 라이프 사이클은 여섯 단계로 구성되어 있습니다.

❤ 그림 6-2 CRISP-DM 라이프 사이클

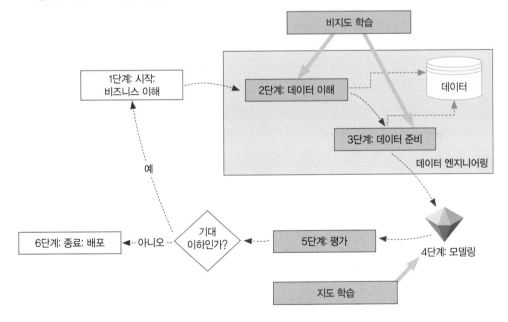

단계별로 살펴봅시다.

- **1단계: 비즈니스 이해** – 비즈니스 관점에서 문제와 요구사항을 세밀하게 이해하는 단계입니다. 문제의 범위를 정의하고 **머신러닝** 맥락에 맞게 문제를 재정의하는 것이 중요합니다. 또

한, 이 단계에서는 4단계에서 학습할 머신러닝 모델의 기대 성능을 정의합니다. 예를 들어, 분류 문제에서는 실제 프로덕션에 적용하기 위해 필요한 최소 정확도를 정의해야 합니다.

> 주의 ≡ CRISP-DM의 1단계는 비즈니스 이해입니다. 이 단계에서는 문제를 어떻게 풀지 정하는 것이 아니라 무엇을 풀어야 할지에 집중합니다.

- **2단계: 데이터 이해** – 데이터 마이닝에 사용할 데이터를 이해합니다. 이 단계에서는 풀려는 문제에 적합한 데이터가 존재하는지 판단합니다. 적합한 데이터셋을 확보한 후에는 데이터의 품질과 구조를 이해해야 합니다. 데이터로부터 추출할 수 있는 패턴도 식별해야 합니다. 이 패턴은 중요한 인사이트로 이어질 가능성이 있습니다. 또한, 1단계에서 확보한 요구사항의 라벨 또는 타깃 변수로 사용하기 적합한 특성을 찾아야 합니다. 비지도 학습은 2단계의 목적을 달성하는 데 중요한 역할을 수행할 수 있습니다. 비지도 학습은 다음과 같은 목적으로 사용할 수 있습니다.

  - 데이터셋에 존재하는 패턴 탐색하기

  - 패턴을 탐색하여 데이터셋의 구조 이해하기

  - 타깃 변수를 식별하거나 만들기

- **3단계: 데이터 준비** – 4단계에서 훈련할 머신러닝 모델에 필요한 데이터를 준비합니다. 라벨이 있는 데이터는 크기가 다른 두 부분으로 나눌 수 있습니다. 큰 부분은 훈련 데이터 (training data)라 부르며 4단계에서 모델을 훈련하는 데 사용합니다. 작은 부분은 테스트 데이터(testing data)라 부르며 5단계에서 모델을 평가하는 데 사용합니다. 이 단계에서 비지도 학습은 데이터를 준비하는 역할을 수행할 수 있습니다. 예를 들어, 비지도 학습을 통해 비정형 데이터를 정형 데이터로 변환하면 모델 훈련에 도움이 되는 추가 정보를 얻을 수 있습니다.

- **4단계: 모델링** – 이 단계에서는 앞서 발견한 패턴을 활용해서 지도 학습을 수행합니다. 우리가 선정한 지도 학습 알고리즘의 요구사항에 맞게 데이터를 준비한 상태입니다. 또한, 라벨로 사용할 특성 역시 미리 정해져 있어야 합니다. 3단계에서 데이터를 훈련 데이터셋과 테스트 데이터셋으로 분리해 두었습니다. 4단계에서는 우리가 알아내려는 패턴에 담겨 있는 관계를 수학적 공식으로 구성합니다. 3단계에서 만든 훈련 데이터로 모델을 훈련하면 됩니다. 앞에서 설명한 것처럼 4단계에서 만드는 수학적 공식은 우리가 어떤 알고리즘을 선택하느냐에 따라 좌우됩니다.

- **5단계: 평가** – 훈련이 끝난 모델의 성능을 3단계에서 만든 테스트 데이터로 평가합니다. 평가 결과가 1단계에서 정의한 기대 성능을 만족하지 않으면 1단계로 돌아갑니다. 이 과정은 앞에서 본 그림 6-2에 표현되어 있습니다.
- **6단계: 배포** – 5단계의 평가를 통과했다면, 모델을 프로덕션 환경에 배포하여 1단계에서 정의한 문제의 솔루션을 제공하기 시작합니다.

> 주의 ≣　CRISP-DM 라이프 사이클의 2단계(데이터 이해)와 3단계(데이터 준비)는 모델을 훈련하기 위해 필요한 데이터를 이해하고 준비하는 과정입니다. 이 단계는 데이터 전처리를 포함합니다. 어떤 조직에서는 이 데이터 엔지니어링 단계를 위해 전문가를 고용하기도 합니다.

지금까지 소개한 문제 해결 과정은 전부 데이터를 기반으로 진행됩니다. 실행 가능한 솔루션을 만들기 위해 지도 학습과 비지도 학습을 결합했습니다. 이 장은 그 중에서 비지도 학습에 집중합니다.

> 주의 ≣　데이터 엔지니어링이란 2단계와 3단계로 구성되어 있으며, 머신러닝에서 시간이 가장 많이 소요되는 부분입니다. 데이터 엔지니어링에 드는 시간과 자원은 전형적인 머신러닝 프로젝트에서 대략 70%를 차지합니다. 데이터 엔지니어링에서 비지도 학습은 중요한 역할을 수행합니다.

다음 절에서 비지도 학습에 대해 더 자세히 알아봅시다.

6.1.2 비지도 학습의 최신 연구 트렌드

그동안 머신러닝 알고리즘은 보통 지도 학습 기법을 연구하는 데 집중했습니다. 지도 학습 기법은 추론에 직접 사용할 수 있기 때문에 소요 시간, 비용, 정확도를 측정하는 것이 상대적으로 수월했습니다. 비지도 학습의 힘은 근래에 들어 주목받기 시작했습니다. 비지도 학습의 장점은 지도하지 않기 때문에 가정(assumption)에 덜 의존적이며, 어떤 차원에서든 잠재적으로 수렴할 수 있다는 것입니다. 비록 비지도 학습이 지도 학습에 비해 요구사항과 범위를 조정하기가 어렵지만 숨겨진 패턴을 더 잘 찾아낼 수 있는 잠재력이 있습니다. 최근 연구자들은 더 강력한 알고리즘을 고안하기 위해 비지도 학습 기법을 지도 학습 기법과 결합하려 노력하고 있습니다.

6.1.3 비지도 학습의 활용 사례

비지도 학습은 데이터를 더 자세히 이해하고 구조화하는 데 유용합니다. 마케팅 세분화(marketing segmentation), 사기 탐지(fraud detection), 장바구니 분석(market basket analysis) 등에 비지도 학습을 널리 사용합니다. 몇 가지 사례를 살펴봅시다.

음성 분류

음성 파일에 담긴 목소리를 분류하는 데 비지도 학습을 사용할 수 있습니다. 각 개인의 음성은 분류할 수 있을 정도로 독창적인 패턴이 있다는 점을 이용해 음성을 분류합니다. 예를 들어, 구글 홈(Google Home)은 음성 분류 기술을 이용해 서로 다른 사람의 음성을 구분하도록 훈련할 수 있습니다. 훈련이 끝나면 구글 홈은 개별 사용자의 요청을 분리해서 처리할 수 있습니다.

예를 들어 보겠습니다. 30분 동안 3명의 사람들이 나눈 대화 녹음 데이터가 있다고 합시다. 비지도 학습으로 이 데이터에 담긴 사람들의 목소리를 식별할 수 있습니다. 앞에서 설명한 것처럼 비지도 학습은 주어진 비정형 데이터에 구조를 부여할 수 있습니다. 이 구조는 우리가 가진 문제 공간에 쓸모 있는 새로운 차원을 추가합니다. 덕분에 우리는 문제에 대한 인사이트를 얻을 수 있고, 우리가 선택한 머신러닝 알고리즘에 필요한 데이터를 준비할 수 있습니다. 다음은 비지도 학습을 이용한 음성 분류의 예입니다.

❤ 그림 6-3 비지도 학습을 이용한 음성 분류

이 사례에서는 비지도 학습으로 세 가지 새로운 특성이 추가되는 셈입니다.

문서 분류

비지도 학습은 비정형 텍스트 데이터에도 적용할 수 있습니다. PDF 문서 데이터셋에 비지도 학습을 이용해 다음과 같은 작업을 수행할 수 있습니다.

- 데이터셋에 담긴 여러 주제 발굴하기
- 각 PDF 문서를 발굴한 주제에 연결 짓기

비지도 학습을 이용한 문서 분류 절차는 다음 그림과 같습니다. 이는 비정형 데이터에 구조를 추가하는 또 다른 사례입니다.

❤ 그림 6-4 비지도 학습을 이용한 문서 분류

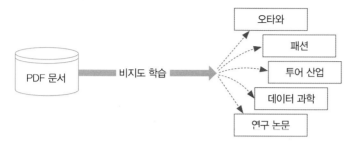

이 사례에서는 비지도 학습으로 5개의 새로운 특성을 추가합니다.

6.2 / 클러스터링 알고리즘 이해하기

40 ALGORITHMS EVERY PROGRAMMER SHOULD KNOW

비지도 학습에서 가장 간단하면서도 강력한 기법은 비슷한 패턴끼리 묶는 클러스터링 알고리즘입니다. 이는 우리가 풀려는 문제와 관련한 데이터의 특정 부분을 이해하는 데 사용합니다. 클러스터링 알고리즘은 주어진 데이터 안에서 자연스러운 묶음(그룹)을 탐색합니다. 특정한 목적이나 가정을 이용해 묶는 것이 아니기 때문에 비지도 학습 기법으로 분류됩니다.

클러스터링 알고리즘은 문제 공간에서 여러 데이터 포인트들이 형성하는 유사도를 활용해 그루핑(grouping)합니다. 그렇다면 유사도는 어떻게 계산할까요? 데이터 포인트 간 유사도를 계산하는 최적의 방식은 문제마다 다릅니다. 우리가 해결하려는 문제의 성격에 적합한 유사도 계산 방식을 선택해야 합니다. 이번 절에서 유사도를 계산하는 여러 방법을 알아봅시다.

6.2.1 유사도 측정하기

클러스터링 알고리즘을 이용해 생성한 그룹의 안정성은 문제 공간에서 데이터 포인트 간 유사도 또는 거리를 정확하게 정량화할 수 있다는 가정에 기반을 둡니다. 유사도는 여러 거리 측정 방식으로 구할 수 있습니다. 다음은 유사도를 계산하는 방식 중 널리 쓰이는 세 가지 방식입니다.

- 유클리드 거리
- 맨해튼 거리
- 코사인 거리

각 거리 측정 방식을 자세히 알아봅시다.

유클리드 거리

클러스터링과 같은 비지도 학습 기법에서는 서로 다른 두 포인트 간 거리로 유사도를 정량화하는 방식을 많이 사용합니다. 그 중에서도 가장 흔히 사용하는 방식은 유클리드(Euclidean) 거리입니다. 유클리드 거리는 다차원 공간에 위치한 두 포인트 사이의 가장 짧은 거리를 의미합니다. 예를 들어, 2차원 공간의 두 포인트 A(1, 1)와 B(4, 4)의 거리를 계산해 봅시다.

▼ 그림 6-5 A와 B 사이의 유클리드 거리

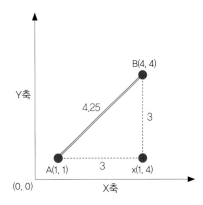

A와 B 사이의 거리, 즉 $d(A, B)$를 구하려면 다음과 같이 피타고라스 정리를 사용하면 됩니다.

$$d(A, B) = \sqrt{(a_2 - b_2)^2 + (a_1 - b_1)^2} = \sqrt{(4 - 1)^2 + (4 - 1)^2} = \sqrt{9 + 9} = 4.25$$

n차원 공간상의 두 포인트 A와 B 사이의 거리를 구하는 공식은 다음과 같습니다.

$$d(A, B) = \sqrt{\sum_{i=1}^{n} (a_i - b_i)^2}$$

맨해튼 거리

유클리드 거리를 이용해 두 포인트 사이의 거리를 재는 것이 모든 문제를 해결하는 것은 아닙니다. 예를 들어, 지도상의 두 포인트 사이를 자가용이나 택시로 이동하는 거리는 유클리드 거리보다 더 깁니다. 이 경우에는 두 포인트 사이의 가장 긴 경로를 표현하는 맨해튼(Manhattan) 거리를 사용하는 것이 좋습니다. 다음은 맨해튼 거리와 유클리드 거리를 비교한 그림입니다.

▼ 그림 6-6 맨해튼 거리와 유클리드 거리 비교

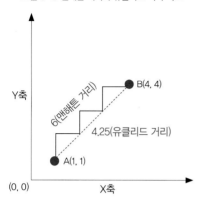

맨해튼 거리는 항상 유클리드 거리보다 크거나 같다는 점을 기억하세요.

코사인 거리

유클리드 거리와 맨해튼 거리는 고차원 공간에서는 잘 동작하지 않는 단점이 있습니다. 고차원 공간에서 두 포인트 사이의 거리를 더 정확히 잴 수 있는 방법은 코사인(Cosine) 거리입니다. 코사인 거리는 원점에 연결된 두 포인트가 만들어내는 각도의 코사인 값을 계산하여 구합니다. 포인트들이 서로 가깝다면 이들이 만들어내는 각도가 작습니다. 이와 반대로, 서로 거리가 멀다면 그 각도도 커집니다.

▼ 그림 6-7 A와 B 사이의 코사인 거리

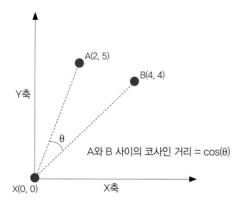

그림 6-7에서 두 포인트 A(2, 5)와 B(4, 4)가 만들어내는 각도의 코사인 값을 코사인 거리라고 설명했습니다. 이 두 포인트 사이에 위치한 포인트는 원점인 X(0, 0)입니다. 실제로는 원점이 아니어도 문제 공간상에 존재한다면 코사인 거리를 구하는 데 사용할 수 있습니다.

k-평균 클러스터링 알고리즘

이 알고리즘은 평균을 이용해 데이터 포인트 간 거리를 계산하고 이를 통해 k개의 클러스터를 생성하기 때문에 k-평균 클러스터링 알고리즘(k-평균 알고리즘)이라고 부릅니다. 이 알고리즘은 다른 알고리즘에 비해 클러스터링 방식이 간단하지만, 빠르고 확장성이 좋기 때문에 여전히 인기가 많습니다. k-평균 알고리즘은 클러스터의 중심점이 클러스터에 속하는 데이터 포인트를 가장 잘 대표할 때까지 중심점을 옮기는 과정을 반복합니다.

k-평균 알고리즘에는 클러스터링에 필요한 아주 기본적인 기능 한 가지가 누락되어 있습니다. 바로 적절한 클러스터 개수를 결정하는 기능입니다. 이 기능이 빠진 이유는 성능을 극대화하면서 알고리즘을 최대한 간단히 만들기 위해서입니다. 덕분에 k-평균 알고리즘은 대규모 데이터셋을 빠르게 처리할 수 있습니다. 클러스터 개수 k는 외부의 알고리즘을 사용해서 결정해야 합니다. k를 결정하는 가장 적절한 방법은 우리가 풀려는 문제의 성격에 달려 있습니다. 어떤 경우에는 클러스터링 문제의 맥락을 이용해 k를 직접 설정할 수 있습니다. 예를 들어, 데이터 과학 수업의 학생들을 데이터 과학 기술 모임과 프로그래밍 기술 모임으로 나눈다고 하면 k는 2가 됩니다. k값을 어떻게 정해야 할지 불분명한 경우도 많이 있습니다. 그러한 경우에는 시행착오를 반복하거나 휴리스틱 기반 알고리즘을 이용해 가장 적절한 수의 클러스터를 알아내야 합니다.

K-평균 클러스터링 알고리즘 로직

이 절에서는 k-평균 알고리즘의 로직을 알아보겠습니다. 하나씩 알아봅시다.

초기 설정

k-평균 알고리즘은 데이터 포인트 간 유사도 또는 거리를 이용해 클러스터링을 수행합니다. 따라서 k-평균 알고리즘을 사용하기 전에 어떤 거리 측정 방식을 쓸지 결정해야 합니다. 기본 설정은

유클리드 거리입니다. 또한, 데이터셋에 이상치가 포함된 경우에는 기준을 설정하여 이상치를 제거한 후에 클러스터링을 수행해야 합니다.

실행 단계

k-평균 알고리즘은 다음과 같은 단계로 실행됩니다.

▼ 표 6-1 k-평균 알고리즘의 실행 단계

단계	내용
1단계	클러스터 개수 k를 정합니다.
2단계	데이터 포인트 중에서 k개를 골라 클러스터 중심점으로 설정합니다.
3단계	선택한 거리 측정 방식을 이용해 문제 공간상의 각 데이터 포인트와 k개의 클러스터 중심점 사이의 거리를 반복적으로 계산합니다. 데이터셋의 크기에 따라 이 과정은 시간이 오래 걸릴 수 있습니다. 예를 들어, 데이터가 10,000개 포인트로 되어 있으며 k가 3이라면 총 30,000개의 거리를 계산해야 합니다.
4단계	문제 공간상의 각 데이터 포인트를 가장 가까운 클러스터 중심점에 할당합니다.
5단계	포인트가 클러스터에 할당됐으나 문제가 아직 전부 해결된 것은 아닙니다. 최초 클러스터 중심점을 무작위로 설정했기 때문입니다. 이 단계에서는 현재 설정된 클러스터 중심점이 실제로 각 클러스터의 무게 중심인지 확인해야 합니다. 각 클러스터별로 소속된 데이터 포인트의 평균을 계산하여 중심점을 재계산합니다. 왜 k-평균이라는 이름이 붙었는지 아시겠지요?

다음 그림은 k-평균 알고리즘을 2차원 문제 공간에 적용한 결과입니다.

▼ 그림 6-8 2차원 문제 공간에 적용한 k-평균 알고리즘

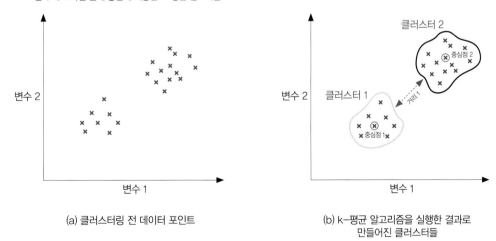

(a) 클러스터링 전 데이터 포인트

(b) k-평균 알고리즘을 실행한 결과로 만들어진 클러스터들

종료 조건

일반적인 k-평균 알고리즘의 종료 시점은 5단계에서 클러스터 중심점이 더 이상 변화하지 않을 때입니다. 다른 알고리즘과 마찬가지로 거대한 고차원 데이터를 처리하는 경우 k-평균 알고리즘도 수렴하는 데 시간이 꽤 오래 걸릴 수 있습니다. 이 경우에는 다음과 같은 종료 조건을 설정하는 것을 고려할 수 있습니다.

- 최대 실행 시간을 설정합니다.
  - **종료 조건**: $t > t_{max}$는 현재 소요 시간을, t_{max}는 알고리즘 실행에 소요될 수 있는 최대 시간 허용치를 의미합니다.
- 최대 반복 횟수를 설정합니다.
  - **종료 조건**: $m > m_{max}$는 현재 반복 횟수를, m_{max}는 알고리즘의 최대 반복 횟수를 의미합니다.

k-평균 클러스터링 알고리즘 코딩하기

파이썬으로 k-평균 알고리즘 코드를 작성해 봅시다.

1. 먼저 k-평균 알고리즘에 필요한 패키지를 불러옵니다. 여기서는 sklearn 패키지를 사용합니다.

   [in :]

   ```
   from sklearn import cluster
   import pandas as pd
   import numpy as np
   ```

2. k-평균 알고리즘에 사용할 간이 데이터를 만듭니다. 2차원 문제 공간에 있는 데이터 포인트 20개를 임의로 생성합니다.

   [in :]

   ```
   dataset = pd.DataFrame({
     'x': [11, 21, 28, 17, 29, 33, 24, 45, 45, 52, 51, 52, 55, 53, 55, 61, 62, 70,
   72, 10],
     'y': [39, 36, 30, 52, 53, 46, 55, 59, 63, 70, 66, 63, 58, 23, 14, 8, 18, 7, 24,
   10]
   })
   ```

3. 클러스터 개수를 2로 설정($k = 2$)하고 fit 함수를 사용해서 클러스터를 생성합니다.

[in :]

```
myKmeans = cluster.KMeans(n_clusters=2)
myKmeans.fit(dataset)
```

4. labels라는 이름의 변수를 생성합니다. 이는 각 데이터 포인트에 할당된 클러스터의 식별자입니다. 전체 데이터 포인트의 개수는 20이므로 이 배열의 크기도 20입니다. centers라는 이름의 변수를 생성합니다. 이는 생성된 클러스터의 중심점 위치를 담은 배열입니다. 이 경우에서는 클러스터 개수 k가 2이므로 배열의 크기도 2입니다.

[in :]

```
labels = myKmeans.labels_
centers = myKmeans.cluster_centers_
```

5. 이제 두 배열 labels와 centers를 출력합니다.

[in :]

```
print(labels)
```

[out:]

```
[1 1 1 1 1 1 1 1 0 0 0 0 0 0 0 0 0 0 0 1]
```

[in :]

```
print(centers)
```

[out:]

```
[[57.09090909 15.09090909]
 [16.77777778 48.88888889]]
```

첫 번째 배열은 각 데이터 포인트에 할당된 클러스터 식별자이며 두 번째 배열은 두 클러스터의 중심점입니다.

6. matplotlib을 이용해 클러스터를 플롯에 표현해 봅니다.

```
[in :]

import matplotlib.pyplot as plt
plt.scatter(dataset['x'], dataset['y'], s=10)
plt.scatter(centers[0], centers[1], s=100)
plt.show()
```

❤ 그림 6-9 matplotlib을 이용해 표현한 클러스터

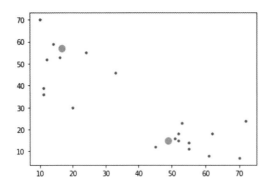

플롯에서 큰 점은 k-평균 알고리즘을 통해 얻은 중심점입니다.

k-평균 클러스터링 알고리즘의 한계

k-평균 알고리즘은 논리가 간단하고 속도가 빠릅니다. 다만, 논리의 단순함을 지향하기 때문에 k-평균 알고리즘은 다음과 같은 한계가 있습니다.

- 가장 큰 한계는 클러스터 개수를 미리 설정해야 한다는 것입니다.
- 클러스터 중심점을 초기에 무작위로 설정합니다. 즉, 알고리즘을 실행할 때마다 클러스터링 결과가 조금씩 달라질 수 있습니다.
- 각 데이터 포인트를 오직 하나의 클러스터에만 할당합니다.
- 이상치에 취약합니다.

6.2.2 계층적 클러스터링 알고리즘

k-평균 알고리즘은 클러스터 중심점으로부터 알고리즘을 시작하는 하향(top-down) 방식입니다. 이와 반대로, 밑바닥부터 시작하는 알고리즘도 있습니다. 여기에서 밑바닥이란 문제 공간에 있는

개별 데이터 포인트를 의미합니다. 이 알고리즘은 비슷한 데이터 포인트끼리 묶어서 점진적으로 클러스터 중심점으로 이동합니다. 이 상향(bottom-up) 방식 중 하나가 이 절에서 다룰 계층적 클러스터링(hierarchical clustering) 알고리즘입니다.

계층적 클러스터링 알고리즘의 단계

다음은 계층적 클러스터링의 실행 단계입니다.

1. 문제 공간에 있는 각 데이터 포인트마다 클러스터를 생성합니다. 만약 데이터 포인트를 100개 가지고 있다면 클러스터가 100개 만들어집니다.

2. 서로 가장 가까이 위치한 포인트끼리 묶습니다.

3. 종료 조건을 확인합니다. 만약 종료 조건이 달성되지 않았다면 2단계를 반복합니다.

이 알고리즘을 통해 얻는 클러스터 구조를 **덴드로그램**(dendrogram)이라고 합니다.

덴드로그램에서 수직선의 높이는 데이터 포인트들이 얼마나 서로 가까이 있는지 표현합니다. 다음 그림을 참조하세요.

▼ 그림 6-10 덴드로그램

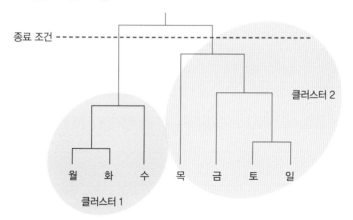

그림 6-10에서 종료 조건은 점선으로 표시되어 있습니다.

계층적 클러스터링 알고리즘 코딩하기

파이썬으로 계층적 클러스터링 코드를 작성해 봅시다.

1. 먼저 sklearn.cluster 라이브러리에서 AgglomerativeClustering을 불러옵니다. pandas와 numpy 패키지도 사용합니다.

[in :]

```
from sklearn.cluster import AgglomerativeClustering
import pandas as pd
import numpy as np
```

2. 2차원 문제 공간에 있는 데이터 포인트 20개를 생성합니다.

[in :]

```
dataset = pd.DataFrame({
    'x': [11, 21, 28, 17, 29, 33, 24, 45, 45, 52, 51, 52, 55, 53, 55, 61, 62, 70, 72, 10],
    'y': [39, 36, 30, 52, 53, 46, 55, 59, 63, 70, 66, 63, 58, 23, 14, 8, 18, 7, 24, 10]
})
```

3. 하이퍼 파라미터를 설정하여 계층적 클러스터를 생성합니다. Fit_predict 함수를 사용하여 알고리즘을 실행합니다.

[in :]

```
cluster = AgglomerativeClustering(n_clusters=2, affinity='euclidean', linkage='ward')
cluster.fit_predict(dataset)
```

4. 각 데이터 포인트가 어떤 클러스터에 할당됐는지 확인해 봅시다.

[in :]

```
print(cluster.labels_)
```

[out:]

```
[0 0 0 0 0 0 0 0 1 1 1 1 1 1 1 1 1 1 1 0]
```

계층적 클러스터링과 k-평균 알고리즘의 클러스터 할당 결과가 서로 매우 비슷하게 나왔습니다.

6.2.3 클러스터 평가하기

클러스터링의 목표는 서로 다른 특성을 가진 데이터 포인트들을 분리해서 각 클러스터에 할당하는 것입니다. 이는 다음과 같은 내용을 의미합니다.

- 같은 클러스터에 할당된 데이터 포인트들은 가능한 서로 비슷해야 합니다.
- 다른 클러스터에 할당된 데이터 포인트들은 가능한 서로 달라야 합니다.

클러스터링 결과를 시각화해서 육안으로 품질을 평가할 수도 있지만, 수학적 방법으로도 그 성능을 정량화할 수 있습니다. 실루엣 분석(silhouette analysis)은 k-평균 알고리즘을 이용해 만든 클러스터가 얼마나 뭉쳐 있고 분리되어 있는지 평가하는 기법입니다. 실루엣 분석은 특정 클러스터의 각 데이터 포인트가 다른 클러스터에 속한 포인트와 얼마나 가까운지 보여주는 플롯을 그립니다. 실루엣 점수는 보통 [0, 1] 사이에 위치하며 다음과 같이 해석할 수 있습니다.

▼ 표 6-2 클러스터링 평가 기준

값	범위	클러스터링 품질 설명
0.71–1.0	상	클러스터들이 서로 상당히 분리되어 있습니다.
0.51–0.70	중	클러스터들이 서로 어느 정도 분리되어 있습니다.
0.26–0.50	하	클러스터가 만들어지기는 했으나 그 결과를 신뢰하기 어렵습니다.
<0.25	클러스터가 발견되지 않음	입력한 파라미터와 데이터를 이용해 클러스터링하는 데 실패했습니다.

각 클러스터마다 다른 점수를 갖는다는 점을 유의하세요. 또한, 데이터 포인트가 잘못된 클러스터에 할당된 경우 실루엣 점수가 최하 -1을 기록할 수 있습니다. 자세한 내용은 sklearn의 공식 문서(https://scikit-learn.org/stable/modules/generated/sklearn.metrics.silhouette_score.html)를 참조하세요.

6.2.4 클러스터링의 활용 사례

데이터셋에 숨겨진 패턴을 찾아내는 데 클러스터링을 유용하게 사용할 수 있습니다. 정부 기관에서 클러스터링을 활용한 사례를 몇 가지 소개합니다.

- 범죄 다발 지역 분석
- 인구 통계 및 사회 분석

시장 조사에서도 클러스터링을 유용하게 사용합니다.

- 시장 세분화
- 타게팅 광고
- 고객 카테고리 분류

데이터를 탐사하는 알고리즘에는 **주성분 분석**(Principal Component Analysis, PCA)도 있습니다. 이 알고리즘은 주식 트레이딩처럼 실시간으로 데이터의 잡음을 제거하는 데 사용하기도 합니다.

6.3 / 차원 축소 알고리즘 이해하기

데이터의 각 특성은 문제 공간의 각 차원에 대응됩니다. 특성의 개수를 최소화하면 문제를 단순하게 만드는 효과가 있습니다. 이를 **차원 축소**(dimensionality reduction)라고 합니다. 차원 축소는 다음과 같은 두 가지 방식으로 실행합니다.

- **특성 선별**(feature selection): 우리가 풀려는 문제의 맥락에 맞는 중요한 특성들만 선택합니다.
- **특성 조합**(feature aggregation): 다음 알고리즘 중 하나를 이용해 둘 이상의 특성을 조합하여 차원을 축소합니다.
  - **주성분 분석**(PCA): 선형 비지도 학습 알고리즘
  - **선형 판별 분석**(Linear Discriminant Analysis, LDA): 선형 지도 학습 알고리즘
  - **커널 주성분 분석**(kernel PCA): 비선형 알고리즘

이 중에서 가장 인기 있는 차원 축소 알고리즘인 PCA를 더 자세히 살펴보겠습니다.

6.3.1 주성분 분석

PCA는 선형 결합을 이용해 차원을 축소하는 비지도 학습 기법입니다. 다음 그림에서 두 주성분 PC1과 PC2는 데이터가 흩어져 있는 모양을 보여줍니다. 적절한 계수를 이용하면 PC1과 PC2로 데이터를 요약할 수 있습니다.

▼ 그림 6-11 주성분 분석

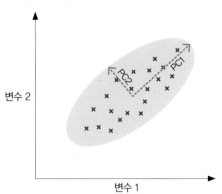

PCA 실행 코드는 다음과 같습니다.

[in :]

```
from sklearn.decomposition import PCA
iris = pd.read_csv('iris.csv')
X = iris.drop('Species', axis=1)
pca = PCA(n_components=4)
pca.fit(X)
```

PCA 모델의 계수를 출력해 봅시다.

[in :]

```
pca_df=(pd.DataFrame(pca.components_, columns=X.columns))
pca_df
```

[out:]

	Sepal.Length	Sepal.Width	Petal.Length	Petal.Width	
0	0.361387	-0.084523	0.856671	0.358289	◀── PC1의 계수
1	0.656589	0.730161	-0.173373	-0.075481	◀── PC2의 계수
2	-0.582030	0.597911	0.076236	0.545831	◀── PC3의 계수
3	-0.315487	0.319723	0.479839	-0.753657	◀── PC4의 계수

원본 데이터프레임에는 특성이 총 4가지(Sepal.Length, Sepal.Width, Petal.Length, Petal.Width)이고, 앞의 데이터프레임은 주성분 4개, PC1, PC2, PC3, PC4의 계수를 담고 있습니다. 예를 들어, 첫 번째 행은 PC1의 계수를 담고 있습니다. PCA로 얻어낸 계수를 이용하면 원본 특성들을 대체할 수 있습니다.

계수를 이용해 입력 데이터프레임 X에 대한 PCA 컴포넌트를 계산할 수 있습니다.

[in :]

```
X['PC1'] = X['Sepal.Length'] * pca_df['Sepal.Length'][0] + X['Sepal.Width'] * pca_
df['Sepal.Width'][0] + X['Petal.Length'] * pca_df['Petal.Length'][0] + X['Petal.Width']
* pca_df['Petal.Width'][0]

X['PC2'] = X['Sepal.Length'] * pca_df['Sepal.Length'][1] + X['Sepal.Width'] * pca_
df['Sepal.Width'][1] + X['Petal.Length'] * pca_df['Petal.Length'][1] + X['Petal.Width']
* pca_df['Petal.Width'][1]

X['PC3'] = X['Sepal.Length'] * pca_df['Sepal.Length'][2] + X['Sepal.Width'] * pca_
df['Sepal.Width'][2] + X['Petal.Length'] * pca_df['Petal.Length'][2] + X['Petal.Width']
* pca_df['Petal.Width'][2]

X['PC4'] = X['Sepal.Length'] * pca_df['Sepal.Length'][3] + X['Sepal.Width'] * pca_
df['Sepal.Width'][3] + X['Petal.Length'] * pca_df['Petal.Length'][3] + X['Petal.Width']
* pca_df['Petal.Width'][3]
```

[out:]

	Sepal.Length	Sepal.Width	Petal.Length	Petal.Width	PC1	PC2	PC3	PC4
0	5.1	3.5	1.4	0.2	2.818240	5.646350	-0.659768	0.031089
1	4.9	3.0	1.4	0.2	2.788223	5.149951	-0.842317	-0.065675
2	4.7	3.2	1.3	0.2	2.613375	5.182003	-0.613952	0.013383
3	4.6	3.1	1.5	0.2	2.757022	5.008654	-0.600293	0.108928
4	5.0	3.6	1.4	0.2	2.773649	5.653707	-0.541773	0.094610
...	...	...	...	...	...	...	...	...
145	6.7	3.0	5.2	2.3	7.446475	5.514485	-0.454028	-0.392844
146	6.3	2.5	5.0	1.9	7.029532	4.951636	-0.753751	-0.221016
147	6.5	3.0	5.2	2.0	7.266711	5.405811	-0.501371	-0.103650
148	6.2	3.4	5.4	2.3	7.403307	5.443581	0.091399	-0.011244
149	5.9	3.0	5.1	1.8	6.892554	5.044292	-0.268943	0.188390

분산 비율(variance ratio)을 이용해 PCA의 결과를 이해할 수 있습니다.

[in :]

```
print(pca.explained_variance_ratio_)
```

[out:]

```
[0.92461872 0.05306648 0.01710261 0.00521218]
```

분산 비율은 다음과 같이 해석할 수 있습니다.

- PC1으로 네 가지 원본 특성을 대체하면, 원본 특성이 가진 분산의 92.4%를 PC1으로도 보존할 수 있습니다. 원본 분산이 100% 유지되는 것이 아니기 때문에 PC1을 통한 데이터는 원본 데이터의 근삿값이 됩니다.

- PC1과 PC2를 이용해 원본 특성을 대체하면, 원본 분산을 5.3%만큼 더 보존할 수 있습니다.

- PC1, PC2, PC3를 이용하면 추가로 1.7%의 원본 분산을 보존할 수 있습니다.

- PC1, PC2, PC3, PC4를 모두 이용하면 원본 분산을 100% 보존할 수 있습니다(92.4 + 5.3 + 1.7 + 0.5). 그러나 4개의 원본 특성을 4개의 주성분으로 대체하는 것은 아무런 의미가 없습니다. 차원 수는 조금도 줄어들지 않았으니까요.

6.3.2 주성분 분석의 한계

PCA의 한계점은 다음과 같습니다.

- 연속형 변수만 처리할 수 있습니다. 카테고리형 변수에는 적합하지 않습니다.

- 특성을 결합할 때 값을 근사하여 처리합니다. 이는 정확도를 희생하는 대신 차원 축소 문제를 더 간단하게 만듭니다. PCA를 사용하기 전에 이 상충 관계를 명확히 이해해야 합니다.

- 변수들이 상관 관계를 형성한다는 가정을 사용합니다. 즉, 상관성이 없는 변수에 대해서는 주성분을 찾아내지 못합니다.

- 선형적인 변수나 변수 간 관계에 적합합니다. 비선형적인 특성을 갖는 경우에는 로그 변환 등의 전처리가 필요합니다.

6.4 연관 규칙 마이닝 이해하기

40 ALGORITHMS EVERY PROGRAMMER SHOULD KNOW

데이터셋에 숨겨진 패턴은 우리가 찾아내 이해해야 할 보물입니다. 이 보물을 찾아내기 위해 데이터의 패턴을 분석하는 알고리즘들이 있습니다. 그 중에 가장 인기 있는 알고리즘은 **연관 규칙 마이닝**(association rules mining)입니다. 다음은 연관 규칙 마이닝 알고리즘의 특징입니다.

- 패턴의 빈도를 측정할 수 있습니다.

- 패턴들이 형성하는 인과 관계를 분석할 수 있습니다.

- 무작위 추측 대비 정확도를 계산하여 패턴의 유용성을 정량화할 수 있습니다.

6.4.1 연관 규칙 마이닝의 활용 사례

연관 규칙 마이닝은 여러 변수들이 가진 인과 관계를 조사할 때 유용합니다. 연관 규칙 마이닝을 이용하면 다음과 같은 질문을 해결할 수 있습니다.

- 현재 습도, 구름 양, 온도 중 어떤 요소가 내일 비가 내리는 것과 연관이 있습니까?

- 어떤 종류의 보험 청구가 사기로 밝혀질 가능성이 높습니까?

- 어떤 약물의 조합이 환자에게 합병증을 일으킬 가능성이 높습니까?

6.4.2 장바구니 분석

이 책에서는 8장 뉴럴 네트워크 알고리즘에서 추천 엔진을 다룹니다. 추천 엔진의 간단한 버전이 바로 **장바구니 분석**(basket analysis)입니다. 장바구니 분석에서는 어떤 아이템들을 함께 구매했는지에 대한 정보만 사용합니다. 사용자가 어떤 사람인지에 대한 정보나 이들이 구매한 아이템을 만족스럽게 사용했는지에 대한 정보는 분석에 사용하지 않습니다. 그래서 장바구니 분석용 데이터는 별점 분석용 데이터보다 모으기가 훨씬 수월합니다.

이러한 형태의 데이터는 보통 월마트(Walmart)와 같은 상점에서 쇼핑할 때 생성됩니다. 이렇게 어느 정도 기간을 두고 모은 데이터를 **거래 데이터**(transaction data)라고 하고, 편의점, 슈퍼마켓 등에서 모은 거래 데이터에 연관 규칙 분석을 적용한 것을 장바구니 분석이라고 합니다. 장바구니 분석은 아이템을 함께 구매할 조건부 확률을 계산하여 다음과 같은 질문에 대한 답을 도출합니다.

- 매대에 아이템을 진열하는 최적의 방법은 무엇입니까?

- 광고지에 아이템을 어떻게 노출하는 것이 좋겠습니까?

- 사용자의 구매 패턴을 고려할 때 무슨 아이템을 추천하는 것이 좋을까요?

장바구니 분석은 아이템들이 어떻게 서로 연결되어 있는지 분석할 수 있기 때문에 슈퍼마켓, 편의점, 약국 등 다양한 매스 마켓 리테일(mass-market retail) 기업에서 널리 사용합니다. 장바구니 분석은 결과 해석이 매우 쉬워 비즈니스 의사결정에 사용하기 좋습니다.

전형적인 슈퍼마켓 사례를 하나 들어 보겠습니다. 이 슈퍼마켓에 진열된 아이템들(중복 제외)을 π = {item$_1$, item$_2$, ..., item$_m$}라고 하겠습니다. 만약 여기서 판매하는 아이템의 개수가 500개라면 π의 크기도 500이 됩니다.

고객들이 슈퍼마켓에서 아이템을 골라서 카운터에서 계산할 때마다 아이템 세트(itemset)에 추가합니다. 거래 기록을 일정 기간 동안 모은 거래 데이터를 $\triangle$ = {t1, t2, ..., tn}이라고 하겠습니다.

다음은 4개의 거래 기록으로 이루어진 간단한 거래 데이터입니다. 각 거래 기록은 다음과 같습니다.

▼ 표 6-3 거래 기록 예시

t1	wickets(크리켓 위켓), pads(다리 보호대)
t2	bat(방망이), wickets, pads, helmet(헬멧)
t3	helmet, ball(공)
t4	bat, pads, helmet

이 슈퍼마켓에서 판매하는 아이템의 종류는 π = {bat, wickets, pads, helmet, ball}입니다.

거래 데이터 $\triangle$에 담긴 거래 기록 t3를 살펴봅시다. t3는 itemset$_{t3}$ = {helmet, ball}입니다. 이 고객은 두 개의 아이템을 구매했군요. 이 아이템 세트에는 두 개의 아이템이 담겨 있기 때문에 그 크기는 2입니다.

6.4.3 연관 규칙

연관 규칙은 거래 데이터에 담긴 아이템들이 형성하는 관계를 수학적으로 표현합니다. 이 관계는 거래 데이터에 존재하는 아이템 세트 X와 Y를 $X \Rightarrow Y$의 형태로 표현합니다. 여기서 X와 Y는 서로 겹치지 않아야 합니다($X \cap Y = \emptyset$).

도출한 연관 규칙의 예시는 다음과 같습니다.

$$\{helmet, ball\} \Rightarrow \{pads\}$$

여기서 X는 {helmet, ball}이며 Y는 {pads}입니다.

규칙의 종류

거래 데이터에 연관 규칙 마이닝을 실행하면 보통은 규칙이 꽤 많이 생성됩니다. 이 중 대다수는 쓸모없는 규칙입니다. 유용한 정보를 담은 규칙을 선별하기 위해 생성한 규칙들을 다음과 같이 세 가지로 분류합니다.

- 사소한 규칙

- 해석 불가능한 규칙

- 실행 가능한 규칙

하나씩 알아봅시다.

사소한 규칙

생성된 규칙 중 대다수는 아주 상식적이어서 쓸모가 없습니다. 이들을 사소한(trivial) 규칙이라고 합니다. 사소한 규칙은 신뢰도가 높더라도 쓸 만한 의사결정으로 이어지기 어렵습니다. 이런 규칙들은 무시해도 괜찮습니다.

다음은 사소한 규칙의 사례입니다.

- 고층 건물에서 뛰어내리면 죽을 가능성이 높습니다.

- 열심히 공부하면 시험에서 좋은 점수를 받습니다.

- 기온이 떨어지면 온풍기 판매량이 늘어납니다.

- 고속도로에서 과속하면 사고 날 가능성이 높아집니다.

해석 불가능한 규칙

연관 규칙 마이닝을 통해 생성한 규칙 중 해석이 어려운 규칙들은 사용하기가 매우 어렵습니다. 우리가 규칙을 이해할 수 있어야만 이를 이용한 전략을 구상할 수 있기 때문입니다. 이벤트 X가 왜 이벤트 Y로 이어지는지 설명할 수 없다면, 이를 해석 불가능한(inexplicable) 규칙이라고 합니다. 이 규칙은 전혀 연관성이 없는 두 이벤트 사이에 의미 없는 관계를 표현하는 수학적 공식일 뿐입니다.

다음은 해석 불가능한 규칙의 사례입니다.

- 빨간 셔츠를 입은 학생들이 더 높은 시험 성적을 받는 경향이 있습니다.

- 녹색 자전거가 도난당할 확률이 높습니다.

- 피클을 구매하면 기저귀를 함께 구매합니다.

실행 가능한 규칙

우리가 연관 규칙 마이닝으로 얻으려는 규칙은 실행 가능한(actionable) 규칙입니다. 실행 가능한 규칙은 이해하기도 쉽고 중요한 인사이트를 담고 있습니다. 해당 비즈니스 분야에 대한 지식이 있는 담당자들은 실행 가능한 규칙으로 다양한 활용 방안을 모색할 수 있습니다. 예를 들어, 현재 구매 패턴에 따라 특정 상품의 위치를 조정하거나 함께 팔리는 물품들을 가까이 배치하여 판매량을 늘릴 수도 있습니다.

다음은 연관 규칙 분석으로 도출한 실행 가능한 규칙과 그 활용 방안의 사례입니다.

- **규칙 1**: 특정 사용자 집단에 SNS 광고를 노출하면 구매로 이어질 확률이 높아집니다.
    - **활용 방안**: 옥외 광고 예산을 줄이고 SNS 광고를 집행합니다.
- **규칙 2**: 제품의 가격 범위를 늘리면 매출이 증가할 가능성이 높아집니다.
    - **활용 방안**: 제품 용량을 줄여 가격대가 낮은 품목을 새롭게 추가합니다.

6.4.4 평가 척도

다음은 도출한 연관 규칙을 평가하는 세 가지 척도입니다.

- 지지도
- 신뢰도
- 향상도

하나씩 살펴봅시다.

지지도

지지도(support)는 해당 패턴이 데이터셋에서 얼마나 자주 등장하는지 나타냅니다. 이는 대상 규칙의 발생 빈도를 전체 거래 기록의 개수로 나누어 구합니다.

어떤 아이템 세트 $itemset_a$를 예로 들어 보겠습니다.

$$numItemset_a = itemset_a \text{가 포함된 거래 기록 개수}$$
$$num_{total} = \text{전체 거래 기록 개수}$$
$$support(itemset_a) = \frac{numItemset_a}{num_{total}}$$

예를 들어, 전체 6개의 거래 중 $itemset_a$ = {$helmet$, $ball$}이 등장하는 거래 기록이 2건이라면 지지도($itemset_a$) = 2/6 = 0.33입니다.

신뢰도

신뢰도(confidence)는 조건부 확률을 이용해 왼편(X)과 오른편(Y)을 얼마나 강하게 연관 지을 수 있을지 정량화한 척도입니다. 이는 이벤트 X가 발생했을 때 X가 Y로 이어질 확률을 뜻합니다.

$X \Rightarrow Y$라는 규칙을 예로 들어 보겠습니다.

이 규칙의 신뢰도는 confidence($X \Rightarrow Y$)입니다. 이는 다음과 같이 계산합니다.

$$confidence(X \Rightarrow Y) = \frac{support(X \cup Y)}{support(X)}$$

다음과 같이 규칙의 신뢰도를 구해 봅시다.

$$\{helmet, ball\} \Rightarrow \{wickets\}$$

신뢰도 공식을 적용합니다.

$$confidence(helmet, ball \Rightarrow wickets) = \frac{support(helmet, ball \cup wickets)}{support(helmet, ball)} = \frac{\frac{1}{6}}{\frac{2}{6}} = 0.5$$

이는 곧 어떤 사람이 {$helmet$, $ball$}을 장바구니에 담고 있다면 0.5 또는 50%의 확률로 $wickets$도 담고 있을 것이라는 의미입니다.

향상도

규칙의 품질을 측정하는 또 다른 방법은 향상도(lift)입니다. 향상도는 무작위로 Y를 예측하는 것에 비해 주어진 조건 X를 이용한 예측의 개선 효과가 얼마나 더 큰지 표현합니다. 향상도 공식은 다음과 같습니다.

$$Lift(X \Rightarrow Y) = \frac{support(X \cup Y)}{support(X) \times support(Y)}$$

6.4.5 연관 규칙 마이닝 알고리즘

이 절에서는 연관 규칙 마이닝에 사용하는 두 가지 알고리즘을 알아보겠습니다.

- **Apriori 알고리즘**: 1994년에 아그라왈(Agrawal, R)과 스리칸트(Srikant)가 제안했습니다.
- **FP-growth 알고리즘**: 2001년에 한(Han) 등이 제안한 더 개선된 알고리즘입니다.

하나씩 자세히 알아봅시다.

Apriori 알고리즘

Apriori 알고리즘은 여러 단계를 반복적으로 실행하여 연관 규칙을 생성합니다. 이 알고리즘은 생성과 테스트(generation-and-test) 접근 방식을 취합니다.

Apriori 알고리즘을 실행하기 전에 먼저 두 가지 변수를 정의해야 합니다. 하나는 $support_{threshold}$ 이며 다른 하나는 $Confidence_{threshold}$ 입니다.

이 알고리즘은 두 단계로 구성됩니다.

- **후보 생성 단계**: 후보 아이템 세트를 여럿 생성합니다. 이 아이템 세트들의 지지도는 $support_{threshold}$를 넘어야 합니다.
- **필터링 단계**: $Confidence_{threshold}$보다 신뢰도가 낮은 규칙을 제거합니다.

필터링을 거치고 남은 규칙이 알고리즘의 결과가 됩니다.

Apriori 알고리즘의 한계점

Apriori 알고리즘에서 병목 현상이 가장 크게 발생하는 지점은 후보 생성 단계입니다. 예를 들어, 전체 아이템이 π = {$item_1$, $item_2$, ..., $item_m$}이라면, 가능한 아이템 세트의 개수는 2^m이 됩니다. 이 알고리즘은 단계별로 실행되는 구조이므로 먼저 후보 생성 단계에서 규칙을 만드는 과정이 끝나야 다음 단계로 넘어갈 수 있습니다. 이러한 구조상의 단점 때문에 Apriori 알고리즘은 많은 수의 아이템을 처리하는 데는 적합하지 않습니다.

FP-growth 알고리즘

FP-growth 알고리즘 또는 **빈출 패턴 성장**(frequent pattern growth)은 Apriori 알고리즘의 개선 버전입니다. 이 알고리즘은 다음과 같은 두 단계로 구성됩니다.

- FP-트리 생성

- 빈출 패턴 마이닝

각 단계를 하나씩 알아봅시다.

FP-트리 생성

다음 테이블과 같은 거래 데이터를 예로 들어 보겠습니다. 이 테이블은 0이 많이 들어 있는 희소 행렬(sparse matrix)입니다.

▼ 표 6-4 거래 기록 예시(0이 많이 들어 있는 희소 행렬)

ID	bat	wickets	pads	helmet	ball
t1	0	1	1	0	0
t2	1	1	1	1	0
t3	0	0	0	1	1
t4	1	0	1	1	0

각 아이템의 발생 빈도를 계산하고 이를 내림차순으로 정렬합니다.

▼ 표 6-5 품목별 거래 빈도

아이템	빈도
pads	3
helmet	3
bat	2
wickets	2
ball	1

빈도를 이용해 거래 데이터를 다시 정리합니다.

ID	원래 아이템	정렬된 아이템
t1	wickets, pads	pads, wickets
t2	bat, wickets, pads, helmet	helmet, pads, wickets, bat
t3	helmet, ball	helmet, ball
t4	bat, pads, helmet	helmet, pads, bat

FP-트리를 만들려면 먼저 트리의 첫 브랜치부터 시작해야 합니다. FP-트리의 루트는 **널**(Null)입니다. 트리의 노드는 아이템입니다. 다음 그림은 t1을 트리로 시각화한 것입니다. 각 노드의 라벨은 해당 아이템의 이름과 그 빈도로 되어 있습니다. 여기서 pads의 빈도는 1이라는 점을 유념하세요.

▼ 그림 6-12 FP-트리의 첫 번째 가지

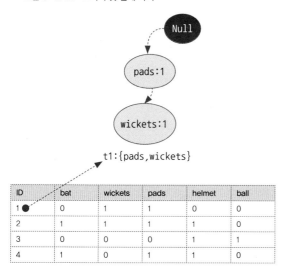

ID	bat	wickets	pads	helmet	ball
1	0	1	1	0	0
2	1	1	1	1	0
3	0	0	0	1	1
4	1	0	1	1	0

이와 같은 방식으로 4개의 거래를 모두 그리면 FP-트리가 완성됩니다. 완성된 FP-트리에는 총 4개의 리프 노드가 있습니다. 각 리프 노드는 4개의 거래 기록과 관련한 아이템 세트를 표현합니다. FP-트리에 거래 기록을 추가하면 각 아이템의 발생 횟수를 업데이트해야 합니다. 예를 들어, t1과 t2가 기록된 트리에 t3를 추가하면 helmet의 빈도는 2로 증가합니다. 마찬가지 방식으로 t4를 추가하면 그 값은 3으로 증가합니다. 이렇게 만들어지는 트리는 다음 그림과 같습니다.

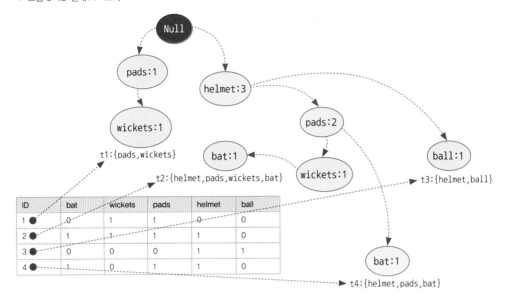

이 그림에 그려진 FP-트리는 순서 트리라는 것을 기억하세요.

빈출 패턴 마이닝

FP-growth 마이닝의 두 번째 단계는 FP-트리로부터 자주 발생하는 패턴을 추출하는 것입니다. 순서 트리라는 효율적 구조를 이용해 트리를 만들었기 때문에 발생 빈도가 높은 패턴을 쉽게 탐색할 수 있습니다.

리프 노드(트리 가장자리의 노드)부터 시작해서 위로 이동합니다. 예를 들어, 리프 노드 중 하나인 bat에서 출발합니다. bat를 이용해 조건부 규칙을 계산해야 합니다. 조건부 규칙은 해당 리프 노드에서부터 최상단 노드에 이르는 모든 경로를 이용해 계산합니다. bat의 조건부 규칙은 다음과 같습니다.

▼ 표 6-7 bat의 조건부 규칙

wickets: 1	pads: 1	helmet: 1
pads: 1	helmet: 1	

bat의 빈출 패턴은 다음과 같습니다.

$$\{wicket,\ pads,\ helmet\} : bat$$
$$\{pads, helmet\} : bat$$

FP-growth 코드

파이썬으로 FP-growth 알고리즘을 이용해 연관 규칙을 생성해 봅시다. 이를 위해서는 pyfpgrowth 패키지를 사용합니다. 여러분이 pyfpgrowth를 사용해 본 적이 없다면 먼저 설치부터 해야 합니다.

[in :]

```
!pip install pyfpgrowth
```

알고리즘을 실행하는 데 필요한 패키지를 불러옵니다.

[in :]

```
import pandas as pd
import numpy as np
import pyfpgrowth as fp
```

입력 데이터를 준비합니다.

[in :]

```
dict1 = {
  'id':[0, 1, 2, 3],
  'items':[["wickets", "pads"],
  ["bat", "wickets", "pads", "helmet"],
  ["helmet", "pads"],
  ["bat", "pads", "helmet"]]
}
transactionSet = pd.DataFrame(dict1)
```

find_frequent_patterns() 함수에 파라미터를 전달하여 규칙을 생성합니다. 이 함수에 입력하는 두 번째 파라미터인 1은 패턴이 만족해야 할 최소 빈도를 의미합니다.

[in :]

```
patterns = fp.find_frequent_patterns(transactionSet['items'], 1)
```

패턴 생성이 끝났습니다. 출력하면 아이템 조합과 그 빈도가 출력됩니다.

[in :]

```
patterns
```

```
{('pads',): 1,
 ('helmet', 'pads'): 1,
 ('wickets',): 2,
 ('pads', 'wickets'): 2,
 ('bat', 'wickets'): 1,
 ('helmet', 'wickets'): 1,
 ('bat', 'pads', 'wickets'): 1,
 ('helmet', 'pads', 'wickets'): 1,
 ('bat', 'helmet', 'wickets'): 1,
 ('bat', 'helmet', 'pads', 'wickets'): 1,
 ('bat',): 2,
 ('bat', 'helmet'): 2,
 ('bat', 'pads'): 2,
 ('bat', 'helmet', 'pads'): 2,
 ('pads',): 3,
 ('helmet',): 3,
 ('helmet', 'pads'): 2}
```

이제 규칙을 생성할 차례입니다. 신뢰도가 0.3 이상인 규칙만 선별합니다.

[in :]

```
rules = fp.generate_association_rules(patterns, 0.3)
rules
```

[out:]

```
{('helmet',): (('pads',), 0.6666666666666666),
 ('pads',): (('helmet',), 1.0),
 ('pads',): (('helmet',), 0.6666666666666666),
 ('wickets',): (('bat', 'helmet', 'pads'), 0.5),
 ('bat',): (('helmet', 'pads'), 1.0),
 ('bat', 'pads'): (('helmet',), 1.0),
 ('bat', 'wickets'): (('helmet', 'pads'), 1.0),
 ('pads', 'wickets'): (('bat', 'helmet'), 0.5),
 ('helmet', 'pads'): (('bat',), 1.0),
 ('helmet', 'wickets'): (('bat', 'pads'), 1.0),
 ('bat', 'helmet'): (('pads',), 1.0),
 ('bat', 'helmet', 'pads'): (('wickets',), 0.5),
 ('bat', 'helmet', 'wickets'): (('pads',), 1.0),
 ('bat', 'pads', 'wickets'): (('helmet',), 1.0),
 ('helmet', 'pads', 'wickets'): (('bat',), 1.0)}
```

각 규칙은 콜론(:)의 왼쪽과 오른쪽으로 구분됩니다. 개별 규칙의 지지도도 함께 출력됩니다.

6.5 / 활용 사례 – 비슷한 트윗끼리 클러스터링하기

비지도 학습은 실시간으로 비슷한 트윗끼리 묶는 데 사용할 수 있습니다. 그 과정은 다음과 같습니다.

- 1단계 – **토픽 모델링**: 주어진 트윗 집합에서 여러 주제를 도출합니다.
- 2단계 – **클러스터링**: 앞서 도출한 주제를 트윗에 연결 짓습니다.

이를 그림으로 표현하면 다음과 같습니다.

▼ 그림 6-14 비지도 학습을 통한 주제별 트윗 분류

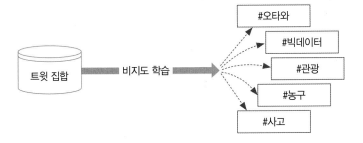

> 주의 ≡ 이 사례에서는 트윗을 실시간으로 처리해야 합니다.

앞서 소개한 과정을 하나씩 자세히 살펴봅시다.

6.5.1 토픽 모델링

토픽 모델링(topic modeling)은 문서 집합 내에서 분류에 사용할 수 있는 개념을 도출하는 프로세스입니다. 예를 들어, 트윗 뭉치를 분류할 수 있도록 적당한 주제를 찾아내는 데 토픽 모델링을 사용할 수 있습니다. 토픽 모델링에 널리 쓰이는 알고리즘은 잠재 디리클레 할당(Latent Dirichlet

Allocation, LDA)이지만, 트윗은 최대 144자로 길이가 짧은데다 보통 특정한 주제를 다루기 때문에 LDA보다 간단한 알고리즘으로 토픽 모델링을 할 수 있습니다. 알고리즘은 다음과 같습니다.

- 트윗을 토큰화(tokenize)합니다.

- 데이터를 전처리합니다. 불용어, 숫자, 기호를 지우고 어간을 추출(stemming)합니다.

- 트윗 데이터에 대한 단어-문서-행렬(Term-Document-Matrix, TDM)을 생성합니다. 중복을 제거한 트윗에서 가장 흔히 등장하는 200개 단어를 선택합니다.

- 개념이나 주제를 직접 또는 간접적으로 대표하는 단어 10개를 선정합니다. 예를 들어, 패션, 뉴욕, 프로그래밍 같은 단어를 주제로 선택합니다. 우리가 문서에서 발견한 10개 단어는 트윗 클러스터의 중심에 위치한 주제 단어가 됩니다.

다음 단계는 클러스터링입니다.

6.5.2 클러스터링

도출한 주제를 클러스터의 중심점으로 선택합니다. 그리고 k-평균 알고리즘을 실행하여 각 트윗을 연관된 클러스터에 할당합니다.

지금까지 비지도 학습으로 트윗을 주제별로 묶는 간단한 방법을 소개했습니다.

6.6 이상 탐지 알고리즘 이해하기

사전에서 **이상**(anomaly)은 무언가 다르거나 비정상적이거나 특이하거나 잘 분류되지 않는 것을 의미합니다. 일반적인 법칙에서 벗어난 것이죠. 데이터 과학에서 이상치는, 기대하는 패턴에서 크게 벗어난 데이터 포인트를 의미합니다. 이러한 데이터 포인트를 찾아내기 위한 방법을 이상 탐지(anomaly detection) 알고리즘이라고 합니다.

이상 탐지 알고리즘은 다음과 같은 분야에서 널리 사용되고 있습니다.

- 신용 카드 사기 범죄 탐지
- MRI(자기공명영상) 스캔을 이용한 악성 종양 탐지
- 네트워크 클러스터의 시스템 장애 탐지 및 대응
- 고속도로상 교통 사고 탐지

6.6.1 클러스터링 알고리즘

k-평균 알고리즘과 같은 클러스터링 알고리즘은 비슷한 데이터 포인트끼리 묶을 수 있습니다. 미리 정한 임곗값을 넘어서는 데이터 포인트를 이상치로 분류합니다. 이러한 방식의 문제점은 이상치 때문에 k-평균 알고리즘의 결과가 편향되어 탐지 정확도와 유용성에 영향을 줄 수 있다는 것입니다.

6.6.2 밀도 기반 이상 탐지 알고리즘

밀도 기반(density based) 이상 탐지 알고리즘은 가까운 이웃을 찾아냅니다. **K-최근접 이웃**(K-Nearest Neighbors, KNN) 알고리즘이 그 중 하나입니다. 밀집된 이웃들로부터 멀리 떨어져 있는 데이터 포인트를 이상치로 식별합니다.

6.6.3 서포트 벡터 머신 알고리즘

서포트 벡터 머신(SVM) 알고리즘은 데이터 포인트의 경계를 학습할 수 있습니다. 경계 밖에서 발견되는 데이터 포인트를 이상치로 식별합니다.

6.7 요약

이 장에서는 다양한 비지도 학습 기법을 알아봤습니다. 풀려는 문제의 차원을 축소하도록 조치를

취해야 하는 상황이 언제인지 알아보고, 차원을 축소하는 여러 방법을 살펴봤습니다. 또한, 장바구니 분석이나 이상 탐지처럼 비지도 학습 기법을 유용하게 활용할 수 있는 실제 사례를 공부했습니다.

다음 장에서는 지도 학습을 배울 것입니다. 선형 회귀로 시작해서 결정 트리 기반 알고리즘, SVM, XGBoost 등 더 복잡한 지도 학습 알고리즘을 살펴보겠습니다. 또한, 비정형 텍스트 데이터를 처리하는 데 적합한 나이브 베이즈 알고리즘도 다루겠습니다.

7장

전통적인 지도 학습 알고리즘

이 장에서는 현대 알고리즘에서 빼놓을 수 없는 지도 학습 알고리즘을 집중적으로 다루겠습니다. 지도 학습 알고리즘의 특징은 모델 훈련을 위해 라벨이 있는 데이터를 사용한다는 것입니다. 이 책에서는 지도 학습 알고리즘을 두 장에 걸쳐 소개합니다. 이 장에서 전통적인 지도 학습 알고리즘을 다루고, 다음 장에서 뉴럴 네트워크 알고리즘으로 지도 학습을 구현합니다. 뉴럴 네트워크 알고리즘은 최근 상당히 발전한 분야이기 때문에 분량을 별도로 할애했습니다.

이 장에서는 먼저, 지도 학습의 기본 개념을 살펴보고 지도 학습 알고리즘의 두 가지 유형인 분류 모델과 회귀 모델을 알아보겠습니다. 분류 모델이 해결할 수 있는 실제 문제를 소개하고, 이를 풀 수 있는 여섯 가지 분류 알고리즘을 하나씩 학습하겠습니다. 다음으로 회귀 문제를 풀 수 있는 세 가지 회귀 알고리즘을 소개합니다. 마지막으로 모델별 성능을 비교하고, 더불어 이 장에서 소개한 내용을 요약하겠습니다.

이 장의 전반적인 목표는 지도 학습 알고리즘의 다양한 종류에 대해 이해하고, 풀려는 문제에 적합한 지도 학습 기법이 무엇인지 아는 것입니다. 이 장에서 다루는 주제는 다음과 같습니다.

- 지도 학습
- 분류 알고리즘
- 분류 모델의 성능을 평가하는 기법
- 회귀 알고리즘
- 회귀 모델의 성능을 평가하는 기법

지도 학습을 구성하는 기본 개념부터 시작해 보겠습니다.

7.1 지도 학습 이해하기

머신러닝은 사람의 개입이 없거나 적은 상황에서도 의사결정할 수 있는 자동화 시스템을 만드는 데이터 기반 접근 방식을 취합니다. 자동화 시스템을 만들기 위해 머신러닝은 데이터에 존재하는 반복 패턴을 도출하는 여러 알고리즘과 기법을 사용합니다. 머신러닝에서 가장 인기 있고 강력한 기법은 지도 학습입니다. 지도 학습은 **특성**(feature)이라는 입력 정보와 **타깃 변수**(target variable)라는 출력 정보를 사용합니다. 지도 학습 알고리즘은 수학적 공식을 이용해 특성과 타깃 변수가 이루는 복잡한 관계를 표현하는 모델을 훈련합니다. 그리고 훈련이 끝난 모델로 새로운 데이터에 대한 예측을 수행합니다.

정상 이메일과 스팸 이메일을 분류하는 모델을 지도 학습 알고리즘을 이용해 만들어 보겠습니다. 먼저 머신러닝 모델이 무엇을 스팸으로 분류해야 할지 보고 배울 수 있는 과거 데이터가 필요합니다. 텍스트 데이터의 내용을 활용한 학습 문제는 복잡한 프로세스이지만 지도 학습 알고리즘을 이용하면 원하는 결과를 얻을 수 있습니다. 이메일을 분류하는 문제를 풀 수 있는 지도 학습 알고리즘에는 결정 트리와 나이브 베이즈 등이 있습니다. 이에 대해서는 추후에 자세히 다루겠습니다.

7.1.1 지도 학습 구조 소개

지도 학습 알고리즘을 상세히 알아보기 전에 먼저 지도 학습에 관한 기본 용어를 짚고 넘어갑시다.

▼ 표 7-1 지도 학습 용어

용어	설명
타깃 변수 (target variable)	우리가 모델을 통해 예측하고 싶은 변수를 타깃 변수라고 합니다.
라벨(label)	예측하려는 변수가 카테고리형 변수라면 이를 라벨이라고 합니다.
특성(feature)	라벨을 예측하는 데 사용하는 입력 변수들을 특성이라고 합니다.
특성 엔지니어링 (feature engineering)	선택한 지도 학습 알고리즘을 위해 특성들을 변환하는 과정을 특성 엔지니어링이라고 합니다.
특성 벡터 (feature vector)	지도 학습 알고리즘에 데이터를 입력하기 전에 사용할 특성들을 결합해 둔 자료 구조를 특성 벡터라고 합니다.
과거 데이터 (historical data)	타깃 변수와 특성들의 관계를 학습하기 위해 모은 과거의 데이터를 말합니다. 과거 데이터는 사례(example)들로 구성됩니다.
훈련/테스트 데이터 (training/testing data)	사례가 담긴 과거 데이터를 두 부분으로 나눕니다. 큰 부분을 훈련 데이터, 작은 부분을 테스트 데이터라고 합니다.
모델(model)	타깃 변수와 특성 간의 관계를 가장 잘 포착한 수학적 공식입니다.
훈련(training)	훈련 데이터로 모델을 학습하는 과정입니다.
테스트(testing)	테스트 데이터로 훈련된 모델의 품질을 평가하는 과정입니다.
예측(prediction)	모델을 이용해 타깃 변수를 예측합니다.

> **주의** 훈련이 완료된 지도 학습 모델은 입력 특성을 이용해 타깃 변수를 예측할 수 있습니다.

다음은 머신러닝 기법을 다루는 데 필요한 몇 가지 기호입니다.

▼ 표 7-2 머신러닝 관련 기호

변수	의미
y	실제 라벨
$\acute{y}$	예측 라벨
d	전체 사례 개수
b	훈련 사례 개수
c	테스트 사례 개수

이러한 기호들을 실제로 어떻게 사용하는지 알아봅시다.

앞에서 설명한 것처럼 특성 벡터는 모든 특성이 담긴 자료 구조입니다.

전체 특성 개수가 n이고 훈련 사례 개수가 b라고 하겠습니다. X_train은 훈련 특성 벡터입니다. 각 사례는 훈련 특성 벡터의 행(row)으로 표현됩니다.

훈련 데이터셋이 b개의 사례로 구성되어 있다면 X_train도 b개의 행을 갖고, 훈련 데이터셋의 변수가 n개라면 훈련 특성 벡터도 n개의 열을 가집니다. 종합하면 다음 그림처럼 훈련 데이터셋의 차원은 $n \times b$입니다.

▼ 그림 7-1 훈련 데이터셋의 차원

$$\underbrace{\begin{bmatrix} \ldots x^{(1)} \ldots \\ \ldots x^{(2)} \ldots \\ \ldots x^{(b)} \ldots \end{bmatrix}}_{n} \left.\vphantom{\begin{bmatrix} a \\ a \\ a \end{bmatrix}}\right\} b$$

훈련 데이터셋에는 b개의 사례가, 테스트 데이터셋에는 c개의 사례가 있다고 하겠습니다. 개별 훈련 사례는 (X, y)로 표현할 수 있습니다.

훈련 데이터셋에 있는 개별 훈련 사례는 위첨자를 이용해 표현하며, 라벨이 있는 데이터셋은 다음과 같이 표기합니다.

$$D = \{(X^{(1)}, y^{(1)}), (X^{(2)}, y^{(2)}), \ldots.., (X^{(d)}, y^{(d)})\}$$

전체 데이터셋은 D_{train}과 D_{test}로 나눌 수 있으며, 훈련 데이터셋은 다음과 같이 표기할 수 있습니다. 위첨자를 유의하세요.

$$D_{train} = \{(X^{(1)}, y^{(1)}), (X^{(2)}, y^{(2)}), \ldots\ldots, (X^{(b)}, y^{(b)})\}$$

모델 훈련의 목적은 훈련 사례의 예측값을 실젯값에 최대한 가까워지게 하는 것입니다. 수식으로 표현하자면 $\hat{y}(i) \approx y(i)(1 \leq i \leq b)$와 같습니다.

테스트 데이터셋도 다음과 같이 표기합니다.

$$D_{test} = \{(X^{(1)}, y^{(1)}), (X^{(2)}, y^{(2)}), \ldots\ldots, (X^{(c)}, y^{(c)})\}$$

타깃 변수의 값은 다음과 같이 벡터 Y로 표기합니다.

$$Y = \{ y^{(1)}, y^{(2)}, \ldots \}$$

7.1.2 지도 학습의 필요 조건

지도 학습 알고리즘은 사례를 이용해 모델을 훈련합니다. 이 알고리즘을 실행하려면 몇 가지 특정한 조건을 만족해야 합니다. 조건은 다음과 같습니다.

- **충분히 많은 사례**: 지도 학습 알고리즘으로 모델을 훈련하려면 훈련에 사용하려는 사례가 충분히 많아야 합니다.

- **데이터의 패턴**: 훈련에 사용하려는 사례는 어떤 패턴이 있어야 합니다. 우리가 관심 있는 이벤트가 발생할 가능성은 어떤 패턴이나 트렌드, 이벤트의 조합에 의존적이어야 합니다. 그렇지 않다면 우리에게 주어진 데이터는 무작위 소음과 다르지 않으므로 이를 모델 훈련에 사용할 수 없습니다.

- **유효한 가정**: 지도 학습 알고리즘을 사용할 때 우리는 훈련에 사용한 사례에 적용된 가정이 미래에도 여전히 유효할 것이라고 기대합니다. 구체적인 예를 들어 보겠습니다. 학생이 비자를 받을지 예측하는 모델을 만들어 정부에 납품할 때 우리는 훈련에 사용한 관련 법령이나 정책이 예측 단계에서도 그대로 유지될 것이라 가정합니다. 만약 훈련이 끝난 후에 새로운 정책이나 법이 제정된다면 새로운 정보를 처리하기 위해 모델을 다시 학습해야 할 수도 있습니다.

7.1.3 분류 모델과 회귀 모델 비교하기

머신러닝 모델의 타깃 변수는 카테고리형 또는 연속형입니다. 타깃 변수의 타입이 지도 학습 모델의 타입을 결정합니다. 지도 학습 모델에는 두 가지 타입이 있습니다.

- **분류 모델(classifier)**: 타깃 변수가 카테고리형이라면 머신러닝 모델을 분류 모델이라고 합니다. 분류 모델이 풀 수 있는 비즈니스 문제는 다음과 같습니다.
  - 이 종양은 악성 종양입니까?
  - 오늘 날씨를 볼 때 내일 비가 올까요?
  - 지원자의 프로필을 볼 때 주택 담보 대출을 승인해야 할까요?
- **회귀 모델(regressor)**: 타깃 변수가 연속형이라면 머신러닝 모델을 회귀 모델이라고 합니다. 회귀 모델을 활용할 수 있는 비즈니스 문제는 다음과 같습니다.
  - 오늘 날씨를 볼 때 내일 비가 얼마나 내릴까요?
  - 주택의 여러 특징을 볼 때 가격이 얼마일까요?

분류 모델과 회귀 모델을 자세히 살펴보겠습니다.

7.2 분류 알고리즘 이해하기

지도 학습 알고리즘이 사용하는 타깃 변수가 카테고리형이라면 알고리즘이 훈련하는 모델은 분류 모델입니다.

- 타깃 변수를 **라벨**(label)이라 합니다.
- 과거 데이터를 **라벨이 있는 데이터**(labeled data)라고 합니다.
- 예측에 사용할 프로덕션 데이터를 **라벨이 없는 데이터**(unlabeled data)라고 합니다.

> 주의 ≡ 훈련된 모델을 이용해 라벨이 없는 데이터에 라벨을 정확하게 부여할 수 있는 능력이 분류 알고리즘의 진짜 성능입니다. 분류 모델은 라벨이 없는 데이터의 라벨을 예측하여 해당 비즈니스 문제에 대한 답을 제공합니다.

분류 알고리즘을 자세히 알아보기 전에, 분류 모델이 풀 수 있는 비즈니스 문제에는 어떤 것이 있는지 먼저 소개하겠습니다. 그리고 나서 여섯 가지 알고리즘이 성능과 접근 방식에서 어떤 차이가 있는지 비교하겠습니다.

7.2.1 분류 문제 소개

여섯 가지 분류 알고리즘을 모두 적용할 수 있는 공통 문제를 소개합니다. 성능을 비교하기 위해 동일한 특성 벡터를 사용하여 훈련을 진행하겠습니다. 이를 통해 얻을 수 있는 두 가지 이점은 다음과 같습니다.

- 모든 입력 변수들은 전처리를 거쳐 특성 벡터라는 자료 구조로 정리됩니다. 동일한 특성 벡터를 사용하면 알고리즘을 바꿀 때마다 데이터 전처리를 반복할 필요가 없어집니다.
- 동일한 입력 변수를 사용하기 때문에 분류 알고리즘에 따른 성능을 비교할 수 있습니다.

이 분류 문제는 고객이 제품을 구매할지 예측하는 것입니다. 리테일 산업에서 매출을 극대화하는 방법 중 하나는 고객의 행동을 더 잘 이해하는 것입니다. 데이터에 담긴 패턴을 분석하면 됩니다. 먼저 문제를 정의하겠습니다.

분류 문제 정의

어떤 고객의 프로필을 이용해 그가 제품을 구매할지 예측하는 이진 분류 모델을 훈련할 수 있을까요?

먼저 문제를 푸는 데 필요한 데이터를 살펴봅시다. 이 데이터는 라벨이 있는 데이터입니다.

$$x \in \Re^b, \; y \in \{0,1\}$$

특정 사례의 y가 1이라면 양성 클래스로, 0이라면 음성 클래스로 칭하겠습니다.

> 주의 ≡ 　양성과 음성 클래스는 정하기 나름입니다만, 보통 우리가 관심 있는 사건을 양성 클래스로 정의합니다. 사기 거래를 탐지하는 문제를 풀고 있다면 정상 거래가 아닌 사기 거래를 양성 클래스($y = 1$)로 설정합니다.

다음은 라벨입니다.

- y는 실제 라벨입니다.
- $\hat{y}$은 예측 라벨입니다.

데이터셋에 있는 사례들의 실제 라벨 값을 y라고 표기합니다. 어떤 사람이 제품을 구매했다면 $y = 1$이고 예측 라벨은 $\hat{y}$입니다. 이 문제에서 입력 특성 벡터 x의 차원 수는 4입니다. 우리가 알고 싶은 것은 특정한 입력이 주어졌을 때 해당 고객이 구매할 확률입니다.

그러므로 특성 벡터 x가 주어졌을 때 $y = 1$일 확률을 출력합니다. 수학적으로는 다음과 같이 표현합니다.

$$\hat{y} = P(y = 1 | x) : where; x \in \mathfrak{R}^{n_x}$$

다음 절에서는 입력 변수들을 전처리하여 특성 벡터 x로 만드는 과정에 대해 자세히 알아봅시다.

데이터 파이프라인을 이용한 특성 엔지니어링

머신러닝 알고리즘에 적합한 형태로 데이터를 준비하는 과정을 **특성 엔지니어링**(feature engineering)이라고 합니다. 이는 머신러닝 라이프 사이클에서 매우 중요한 역할을 수행합니다. 여러 단계로 구성된 데이터 처리 코드를 통칭하여 **데이터 파이프라인**(data pipeline)이라고 합니다. 표준적인 처리 단계를 사용하여 데이터 파이프라인을 구축하면 재사용이 가능해지고 모델 학습에 드는 수고로움을 줄일 수 있습니다. 검증된 소프트웨어 모듈을 사용하면 코드의 품질도 개선할 수 있는 장점이 있습니다.

이 문제에 반복해서 적용할 수 있는 데이터 파이프라인을 구성해 보겠습니다. 앞에서 설명한 것처럼 이 데이터 파이프라인을 통해 특성 벡터를 만들어 두고 이를 여러 알고리즘에 동일하게 사용하겠습니다.

데이터 읽어오기

이 문제에 사용하는 데이터는 CSV 파일로 저장되어 있습니다. pandas의 read_csv 함수를 이용해 데이터를 데이터프레임으로 읽어옵니다.

[in :]

```
dataset = pd.read_csv('Social_Network_Ads.csv')
```

특성 선별하기

우리가 풀려는 문제의 맥락과 관련한 특성을 선별하는 과정을 **특성 선별**(feature selection)이라고 합니다. 특성 선별은 특성 엔지니어링에서 필수입니다.

데이터 파일을 불러오고 나면 고객 식별자인 User ID는 훈련에 사용하지 않는 정보이므로 삭제합니다.

[in :]

```
dataset = dataset.drop(columns=['User ID'])
```

데이터를 일부 출력해서 확인해 봅니다.

[in :]

```
dataset.head(5)
```

[out:]

	Gender	Age	EstimatedSalary	Purchased
0	Male	19	19000	0
1	Male	35	20000	0
2	Female	26	43000	0
3	Female	27	57000	0
4	Male	19	76000	0

다음은 이 데이터를 전처리할 차례입니다.

원핫 인코딩하기

상당수의 머신러닝 알고리즘은 입력 특성들이 모두 연속형이어야 합니다. 특성이 카테고리형이라면 이를 연속형으로 바꿀 수 있어야 합니다. 원핫 인코딩은 카테고리형 변수를 연속형 변수로 변환할 수 있는 아주 효과적인 방법입니다. 이 문제에서 카테고리형 변수는 Gender 하나뿐입니다. 이를 원핫 인코딩을 이용해 연속형 변수로 변환해 봅시다.

[in :]

```
enc = sklearn.preprocessing.OneHotEncoder()
enc.fit(dataset.iloc[:, [0]])
onehotlabels = enc.transform(dataset.iloc[:, [0]]).toarray()
genders = pd.DataFrame({'Female': onehotlabels[:, 0], 'Male': onehotlabels[:, 1]})
result = pd.concat([genders,dataset.iloc[:, 1:]], axis=1, sort=False)
result.head(5)
```

변환이 끝났습니다. 데이터셋을 다시 출력해 봅시다.

	Female	Male	Age	EstimatedSalary	Purchased
0	0.0	1.0	19	19000	0
1	0.0	1.0	35	20000	0
2	1.0	0.0	26	43000	0
3	1.0	0.0	27	57000	0
4	0.0	1.0	19	76000	0

카테고리형 변수를 연속형 변수로 변환하는 과정에서 원핫 인코딩이 Gender 열을 Male과 Female 두 개의 열로 분리했습니다.

특성과 라벨 설정하기

데이터셋에서 특성과 라벨을 설정하는 단계입니다. 이 책에서는 라벨을 y로, 특성을 X로 표기합니다.

[in :]

```
y = result['Purchased']
X = result.drop(columns=['Purchased'])
```

특성 벡터인 X에는 모델을 훈련하는 데 필요한 모든 입력 변수가 포함되어 있습니다.

훈련–테스트 분리하기

sklearn.model_selection import train_test_split을 이용해 전체 데이터를 훈련용(75%)과 테스트용(25%)으로 나눕니다.

[in :]

```
from sklearn.model_selection import train_test_split
X_train, X_test, y_train, y_test = train_test_split(X, y, test_size = 0.25, random_
state = 0)
```

이로써 다음과 같은 4개의 데이터가 생성됩니다.

- X_train: 훈련 데이터셋의 특성
- X_test: 테스트 데이터셋의 특성
- y_train: 훈련 데이터셋의 라벨
- y_test: 테스트 데이터셋의 라벨

특성 스케일링하기

대부분의 머신러닝 알고리즘을 사용할 때는 변수의 스케일을 0과 1로 조정하면 학습에 도움이 됩니다. 이를 **특성 표준화**(feature normalization)라고 합니다. 코드로는 다음과 같이 구현합니다.

[in :]

```
from sklearn.preprocessing import StandardScaler
sc = StandardScaler()
X_train = sc.fit_transform(X_train)
X_test = sc.transform(X_test)
```

데이터의 스케일을 조정하고 나면, 이제 이를 이용해 여러 분류 모델을 훈련할 차례입니다.

7.2.2 분류 모델 평가하기

훈련이 끝나면 모델의 성능을 평가해야 합니다. 평가를 위해서 다음과 같은 과정이 필요합니다.

1. 라벨이 있는 데이터셋을 훈련 데이터셋과 테스트 데이터셋으로 나눕니다. 테스트 데이터셋으로 훈련된 모델의 성능을 측정합니다.

2. 테스트 데이터셋의 특성을 이용해 각 행의 라벨을 생성합니다. 이것이 우리가 예측한 라벨입니다.

3. 예측 라벨을 실제 라벨과 비교하여 모델의 성능을 평가합니다.

> 주의 ≡ 아주 간단한 문제를 푸는 것이 아니라면 모델을 평가할 때 어느 정도 오분류가 발생하기 마련입니다. 모델의 성능을 결정하는 오분류를 해석하는 것은 우리가 어떤 성능 척도를 선택하느냐에 달렸습니다.

실제 라벨과 예측 라벨이 준비되면, 이를 이용해 여러 성능 척도를 계산하여 모델을 평가할 수 있습니다. 성능 평가에 사용할 최적의 지표는 비즈니스 문제의 요구사항과 훈련 데이터셋의 특성에 따라 달라집니다.

혼동 행렬

혼동 행렬(confusion matrix)은 분류 모델의 성능 결과를 요약합니다. 이진 분류(binary classifier) 모델의 혼동 행렬은 다음 그림과 같습니다.

❤ 그림 7-2 이진 분류 모델의 혼동 행렬

예측

	TP (참 양성)	FN (거짓 음성)
실제	FP (거짓 양성)	TN (참 음성)

> 주의 ≡ 라벨이 둘인 문제를 푸는 모델을 이진 분류 모델이라고 합니다. 이진 분류 모델을 실전에 처음 적용한 사례는 제1차 세계대전에서 비행체와 새떼를 판별하는 것이었습니다.

분류 결과는 다음과 같은 4가지 카테고리로 나뉩니다.

- **참 양성**(True Positive, TP): 옳게 분류한 양성 예측
- **참 음성**(True Negative, TN): 옳게 분류한 음성 예측
- **거짓 양성**(False Positive, FP): 실제로는 음성이지만 양성으로 예측
- **거짓 음성**(False Negative, FN): 실제로는 양성이지만 음성으로 예측

다음 절에서는 이 4가지 카테고리를 이용해 다양한 성능 척도를 만듭니다.

성능 척도

성능 척도는 훈련된 모델의 성능을 정량화하는 데 사용하며, 다음과 같이 네 척도를 정의합니다.

❤ 표 7-3 성능 척도 및 공식

척도	공식
정확도(accuracy)	$\dfrac{TP + TN}{TP + TN + FP + FN}$
재현율(recall)	$\dfrac{TP}{TP + FN} = \dfrac{\text{양성을 제대로 맞춤}}{\text{양성을 제대로 맞춤} + \text{양성을 실수로 놓침}}$
정밀도(precision)	$\dfrac{TP}{TP + FP} = \dfrac{\text{양성을 제대로 맞춤}}{\text{양성을 제대로 맞춤} + \text{음성을 양성으로 오분류}}$
F1 점수(F1 score)	$2\left(\dfrac{\text{정밀도} \times \text{재현율}}{\text{정밀도} + \text{재현율}}\right)$

정확도는 전체 예측 중 제대로 예측한 결과의 비율입니다. 정확도를 계산할 때는 TP와 TN을 따로 나누지 않습니다. 정확도를 이용한 모델 평가는 직관적으로 이해할 수 있다는 장점이 있지만 경우에 따라서는 다른 척도가 필요합니다.

다음과 같이 희귀한 이벤트를 예측하는 모델일 때는 모델을 평가하는 데 정확도 이외의 척도가 필요합니다.

- 은행 거래 데이터에서 사기 거래를 예측하는 모델
- 비행기의 엔진 부품이 기계적 결함을 일으킬 확률을 예측하는 모델

이때는 재현율과 정밀도라는 척도가 필요합니다. 하나씩 살펴봅시다.

- **재현율**: 실제 양성인 사례 중에서 양성으로 예측한 사례의 비율입니다. 첫 번째 사례에서 재현율은 전체 사기 건수 중에서 실제로 사기라고 판단한 거래의 비율입니다. 모델 테스트에서 1백만 건의 거래 기록 중 사기로 밝혀진 건수가 100개이고, 이 중에 모델이 78개를 찾아냈다면 재현율은 78 / 100입니다.
- **정밀도**: 양성으로 예측한 사례 중 실제로 양성인 비율입니다. 첫 번째 사례에서 정밀도는 사기라고 판단한 거래 중에서 제대로 예측한 건수의 비율입니다. 정밀도는 모델이 탐지하지 못한 사기 건수 대신, 사기라고 판단한 결과가 얼마나 정밀한지만 신경 씁니다.

F1 점수는 재현율과 정밀도를 모두 반영한 척도입니다. 어떤 모델이 재현율과 정밀도가 완벽하다면 F1 점수 역시 완벽할 것입니다. F1 점수가 높다면 재현율과 정밀도도 높은, 고품질의 모델을 훈련했음을 의미합니다.

과적합

개발 환경에서는 멋지게 동작하는 머신러닝 모델이 프로덕션 환경에서 눈에 띄게 부진하다면, 이 모델은 과적합(overfitting)됐다고 할 수 있습니다. 이는 훈련된 모델이 지나치게 훈련 데이터에 의존적이라는 것을 뜻합니다. 모델이 데이터를 처리하는 규칙을 너무 세세하게 만들었다는 신호이기도 합니다. 무슨 뜻일까요? 편향–분산 상충 관계를 통해 자세히 알아보겠습니다.

편향

모든 머신러닝 모델은 특정한 가정(assumption)들에 기반을 두고 훈련합니다. 일반적으로 이 가정들은 현실 세계의 일부 현상을 간단하게 근사한 것입니다. 이를 이용하면 특성들이 이루는 관계를 단순화할 수 있기 때문에 모델 학습이 한결 쉬워집니다. 가정을 많이 사용할수록 편향도 커집니

다. 또 모델 훈련에 사용하는 가정이 단순할수록 편향이 커지고, 현실을 반영하기 위해서 사실적인 가정을 쓰면 편향이 작아집니다.

> 주의 ≡ 선형 회귀 모델은 특성의 비선형성을 무시하고 선형 변수로 근사하여 취급합니다. 따라서 선형 회귀 모델은 근본적으로 높은 편향에 노출되어 있습니다.

분산

모델 훈련에 사용하는 데이터셋이 달라졌을 때 모델이 타깃 변수를 얼마나 정확하게 추정할 수 있을지 정량화한 것이 분산입니다. 이는 모델이 적절한 일반화(generalization) 성능을 갖추었는지 나타냅니다.

특정한 시나리오나 상황에만 작동하도록 과적합된 모델은 분산이 큽니다. 반면, 다양한 상황에 적용할 수 있는 모델의 분산은 작습니다.

> 주의 ≡ 머신러닝의 목표는 편향과 분산이 모두 작은 모델을 훈련하는 것입니다. 이 목표를 달성하는 것은 쉽지 않기 때문에 데이터 과학자들이 잠을 설치곤 합니다.

편향-분산 상충 관계

머신러닝 모델을 학습할 때 적절한 수준의 일반화 성능을 결정하는 것은 매우 까다롭습니다. 편향과 분산은 상충 관계를 이루기 때문입니다.

> 주의 ≡ 더 단순한 가정 = 더 높은 일반화 수준 = 낮은 분산 = 높은 편향

이러한 편향-분산 상충 관계는 선택한 알고리즘, 데이터의 특징과 다양한 하이퍼 파라미터에 의해 결정됩니다. 여러분이 풀려는 문제의 요구조건에 기반을 두고 편향과 분산 사이의 적절한 타협점을 찾는 것이 중요합니다.

7.2.3 분류 모델 구축 단계

라벨이 있는 데이터를 준비했다면, 그 다음은 모델 훈련, 평가, 배포 단계입니다. 이 세 단계는 다음 그림의 CRISP-DM 라이프 사이클에 표현되어 있습니다.

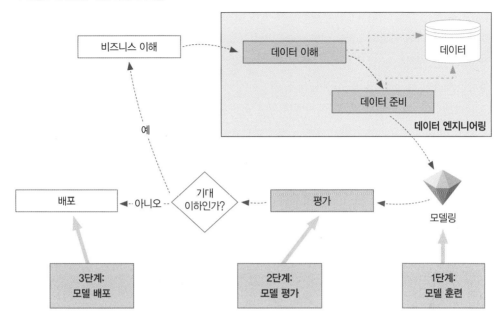

모델 훈련과 평가 단계에서는 라벨이 있는 데이터를 사용합니다. 이 데이터는 크기가 큰 훈련 데이터와 크기가 작은 테스트 데이터로 나눕니다. 이때 훈련 데이터와 테스트 데이터가 비슷한 패턴이 되도록 무작위로 샘플링하여 데이터를 나눕니다. 그림에 표시된 것처럼 모델 훈련 단계에서는 훈련 데이터로 모델을 학습하고 훈련이 종료되면 테스트 데이터로 훈련된 모델의 성능을 평가합니다. 모델의 성능을 평가하는 데는 여러 척도를 사용합니다. 성능 평가가 끝나면 다음은 배포 단계입니다. 이 단계에서는 모델이 라벨이 없는 데이터의 라벨을 예측하여 현실 세계의 문제를 해결합니다.

다음 절에서는 다음과 같은 분류 알고리즘을 알아보겠습니다.

- 결정 트리 분류 알고리즘
- XGBoost 알고리즘
- 랜덤 포레스트 알고리즘
- 로지스틱 회귀 알고리즘
- 서포트 벡터 머신(SVM) 알고리즘
- 나이브 베이즈 알고리즘

7.2.4 결정 트리 분류 알고리즘

결정 트리는 재귀 분할(recursive partitioning) 방식으로 라벨을 예측하는 규칙들을 생성합니다. 루트 노드에서 시작하는 결정 트리는 여러 개의 브랜치로 뻗어 나갑니다. 트리를 구성하는 노드는 특성을 이용한 의사결정을 의미하며, 노드에서 뻗어 나와 다음 단계로 이어지는 브랜치가 그 결과를 나타냅니다. 결정 트리의 가장자리에 위치한 리프 노드에는 최종 결정이 담겨 있습니다. 분할을 통해 더 이상 성능이 개선되지 않으면 훈련 프로세스가 종료됩니다.

결정 트리 분류 알고리즘 이해하기

결정 트리 분류 알고리즘의 특징은 사람이 이해할 수 있는 라벨 분류 규칙을 만들어낸다는 점입니다. 이 알고리즘은 재귀적으로 작동합니다. 결정 트리 분류 알고리즘은 다음과 같은 단계를 거쳐 규칙으로 구성된 계층 구조를 생성합니다.

1. **가장 중요한 특성 찾기**: 결정 트리 분류 알고리즘은 훈련 데이터의 라벨을 가장 잘 분류할 수 있는 특성을 찾아냅니다. 정보 획득(information gain)이나 지니 불순도(Gini impurity)를 사용하여 특성을 탐색합니다.

2. **브랜치 나누기**: 앞에서 찾아낸 가장 중요한 특성을 이용해 훈련 데이터를 두 브랜치로 나눕니다.

   - 해당 특성을 만족하는 데이터 포인트
   - 해당 특성을 만족하지 않는 데이터 포인트

3. **리프 노드 여부 확인하기**: 브랜치가 대부분 한 가지 클래스의 데이터 포인트로 구성된다면 해당 브랜치는 리프 노드가 됩니다.

4. **종료 조건 확인 및 반복하기**: 종료 조건을 만족했다면 훈련이 종료되고 트리의 맨 밑에 자리한 노드는 리프 노드가 됩니다. 기본 종료 조건은 각 리프 노드에 속한 결과의 동질성이 특정 임곗값을 넘는 것입니다. 종료 조건으로 알고리즘 반복 횟수를 사용할 수도 있습니다. 종료 조건을 만족하지 않았다면 1단계로 되돌아갑니다.

다음 그림은 결정 트리 분류 알고리즘을 간략히 도식화한 것입니다.

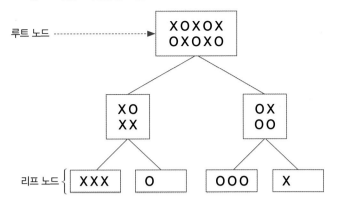

❤ 그림 7-4 결정 트리 분류 알고리즘

루트 노드 - - - - - - - - - - - - - - - →

리프 노드

이 그림에서 루트 노드는 여러 개의 O와 X를 가지고 있습니다. 결정 트리 분류 알고리즘은 O를 X에서 떼어낼 수 있는 조건들을 만들어냅니다. 각 레벨에서 직전 레벨보다 데이터의 동질성이 커지는 방향으로 데이터를 분할합니다. 완벽하게 훈련된 모델은 리프 노드에 O 또는 X만 가지고 있게됩니다. 그러나 데이터에 내재된 무작위성 때문에 모델을 완벽하게 훈련하기란 매우 어렵습니다.

분류 문제에 결정 트리 분류 알고리즘 적용하기

고객이 제품을 구매할지 예측하는 문제를 결정 트리 분류 알고리즘으로 풀어봅시다.

1. 먼저, 결정 트리 분류 모델 인스턴스를 생성하고 훈련 데이터로 모델을 훈련합니다.

▼ mydecisiontree2.ipynb

[in :]

```
classifier = sklearn.tree.DecisionTreeClassifier(criterion = 'entropy', random_
state = 100, max_depth=2)
classifier.fit(X_train, y_train)
```

2. 훈련된 모델을 이용해 테스트 데이터의 라벨을 예측합니다. 모델의 성능을 요약하는 혼동행렬을 생성합니다.

[in :]

```
import sklearn.metrics as metrics
y_pred = classifier.predict(X_test)
cm = metrics.confusion_matrix(y_test, y_pred)
cm
```

7

전통적인 지도 학습 알고리즘

혼동 행렬은 다음과 같습니다.

[out:]

```
array([[64,  4],
       [ 2, 30]], dtype=int64)
```

3. 결정 트리의 정확도, 재현율, 정밀도를 계산합니다.

[in :]

```
accuracy= metrics.accuracy_score(y_test, y_pred)
recall = metrics.recall_score(y_test, y_pred)
precision = metrics.precision_score(y_test, y_pred)
print(accuracy, recall, precision)
```

4. 이 코드를 실행하면 다음과 같은 결과를 얻을 수 있습니다.

[out:]

```
0.94 0.9375 0.8823529411764706
```

이처럼 평가 척도를 이용해 여러 모델의 성능을 비교할 수 있습니다.

결정 트리 분류 모델의 강점과 약점

이 절에서는 결정 트리 분류 알고리즘의 강점과 약점에 대해 알아보겠습니다.

강점

다음은 결정 트리 분류 모델의 강점입니다.

- 결정 트리가 생성한 규칙들은 사람이 이해하기 쉽습니다. 이러한 특징을 가진 모델들을 **화이트박스 모델**(whitebox model)이라고 합니다. 모델이 출력한 판단 결과를 더 자세히 이해하거나 근거에 대한 설명이 필요하다면 화이트박스 모델로 문제를 풀어야 합니다. 사회 문제를 다루거나 편향을 피하려는 경우에는 화이트박스 모델의 투명성이 필수입니다. 예를 들어, 정부나 보험 업계의 요구조건에는 화이트박스 모델이 포함되는 경우가 많습니다.

- 결정 트리 분류 모델은 이산적인(discrete) 문제 공간에서 정보를 추출하기 위해 고안됐습니다. 즉, 결정 트리 알고리즘은 카테고리형 변수가 많은 문제에 잘 동작합니다.

약점

다음은 결정 트리 분류 모델의 약점입니다.

- 결정 트리 분류 알고리즘이 생성하는 트리가 너무 깊어지면, 생성된 규칙들이 지나치게 상세해지면서 모델이 과적합되기 쉽습니다. 결정 트리를 사용할 때는 과적합의 위험을 항상 경계해야 합니다. 이를 방지하기 위해 트리의 브랜치를 솎아내야 합니다.
- 결정 트리가 만들어내는 규칙들은 비선형성을 표현하지 못합니다.

활용 사례

결정 트리 분류 알고리즘을 적용하는 사례를 알아봅시다.

기록 분류

다음 사례처럼 데이터 포인트들을 분류하는 데 결정 트리를 사용합니다.

- **모기지(Mortage) 서류 심사**: 지원자의 파산 가능성을 판단하는 이진 분류 모델을 훈련합니다.
- **고객 세분화**: 매출 규모 카테고리별로 마케팅 전략을 수립할 수 있도록 고객 분류 모델을 훈련합니다.
- **의료 진단**: 종양이 양성인지 음성인지 판단하는 분류 모델을 훈련합니다.
- **치료 효과 분석**: 환자가 특정 치료에 양성 반응을 보일지 예측하는 분류 모델을 훈련합니다.

특성 선별

결정 트리 분류 알고리즘은 전체 특성 중 일부를 사용하여 규칙을 생성합니다. 이러한 성질을 이용하면 특성 개수가 많을 때 결정 트리를 이용해 유용한 특성들을 선별할 수 있습니다. 그리고 이를 이용해 다른 머신러닝 모델을 학습합니다.

7.2.5 앙상블 알고리즘

머신러닝에서 앙상블이란 여러 파라미터로 복수의 모델을 만든 후 이를 조합한 모델을 생성하는 것을 뜻합니다. 효과적인 앙상블 모델을 만들기 위해서는 모델을 조합하는 방식을 이해해야 합니다. 몇 가지 앙상블 알고리즘을 알아봅시다.

XGBoost 알고리즘으로 그레이디언트 부스팅 구현하기

2014년에 공개된 XGBoost 알고리즘은 그레이디언트 부스팅 방식을 사용하며, 가장 인기 있는 앙상블 알고리즘입니다. 이 알고리즘은 서로 연결된 트리 집단을 생성하고 경사하강법을 사용하여 잔여 오차(residual error)를 최소화합니다. 이러한 특징 때문에 XGBoost 알고리즘은 아파치 스파크 등 분산 처리 인프라나 구글 클라우드 플랫폼, **아마존 웹 서비스**(AWS) 등 클라우드 컴퓨팅 환경과 궁합이 잘 맞습니다.

XGBoost 알고리즘으로 그레이디언트 부스팅을 구현하는 방법을 살펴봅시다.

1. XGBClassifier 분류 모델의 인스턴스를 생성하고 훈련 데이터로 모델을 훈련합니다.

▼ myxgboost.ipynb

[in :]

```
from xgboost import XGBClassifier
classifier = XGBClassifier()
classifier.fit(X_train, y_train)
```

[out:]

```
XGBClassifier(base_score=0.5, booster='gbtree', colsample_bylevel=1,
              colsample_bynode=1, colsample_bytree=1, gamma=0,
              learning_rate=0.1, max_delta_step=0, max_depth=3,
              min_child_weight=1, missing=None, n_estimators=100, n_jobs=1,
              nthread=None, objective='binary:logistic', random_state=0,
              reg_alpha=0, reg_lambda=1, scale_pos_weight=1, seed=None,
              silent=None, subsample=1, verbosity=1)
```

2. 테스트 데이터로 예측을 수행합니다.

[in :]

```
y_pred = classifier.predict(X_test)
cm = metrics.confusion_matrix(y_test, y_pred)
cm
```

혼동 행렬은 다음과 같습니다.

[out:]

```
array([[64,  4],
       [ 3, 29]])
```

3. 여러 척도를 이용해 모델의 성능을 정량화합니다.

```
[in :]
```

```
accuracy= metrics.accuracy_score(y_test, y_pred)
recall = metrics.recall_score(y_test, y_pred)
precision = metrics.precision_score(y_test, y_pred)
print(accuracy, recall, precision)
```

결과는 다음과 같습니다.

```
[out:]
```

```
0.93 0.90625 0.8787878787878788
```

다음은 랜덤 포레스트 알고리즘입니다.

랜덤 포레스트 알고리즘 사용하기

랜덤 포레스트 알고리즘은 여러 결정 트리를 묶어 편향과 분산을 낮추는 앙상블 기법입니다.

랜덤 포레스트 모델 훈련하기

이 알고리즘은 전체 훈련 데이터 중 샘플 N개로 구성된 하위 훈련 데이터를 m개 생성합니다. 이 하위 훈련 데이터는 입력 데이터의 행과 열을 무작위로 샘플링하여 만듭니다. 이를 이용해 랜덤 포레스트 알고리즘은 독립된 결정 트리 m개를 훈련합니다. 이 분류 트리들을 C_1, C_2, ⋯, C_m으로 지칭하겠습니다.

랜덤 포레스트 모델로 예측하기

훈련된 트리들은 각자 라벨을 예측합니다. 랜덤 포레스트 알고리즘은 개별 예측 결과를 모아서 최종 예측 결과를 출력합니다.

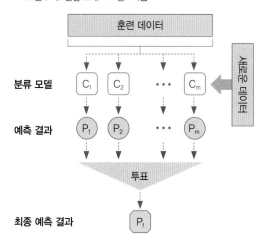

▼ 그림 7-5 랜덤 포레스트 알고리즘

이 그림에서 보다시피 결정 트리 m개를 훈련했습니다. 결정 트리 모델들은 {C_1, ..., C_m}입니다. 각 트리가 생성한 예측 결과도 다음과 같이 세트로 표기할 수 있습니다.

$$개별\ 예측\ 결과 = P = \{P_1, ..., P_m\}$$

최종 예측 결과는 P_f로 표기합니다. 이는 가장 많이 득표한 개별 예측 결과입니다. mode 함수를 이용하면 발생 빈도가 가장 많은 예측 결과를 추출할 수 있습니다(mode는 가장 많이 반복된 수를 의미합니다). 개별 예측 결과와 최종 예측 결과는 다음과 같이 연결되어 있습니다.

$$P_f = mode(P)$$

랜덤 포레스트 모델과 다른 앙상블 부스팅 기법의 차이점

랜덤 포레스트 알고리즘으로 생성된 개별 트리들은 서로 독립적입니다. 각 트리들은 다른 트리들의 세부 사항을 알지 못합니다. 이는 앙상블 부스팅 기법과 구별되는 랜덤 포레스트 알고리즘의 특징입니다.

문제에 랜덤 포레스트 알고리즘 적용하기

랜덤 포레스트 모델의 인스턴스를 생성하고 훈련 데이터로 모델을 학습합니다.

이때 두 가지 중요한 하이퍼 파라미터가 있습니다.

- n_estimators
- max_depth

n_estimators 하이퍼 파라미터는 개별 결정 트리를 몇 개나 생성할지 정하고, max_depth 하이퍼 파라미터는 개별 결정 트리의 최대 깊이를 정합니다.

제한이 없는 결정 트리는 훈련 데이터셋에 있는 모든 사례를 정확히 분류할 때까지 분할을 반복합니다. 이때 max_depth를 설정함으로써 분할 횟수를 제한할 수 있습니다. 이 하이퍼 파라미터는 모델의 복잡도를 조절하여 모델이 훈련 데이터에 적합한지 결정합니다. n_estimators는 랜덤 포레스트 모델의 너비를, max_depth는 모델의 깊이를 결정합니다.

▼ myrandomforest.ipynb

[in :]

```
from sklearn.ensemble import RandomForestClassifier
classifier = RandomForestClassifier(n_estimators = 10, max_depth = 4,criterion =
'entropy', random_state = 0)
classifier.fit(X_train, y_train)
```

[out:]

```
RandomForestClassifier(bootstrap=True, class_weight=None, criterion='entropy',
                       max_depth=4, max_features='auto', max_leaf_nodes=None,
                       min_impurity_decrease=0.0, min_impurity_split=None,
                       min_samples_leaf=1, min_samples_split=2,
                       min_weight_fraction_leaf=0.0, n_estimators=10,
                       n_jobs=None, oob_score=False, random_state=0, verbose=0,
                       warm_start=False)
```

랜덤 포레스트 모델 훈련이 끝났습니다. 이제는 예측을 할 차례입니다.

[in :]

```
y_pred = classifier.predict(X_test)
cm = metrics.confusion_matrix(y_test, y_pred)
cm
```

다음과 같은 혼동 행렬이 출력됐습니다.

[out:]

```
array([[64,  4],
       [ 3, 29]])
```

여러 척도를 이용해 모델의 성능을 평가합니다.

```
accuracy= metrics.accuracy_score(y_test, y_pred)
recall = metrics.recall_score(y_test, y_pred)
precision = metrics.precision_score(y_test, y_pred)
print(accuracy, recall, precision)
```

결과는 다음과 같습니다.

[out:]

```
0.93 0.90625 0.8787878787878788
```

다음은 로지스틱 회귀입니다.

7.2.6 로지스틱 회귀 알고리즘

로지스틱 회귀는 이진 분류에 사용하는 분류 알고리즘입니다. 이 알고리즘은 로지스틱 함수를 이용해 입력 변수와 타깃 변수 간 상호작용을 표현합니다. 로지스틱 회귀는 이진 타깃 변수를 모델링하는 단순한 알고리즘입니다.

가정 이해하기

로지스틱 회귀 알고리즘은 다음과 같은 가정을 사용합니다.

- 훈련 데이터셋에는 결측치(missing value)가 없습니다.
- 라벨은 이진 카테고리형 변수입니다.
- 라벨은 순서형(ordinal)입니다. 즉, 순서에 의미가 부여된 카테고리형 변수입니다.
- 모든 특성 또는 입력 변수는 서로 독립적입니다.

관계 형성하기

로지스틱 회귀는 다음과 같이 예측값을 계산합니다.

$$\hat{y} = \sigma(wX + j)$$

$z = wX + j$로 가정하고 로지스틱 함수에 전달합니다.

$$\sigma(z) = \frac{1}{1 + e^{-z}}$$

이 함수를 플롯에 표현하면 다음과 같습니다.

▼ 그림 7-6 로지스틱 함수

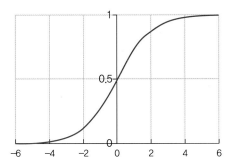

z가 커지면 $\sigma(z)$는 1에 가까워집니다. 반대로, z가 작아져 매우 큰 음수가 되면 $\sigma(z)$는 0이 됩니다. 로지스틱 회귀의 목표는 적절한 w와 j값을 찾는 것입니다.

> 주의 ≡   로지스틱 회귀는 로지스틱(logistic) 또는 시그모이드(sigmoid)라 부르는 함수를 사용하는 데서 따온 이름입니다.

손실 함수와 비용 함수

손실(loss) 함수는 훈련 데이터셋에 있는 특정 사례의 오차를 정량화하는 방법을 정의합니다. 비용(cost) 함수는 전체 훈련 데이터셋의 오차를 최소화하는 방법을 정의합니다. 즉, 손실 함수는 훈련 데이터셋의 개별 사례에 적용하는 것이며, 비용 함수는 실젯값과 예측값 사이의 전반적인 오차를 정량화하는 전체 비용을 구할 때 사용합니다. 비용은 w와 j에 의해 결정됩니다.

로지스틱 회귀에 사용하는 손실 함수는 다음과 같습니다.

$$Loss(\hat{y}^{(i)}, y^{(i)}) = -\left(y^{(i)} \log \hat{y}^{(i)} + (1 - y^{(i)}) \log(1 - \hat{y}^{(i)})\right)$$

$y^{(i)} = 1$이면 $Loss(\hat{y}^{(i)}, y^{(i)}) = -\log \hat{y}^{(i)}$입니다. 손실을 최소화하려면 $\hat{y}^{(i)}$값이 커져야 합니다. $\hat{y}^{(i)}$는 시그모이드 함수를 쓰기 때문에 그 최댓값은 1입니다.

반대로, $y^{(i)} = 0$이면 $Loss(\hat{y}^{(i)}, y^{(i)}) = -log(1 - \hat{y}^{(i)})$입니다. 손실을 최소화하려면 $\hat{y}^{(i)}$값이 최대한 작아져야 하며, 그 최솟값은 0입니다.

그리고 로지스틱 회귀의 비용 함수는 다음과 같습니다.

$$cost(w, b) = \frac{1}{b}\sum Loss(\hat{y}^{(i)}, y^{(i)})$$

로지스틱 회귀 적용 환경 이해하기

로지스틱 회귀는 훌륭한 이진 분류 알고리즘입니다. 그러나 데이터 양이 많아도 품질이 좋지 못한 경우에는 좋은 성능을 기대하기 어렵습니다. 로지스틱 회귀는 상대적으로 단순한 패턴만 파악할 수 있기 때문입니다. 로지스틱 회귀는 성능이 아주 뛰어나지는 않습니다만, 다른 모델을 위한 벤치마크 용도로 자주 사용합니다.

분류 문제에 로지스틱 회귀 적용하기

이 절에서는 로지스틱 회귀로 분류 문제를 풀어 보겠습니다.

1. 로지스틱 회귀 모델 인스턴스를 생성하고 훈련 데이터로 모델을 훈련합니다.

[in :]

```
from sklearn.linear_model import LogisticRegression
classifier = LogisticRegression(random_state = 0)
classifier.fit(X_train, y_train)
```

2. 훈련된 모델을 이용해 테스트 데이터의 라벨을 예측하고 혼동 행렬을 생성합니다.

[in :]

```
y_pred = classifier.predict(X_test)
cm = metrics.confusion_matrix(y_test, y_pred)
cm
```

이 코드를 실행하면 다음과 같은 혼동 행렬을 얻게 됩니다.

[out:]

```
Array([[65,  3],
       [ 6, 26]])
```

3. 여러 척도를 이용해 모델을 평가합니다.

[in :]

```
accuracy= metrics.accuracy_score(y_test, y_pred)
recall = metrics.recall_score(y_test, y_pred)
precision = metrics.precision_score(y_test, y_pred)
print(accuracy, recall, precision)
```

4. 이 코드를 실행하면 다음과 같은 결과를 얻습니다.

[out:]

```
0.91 0.8125 0.896551724137931
```

다음은 SVM입니다.

7.2.7 서포트 벡터 머신 알고리즘

서포트 벡터 머신(Support Vector Machine, SVM)은 두 클래스 간의 마진(margin)을 최대화하는 최적의 초평면(hyperplane)을 찾는 분류 모델입니다. 따라서 SVM의 최적화 목표는 마진을 최대화하는 것입니다. 마진이란 클래스 사이의 결정 경계를 의미하는 초평면과, **서포트 벡터**(support vector)라는 초평면에 가장 가까운 훈련 샘플들 사이의 거리를 의미합니다. 두 개의 차원 X_1과 X_2로 간단한 사례를 들어 보겠습니다. 다음 그림처럼 O과 +를 분리하는 선을 긋고자 합니다.

▼ 그림 7-7 간단한 SVM 알고리즘 사례

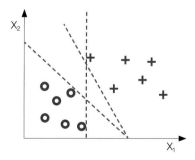

세 직선 모두 O과 +를 완벽하게 분리해냈습니다. 그러나 이들을 분리하는 최적의 직선은 단 하나여야 합니다. 각 클래스로부터의 거리가 같은 직선을 그으면 양쪽에 모두 여유가 생기는 최적의 직선이 만들어집니다.

▼ 그림 7-8 SVM 알고리즘

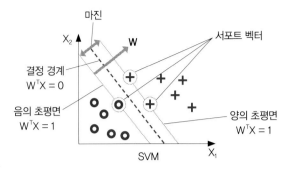

분류 문제에 SVM 적용하기

SVM으로 분류 문제를 풀어봅시다.

1. SVM 분류 모델 인스턴스를 생성하고 훈련 데이터로 모델을 훈련합니다. kernel 하이퍼 파라미터는 입력 데이터를 선형적으로 분리할 수 있게 만들기 위해 적용할 변형의 종류를 결정합니다.

▼ mysvm.ipynb

[in :]

```
from sklearn.svm import SVC
classifier = SVC(kernel = 'linear', random_state = 0)
classifier.fit(X_train, y_train)
```

2. 훈련이 끝나면 테스트 데이터로 예측을 수행하고 혼동 행렬을 계산합니다.

[in :]

```
y_pred = classifier.predict(X_test)
cm = metrics.confusion_matrix(y_test, y_pred)
cm
```

3. 혼동 행렬을 출력합니다.

[out:]

```
array([[66,  2],
       [ 9, 23]])
```

4. 여러 척도를 이용해 모델의 성능을 평가합니다.

[in :]

```
accuracy= metrics.accuracy_score(y_test, y_pred)
recall = metrics.recall_score(y_test, y_pred)
precision = metrics.precision_score(y_test, y_pred)
print(accuracy, recall, precision)
```

5. 결과는 다음과 같습니다.

[out:]

```
0.89 0.71875 0.92
```

7.2.8 나이브 베이즈 알고리즘

나이브 베이즈(naive bayes) 알고리즘은 확률론에 기반을 둔 단순한 알고리즘입니다. 하지만 적절히 사용하면 아주 정확한 예측 결과를 얻을 수 있습니다. 다음과 같은 특징 때문에 나이브 베이즈라는 이름이 붙었습니다.

- 입력 특성들이 서로 독립적이라는 나이브한 가정을 사용합니다.

- 베이즈 정리(bayes theorem)를 사용합니다.

나이브 베이즈 알고리즘은 입력 특성들이 완전히 독립적이라는 가정을 사용하며, 특성/인스턴스의 확률을 이용해 인스턴스를 분류합니다.

사건은 크게 세 가지 종류로 나누어 볼 수 있습니다.

- **독립적(independent) 사건**: 다른 사건의 확률에 영향을 미치지 않습니다. 예를 들어, 여러분이 테크 콘퍼런스에서 무료 초대장을 받는 사건과 회사에서 구조 조정을 단행하는 사건은 아무런 관련이 없습니다.

- **의존적(dependent) 사건**: 다른 사건의 확률에 영향을 미칩니다. 즉, 이 사건들은 서로 어떤 방식으로든 연결되어 있습니다. 예를 들어, 콘퍼런스에 제시간에 도착할 확률은 비행기 승무원들의 파업이나 기체 결함에 영향을 받을 수 있습니다.

- **상호 배타적(mutually exclusive) 사건**: 동시에 일어날 수 없습니다. 예를 들어, 주사위 하나를 굴려 3과 6이 동시에 나올 확률은 0입니다. 이 두 사건은 상호 배타적입니다.

베이즈 정리 이해하기

베이즈 정리는 두 독립 사건 A와 B의 조건부 확률을 계산하는 데 사용합니다. A와 B의 발생 확률이 각각 $P(A)$, $P(B)$이고, A가 발생했을 때 B가 발생할 조건부 확률은 $P(B|A)$입니다. 베이즈 정리를 이용하면 다음과 같이 $P(A|B)$를 계산할 수 있습니다.

$$P(A|B) = \frac{P(B|A)P(A)}{P(B)}$$

확률 계산하기

나이브 베이즈는 기본적 확률론에 따라 작동합니다. 단일 사건이 발생할 확률(관측 확률)은 해당 사건의 발생 빈도를 해당 사건으로 이어질 가능성이 있는 프로세스의 전체 개수로 나누어 구합니다. 하루에 100통가량 전화를 받는 콜센터를 예로 들어 보겠습니다. 과거 50일 동안의 기록으로 전화 1통당 평균 처리 시간이 3분 이내일 확률을 알아내고자 합니다. 만약 콜센터의 평균 처리 시간이 50일 중 27일 동안 3분 이내였다면, 관측 확률은 다음과 같습니다.

$$P(\text{하루 평균 3분 내에 전화를 처리할 확률}) = (27/50) = 0.54(54\%)$$

과거 50일 동안의 기록을 통해 하루 평균 전화 처리 시간이 3분 이내일 확률은 절반입니다.

AND 사건과 곱셈 법칙

두 개 이상의 사건이 동시에 일어날 확률을 구하기 위해서는 각 사건이 서로 독립적인지 파악해야 합니다. 이들이 독립적이라면, 간단한 곱셈 법칙으로 각 사건이 동시에 발생할 확률을 구할 수 있습니다.

$$P(\text{사건 1 } AND \text{ 사건 2}) = P(\text{사건 1}) * P(\text{사건 2})$$

예를 들어, 테크 콘퍼런스에서 무료 초대장을 받는 사건과 회사에서 구조 조정을 단행하는 사건이 서로에게 영향을 미치지 않으므로(독립적이므로) 곱셈 법칙으로 동시에 발생할 확률을 구할 수 있습니다.

테크 콘퍼런스에서 무료 초대장을 받을 확률이 31%이고, 회사에서 구조 조정을 단행하는 확률이 82%라면, 두 사건이 모두 발생할 확률은 다음과 같습니다.

$P(\text{무료 초대장} AND \text{ 구조 조정}) = P(\text{무료 초대장}) * P(\text{구조 조정}) = (0.31) * (0.82) = 0.2542 \ (25\%)$

일반적인 곱셈 법칙

만약 두 개 이상의 사건들이 독립적이 아니라면 일반적인 곱셈 법칙을 사용해야 합니다. 이 공식은 독립적 사건과 의존적 사건 모두에 사용할 수 있습니다.

$$P(사건\ 1\ AND\ 사건\ 2) = P(사건\ 1) * P(사건\ 2\ |\ 사건\ 1)$$

$P(사건\ 2\ |\ 사건\ 1)$은 사건 1이 이미 일어났을 때 사건 2가 발생할 조건부 확률입니다. 이 공식에는 두 사건이 형성하는 의존 관계가 반영되어 있습니다. 두 사건이 독립적이라면 서로 영향을 미치지 않기 때문에 조건부 확률은 의미가 없어집니다. 즉 $P(사건\ 2\ |\ 사건\ 1)$은 $P(사건\ 2)$나 마찬가지입니다. 즉 더 단순한 곱셈 법칙이 되어버리는 셈입니다.

OR 사건과 덧셈 법칙

상호 배타적인 두 사건 중 하나가 발생할 확률을 계산하려면 다음과 같이 덧셈 법칙을 사용합니다.

$$P(사건\ 1\ OR\ 사건\ 2) = P(사건\ 1) + P(사건\ 2)$$

주사위를 굴려서 6이나 3이 나올 확률은 얼마일까요? 답을 구하기 전에 두 사건이 동시에 발생할 수 없다는 점을 유념하세요. 주사위를 굴려 6이 나올 확률은 1/6이고 3이 나올 확률도 1/6입니다.

$$P(6\ OR\ 3) = (1/6) + (1/6) = 0.33\ (33\%)$$

두 사건이 상호 배타적이지 않고 동시에 발생할 수 있다면, 다음과 같은 일반적인 덧셈 법칙을 사용해야 합니다. 이를 사용하면 상호 배타적인 경우와 비상호 배타적인 경우의 확률을 모두 구할 수 있습니다.

$$P(사건\ 1\ OR\ 사건\ 2) = P(사건\ 1) + P(사건\ 2) - P(사건\ 1\ AND\ 사건\ 2)$$

분류 문제에 나이브 베이즈 적용하기

나이브 베이즈 알고리즘으로 분류 문제를 풀어 봅시다.

1. GaussianNB( ) 함수로 모델을 훈련합니다.

▼ mynaivebayes.ipynb

[in :]

```
from sklearn.naive_bayes import GaussianNB
classifier = GaussianNB()
classifier.fit(X_train, y_train)
```

2. 훈련된 모델을 이용해 결과를 예측합니다. 테스트 데이터셋인 X_test의 라벨을 예측합니다.

[in :]

```
Predicting the Test set results
y_pred = classifier.predict(X_test)
cm = metrics.confusion_matrix(y_test, y_pred)
cm
```

3. 혼동 행렬을 출력합니다.

[out:]

```
array([[66,  2],
       [ 6, 26]])
```

4. 여러 척도를 이용해 모델의 성능을 평가합니다.

[in :]

```
accuracy= metrics.accuracy_score(y_test, y_pred)
recall = metrics.recall_score(y_test, y_pred)
precision = metrics.precision_score(y_test, y_pred)
print(accuracy, recall, precision)
```

5. 결과는 다음과 같습니다.

[out:]

```
0.92 0.8125 0.9285714285714286
```

7.2.9 분류 알고리즘 비교하기

지금까지 알아본 여러 알고리즘의 성능을 비교해 다음 표에 정리했습니다.

▼ 표 7-4 알고리즘별 성능

알고리즘	정확도	재현율	정밀도
결정 트리	0.94	0.93	0.88
XGBoost	0.93	0.9	0.87
랜덤 포레스트	0.93	0.9	0.87
로지스틱 회귀	0.91	0.81	0.89
SVM	0.89	0.71	0.92
나이브 베이즈	0.92	0.81	0.92

정확도와 재현율에서는 결정 트리가, 정밀도에서는 SVM과 나이브 베이즈가 가장 좋은 성능을 보였습니다.

7.3 회귀 알고리즘 이해하기

예측하려는 타깃 변수가 연속형이라면 지도 학습 모델은 회귀 알고리즘을 사용합니다. 알고리즘을 자세히 살펴보기 전에, 먼저 이를 적용할 수 있는 회귀 문제를 만들어 보겠습니다.

7.3.1 회귀 문제 소개

분류 알고리즘을 소개할 때와 마찬가지로, 먼저 회귀 알고리즘을 적용할 수 있는 문제를 설명하겠습니다. 이 장에서는 이 회귀 문제를 반복해서 사용합니다. 그리고 나서 이 문제에 여러 회귀 알고리즘을 적용할 것입니다. 동일한 문제에 여러 회귀 문제를 적용하면 다음과 같은 이점이 있습니다.

- 데이터 준비가 끝나면 이를 이용해 세 가지 회귀 알고리즘을 모두 사용할 수 있습니다.
- 문제를 푸는 데 사용한 세 가지 회귀 알고리즘의 성능을 비교할 수 있습니다.

회귀 문제 정의

차량의 연비를 예측하는 것은 매우 중요합니다. 연비가 좋은 차량은 유지비도 적게 들 뿐만 아니라 환경에도 좋습니다. 차량 엔진의 파워 등 여러 특성을 이용하면 연비를 추정할 수 있습니다. 우리가 다룰 회귀 문제는 차량의 여러 정보로 갤런당 마일(Miles Per Gallon, MPG)을 예측하는 것입니다.

회귀 모델을 훈련할 때 사용할 데이터셋을 살펴봅시다.

데이터셋 살펴보기

다음은 데이터셋(auto.csv)이 가진 특성입니다.

❤ 표 7-5 auto 데이터셋의 특성

특성	타입	설명
NAME	카테고리형	차량 식별자
CYLINDERS	연속형	실린더의 수(4~8)
DISPLACEMENT	연속형	엔진 변위(단위: 세제곱인치)
HORSEPOWER	연속형	엔진 마력
ACCELERATION	연속형	0부터 60mph까지 가속하는 데 걸리는 시간(단위: 초)

이 문제의 타깃 변수인 MPG는 연속형 변수입니다.

데이터 파이프라인을 이용한 특성 엔지니어링

이 회귀 문제에 사용할 수 있는 재사용 가능한 데이터 파이프라인을 만들어 보겠습니다. 앞에서 설명한 바와 같이, 데이터 파이프라인을 통해 데이터가 준비되면 이를 모든 회귀 알고리즘에 공통으로 사용합니다.

1. 데이터셋을 불러옵니다.

[in :]

```
dataset = pd.read_csv("auto.csv")
```

2. 데이터 일부를 출력하여 확인합니다.

[in :]

```
dataset.head(5)
```

데이터셋은 다음과 같이 구성되어 있습니다.

[out:]

	NAME	CYLINDERS	DISPLACEMENT	HORSEPOWER	WEIGHT	ACCELERATION	MPG
0	chevrolet chevelle malibu	8	307.0	130	3504	12.0	18.0
1	buick skylark 320	8	350.0	165	3693	11.5	15.0
2	plymouth satellite	8	318.0	150	3436	11.0	18.0
3	amc rebel sst	8	304.0	150	3433	12.0	16.0
4	ford torino	8	302.0	140	3449	10.5	17.0

3. 다음은 특성 선별 단계입니다. NAME은 차량 식별자이므로 데이터셋에서 제거합니다. 데이터 셋의 행을 식별할 때 사용하는 열은 모델 훈련과 관련이 없기 때문입니다.

[in :]

```
dataset = dataset.drop(columns=['NAME'])
```

4. 모든 입력 변수를 숫자로 변환하고 null 값을 0으로 채워 넣습니다.

[in :]

```
dataset=dataset.drop(columns=['NAME'])
dataset= dataset.apply(pd.to_numeric, errors='coerce')
dataset.fillna(0, inplace=True)
```

5. 데이터를 훈련 데이터와 테스트 데이터로 나눕니다.

[in :]

```
from sklearn.model_selection import train_test_split
X_train, X_test, y_train, y_test = train_test_split(X, y, test_size = 0.25,
random_state = 0)
```

이로써 다음과 같은 4개의 데이터가 생성됩니다.

- X_train: 훈련 데이터셋의 특성
- X_test: 테스트 데이터셋의 특성
- y_train: 훈련 데이터셋의 라벨
- y_test: 테스트 데이터셋의 라벨

데이터셋 준비가 끝났습니다. 이제 이를 이용해 세 가지 회귀 모델을 훈련하고 그 성능을 비교해 봅시다.

7.3.2 선형 회귀 알고리즘

모든 지도 학습 기법 중에서 가장 이해하기 쉬운 것은 선형 회귀 알고리즘입니다. 이 절에서는 먼저 단순한 선형 회귀를 살펴보고 그 개념을 다중 선형 회귀 알고리즘으로 확장하겠습니다.

단순한 선형 회귀 이해하기

가장 단순한 선형 회귀 모델은 단일 연속형 특성(독립 변수)과 단일 연속형 타깃 변수(종속 변수) 사이의 관계를 표현합니다. 특성(x축)의 변화량이 타깃 변수(y축)에 얼마나 영향을 미치는지 다음과 같이 간단한 회귀식으로 표현할 수 있습니다.

$$\hat{y} = (X)w + \alpha$$

이 공식의 주요 요소는 다음과 같습니다.

- y는 종속 변수입니다.
- X는 독립 변수입니다.
- w는 X가 증가할 때마다 y가 얼마나 증가하는지 결정하는 기울기입니다.
- α는 $X = 0$일 때 y의 값을 결정하는 인터셉트(y 절편)입니다.

단일 종속 변수와 단일 독립 변수의 관계인 사례를 몇 가지 들어 보겠습니다.

- 몸무게와 칼로리 소비량
- 주택 가격과 인근 지역 주택의 평균 평수
- 습도와 강수 확률

선형 회귀에서 입력(독립) 변수와 타깃(종속) 변수는 반드시 수치형(numeric)이어야 합니다. 이들이 형성하는 최상의 관계는 각 데이터 포인트와 직선 사이 수직 거리의 제곱 합을 최소화함으로써 구할 수 있습니다. 예측 변수와 타깃 변수가 형성하는 관계는 선형(linear)이라고 가정합니다. 예를 들어, 연구 개발 투자액을 늘리는 만큼 매출액이 증가한다고 보는 것입니다.

더 구체적인 사례를 살펴봅시다. 마케팅 지출액과 매출액 간 관계를 공식으로 표현해 볼까요? 이 두 변수는 서로 직접 연관되어 있습니다. 다음 2차원 플롯에서 마케팅 지출액과 매출액은 빨간색 다이아몬드로 표시되어 있습니다. 데이터 포인트들을 통과하는 검은색 직선을 그으면 두 변수 사이의 관계를 가장 잘 표현할 수 있습니다.

▼ 그림 7-9 선형적 관계를 갖는 두 변수

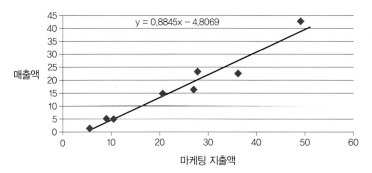

직선을 긋고 나면, 마케팅 지출액과 매출액 사이의 관계를 수학적으로 표현할 수 있습니다.

회귀 모델 평가하기

앞에서 그었던 직선은 종속 변수와 독립 변수 간의 관계를 근사한 것입니다. 최적의 직선도 실젯값에서 어느 정도 벗어나 있게 마련입니다.

▼ 그림 7-10 회귀 직선과 오차

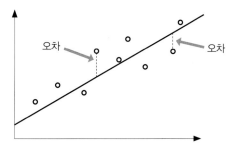

선형 회귀 모델의 성능을 정량화하는 전형적인 방법은 **평균 제곱근 오차**(Root Mean Square Error, RMSE)입니다. 이는 모델이 가진 오차의 표준 편차를 수학적으로 계산합니다. 훈련 데이터셋에 담긴 특정 사례의 손실 함수는 다음과 같습니다.

$$Loss(\hat{y}^{(i)}, y^{(i)}) = 1/2\,(\hat{y}^{(i)} - y^{(i)})^2$$

비용 함수는 훈련 데이터셋 전체의 손실을 최소화합니다.

$$\sqrt{\frac{1}{n} \sum_{i=1}^{n} (\hat{y}^{(i)} - y^i)^2}$$

RMSE는 어떻게 해석해야 할까요? 만약 제품의 가격을 예측하는 모델의 RMSE가 \$50라면, 이는 전체 예측의 68.2%가 실젯값의 \$50(α) 내에 분포한다는 의미입니다. 또한, 이는 전체 예측의 95%가 실젯값의 \$100(2α) 내에 분포하고, 마지막으로 99.7%의 예측값이 실젯값의 \$150 내에 분포한다는 의미입니다.

다중 회귀 이해하기

우리가 도전할 현실 세계의 문제들은 독립 변수가 두 개 이상인 경우가 대부분입니다. 다중 회귀(multiple regression)는 단순한 선형 회귀의 확장판입니다. 선형 회귀에 비해 다중 회귀는 늘어난 예측 변수에 따라 베타 계수를 더 많이 가지고 있습니다. 모델을 훈련하는 목표는 선형 회귀식의 오차를 최소화하는 베타 계수를 찾는 것입니다. 종속 변수와 다수의 독립 변수(특성) 간 관계를 수학적으로 표현해 봅시다.

단순 선형 회귀와 마찬가지로, 종속 변수 y는 사용하는 특성 x와 β 계수를 곱한 결과의 합과 인터셉트 항을 더한 것으로 정의합니다. i는 특성의 순번을 뜻합니다.

$$y = \alpha + \beta_1 x_1 + \beta_2 x_2 + \dots + \beta_i x_i + \varepsilon$$

여기서 ε은 오차를 의미합니다. 예측값에는 언제나 오차가 있기 마련입니다. β 계수는 각 특성이 y 값에 미치는 독립적인 영향력을 의미합니다. x_i의 단위가 1 증가할 때마다 y 값은 β_i만큼 증가합니다. 인터셉트 항(α)은 모든 독립 변수가 0일 때 y의 기댓값을 의미합니다.

이 공식에 있는 모든 변수는 벡터로 표현할 수 있습니다. 타깃과 예측 변수, 회귀 계수 β와 오차 ε도 모두 벡터입니다.

회귀 문제에 선형 회귀 알고리즘 적용하기

훈련 데이터로 선형 회귀 모델을 훈련해 봅시다.

1. 선형 회귀 패키지를 불러옵니다.

▼ myLinearRegression.ipynb

[in :]

```
from sklearn.linear_model import LinearRegression
```

2. 선형 회귀 모델 인스턴스를 생성하고 훈련 데이터로 모델을 훈련합니다.

[in :]

```
regressor = LinearRegression()
regressor.fit(X_train, y_train)
```

3. 테스트 데이터로 예측을 수행합니다.

[in :]

```
y_pred = regressor.predict(X_test)
from sklearn.metrics import mean_squared_error
from math import sqrt
sqrt(mean_squared_error(y_test, y_pred))
```

4. 이 코드를 실행하면 다음과 같은 결과를 얻습니다.

[out:]

```
4.36214129677179
```

이전 절에서 설명했던 것처럼, RMSE는 오차의 표준 편차입니다. 이는 곧 예측 결과의 68.2%가 타깃 변수의 값으로부터 ±4.36 이내에 분포한다는 의미입니다.

선형 회귀 활용 분야

다음과 같은 현실 세계의 문제에 선형 회귀 알고리즘을 적용할 수 있습니다.

- 매출 예측하기
- 최적의 제품 가격 예측하기
- 의약품 임상 평가, 엔지니어링 안전성 테스트처럼 원인과 결과 사이의 인과 관계를 정량화 하기
- 보험 청구 비용, 자연재해 피해액, 선거 결과, 범죄율 등 주어진 정보를 바탕으로 미래의 결과를 예측하기

선형 회귀의 약점

선형 회귀 알고리즘의 약점은 다음과 같습니다.

- 수치형 특성만 사용할 수 있습니다.

- 그러므로 카테고리형 데이터는 전처리를 거쳐야 합니다.

- 결측치를 유연하게 다루지 못합니다.

- 데이터에 대한 가정을 사용합니다.

7.3.3 회귀 트리 알고리즘

회귀 트리 알고리즘은 타깃 변수가 카테고리형이 아닌 연속형 변수라는 점만 제외하면 분류 트리 알고리즘과 비슷합니다.

회귀 문제에 회귀 트리 알고리즘 적용하기

이 절에서는 회귀 트리 알고리즘으로 회귀 문제를 풀어 보겠습니다.

1. 회귀 트리 모델을 훈련합니다.

▼ myRegressionTree.ipynb

[in :]

```
from sklearn.tree import DecisionTreeRegressor
regressor = DecisionTreeRegressor(max_depth=3)
regressor.fit(X_train, y_train)
```

[out:]

```
DecisionTreeRegressor(criterion='mse', max_depth=3, max_features=None,
                      max_leaf_nodes=None, min_impurity_decrease=0.0,
                      min_impurity_split=None, min_samples_leaf=1,
                      min_samples_split=2, min_weight_fraction_leaf=0.0,
                      presort=False, random_state=None, splitter='best')
```

2. 훈련된 회귀 트리 모델을 이용해 테스트 데이터에 대한 예측을 수행합니다.

[in :]

```
y_pred = regressor.predict(X_test)
```

3. RMSE로 모델의 성능을 정량화합니다.

```
from sklearn.metrics import mean_squared_error
from math import sqrt
sqrt(mean_squared_error(y_test, y_pred))
```

4. 결과는 다음과 같습니다.

[out:]

```
4.464255966462036
```

7.3.4 그레이디언트 부스팅 회귀 알고리즘

이번에는 그레이디언트 부스팅 회귀 알고리즘을 살펴봅시다. 이 알고리즘은 결정 트리 앙상블을 이용해 데이터에 숨겨진 패턴을 더 잘 표현할 수 있습니다.

회귀 문제에 그레이디언트 부스팅 회귀 알고리즘 적용하기

이 절에서는 그레이디언트 부스팅 회귀 알고리즘으로 회귀 문제를 풀어 보겠습니다.

1. 그레이디언트 부스팅 회귀 알고리즘으로 모델을 훈련합니다.

▼ myGradientBoostRegression.ipynb

[in :]

```
from sklearn import ensemble
params = {'n_estimators': 500, 'max_depth': 4, 'min_samples_split': 2,
          'learning_rate': 0.01, 'loss': 'ls'}
regressor = ensemble.GradientBoostingRegressor(**params)

regressor.fit(X_train, y_train)
```

[out:]

```
GradientBoostingRegressor(alpha=0.9, criterion='friedman_mse', init=None,
                          learning_rate=0.01, loss='ls', max_depth=4,
                          max_features=None, max_leaf_nodes=None,
                          min_impurity_decrease=0.0, min_impurity_split=None,
                          min_samples_leaf=1, min_samples_split=2,
                          min_weight_fraction_leaf=0.0, n_estimators=500,
```

```
                              n_iter_no_change=None, presort='auto',
                              random_state=None, subsample=1.0, tol=0.0001,
                              validation_fraction=0.1, verbose=0, warm_start=False)
```

2. 훈련이 끝나면 테스트 데이터로 예측을 수행합니다.

[in :]

```
y_pred = regressor.predict(X_test)
```

3. 마지막으로 RMSE를 이용해 모델의 성능을 평가합니다.

[in :]

```
from sklearn.metrics import mean_squared_error
from math import sqrt
sqrt(mean_squared_error(y_test, y_pred))
```

4. 결과는 다음과 같습니다.

[out:]

```
4.034836373089085
```

7.3.5 회귀 알고리즘 비교하기

지금까지 사용한 세 가지 회귀 알고리즘의 성능을 비교해 봅시다.

❤ 표 7-6 회귀 알고리즘의 성능 비교

알고리즘	RMSE
선형 회귀	4.36214129677179
회귀 트리	4.464255966462036
그레이디언트 부스팅 회귀	4.034836373089085

모든 회귀 알고리즘의 성능을 종합해 봤을 때 가장 낮은 RMSE를 기록한 그레이디언트 부스팅 회귀가 성능이 가장 좋습니다. 그 다음으로 성능이 좋은 모델은 선형 회귀입니다. 회귀 트리는 이 문제에서 가장 안 좋은 성능을 기록했습니다.

7.4 / 활용 사례 – 날씨 예측하기

이 장에서 공부한 내용을 활용하여 날씨를 예측해 봅시다. 어떤 도시에서 1년 동안 모은 데이터로 내일 비가 올지 예측하는 문제를 풀어 봅시다.

모델을 훈련할 때 필요한 데이터는 weather.csv라는 CSV 파일에 들어 있습니다.

1. pandas 데이터프레임으로 데이터를 불러옵니다.

▼ myweather.ipynb

[in :]

```
import numpy as np
import pandas as pd
df = pd.read_csv("weather.csv")
```

2. 데이터프레임의 열을 살펴봅시다. 열은 총 23개입니다.

[in :]

```
df.columns
```

[out:]

```
Index(['Date', 'MinTemp', 'MaxTemp', 'Rainfall', 'Evaporation', 'Sunshine',
       'WindGustDir', 'WindGustSpeed', 'WindDir9am', 'WindDir3pm',
       'WindSpeed9am', 'WindSpeed3pm', 'Humidity9am', 'Humidity3pm',
       'Pressure9am', 'Pressure3pm', 'Cloud9am', 'Cloud3pm', 'Temp9am',
       'Temp3pm', 'RainToday', 'RISK_MM', 'RainTomorrow'],
      dtype='object')
```

3. 데이터프레임의 첫 12개 열을 일부만 출력합니다.

[in :]

```
df.iloc[:, 0:12].head()
```

	Date	MinTemp	MaxTemp	Rainfall	Evaporation	Sunshine	WindGustDir	WindGustSpeed	WindDir9am	WindDir3pm	WindSpeed9am	WindSpeed3pm
0	2007-11-01	8.0	24.3	0.0	3.4	6.3	7	30.0	12	7	6.0	20
1	2007-11-02	14.0	26.9	3.6	4.4	9.7	1	39.0	0	13	4.0	17
2	2007-11-03	13.7	23.4	3.6	5.8	3.3	7	85.0	3	5	6.0	6
3	2007-11-04	13.3	15.5	39.8	7.2	9.1	7	54.0	14	13	30.0	24
4	2007-11-05	7.6	16.1	2.8	5.6	10.6	10	50.0	10	2	20.0	28

4. 나머지 11개 열을 확인합니다.

5. 입력 특성을 변수 x에 할당합니다. Date 열은 날씨 예측에 영향을 주는 변수가 아니므로 특성 목록에서 제거합니다. 또한, RainTomorrow 라벨도 예측에 사용하지 않으므로 제외합니다.

[in :]

```
x = df.drop(['Date', 'RainTomorrow'], axis=1)
```

6. 라벨을 변수 y에 할당합니다.

[in :]

```
y = df['RainTomorrow']
```

7. train_test_split으로 데이터를 나눕니다.

[in :]

```
from sklearn.model_selection import train_test_split
train_x , train_y ,test_x , test_y = train_test_split(x, y, test_size = 0.2,
random_state = 2)
```

8. 예측하려는 라벨이 이진 변수이므로 분류 모델을 만들어야 합니다. 로지스틱 회귀 모델을 사용하는 것이 좋겠습니다. 먼저 로지스틱 회귀 모델 인스턴스를 생성합니다.

[in :]

```
model = LogisticRegression()
```

9. train_x와 train_y로 모델을 훈련합니다.

[in :]

```
model.fit(train_x, train_y)
```

10. 훈련이 끝나면 테스트 데이터로 예측을 수행합니다.

[in :]

```
predict = model.predict(test_x)
```

11. 테스트 리벨을 이용해 모델의 정확도를 측정합니다.

[in :]

```
predict = model.predict(train_y)
from sklearn.metrics import accuracy_score
accuracy_score(predict, test_y)
```

[out:]

```
0.9696969696969697
```

이제 이 모델을 이용하면 내일 비가 내릴지 미리 알 수 있습니다.

7.5 / 요약

40 ALGORITHMS EVERY PROGRAMMER SHOULD KNOW

이 장에서 우리는 지도 학습 기법의 기본 개념을 배우고, 여러 분류 알고리즘도 자세히 알아봤습니다. 그 다음에는 다양한 회귀 알고리즘도 살펴봤으며, 학습이 끝난 모델의 성능을 평가하는 다양한 방법도 배웠습니다.

다음 장에서는 뉴럴 네트워크와 딥러닝 알고리즘을 공부할 차례입니다. 뉴럴 네트워크를 훈련하는 기법과 더불어, 평가와 배포에 사용하는 도구와 프레임워크에 대해서도 알아보겠습니다.

memo

8^장

뉴럴 네트워크 알고리즘

오늘날 가장 중요한 머신러닝 기법으로 인정받고 있는 것은 **뉴럴 네트워크**(Artificial Neural Network, ANN)입니다. 풀어야 할 문제는 복잡해지고 학습에 사용할 데이터는 폭증하며, 이를 처리할 수 있는 값싼 클러스터와 같은 기술이 개발되면서 뉴럴 네트워크의 인기는 나날이 늘고 있습니다. 빠르게 발전하고 있는 뉴럴 네트워크 분야는 로보틱스, 자연어 처리, 자율주행차와 같은 신기술의 기술적 토대이기도 합니다.

뉴럴 네트워크의 구조를 구성하는 기본 단위는 뉴런(neuron)입니다. 뉴럴 네트워크의 진정한 강점은 여러 층으로 된 구조를 이용해 다수의 뉴런이 가진 힘을 사용하는 데 있습니다. 이 구조 안에서 뉴런들은 서로 연결되어 있습니다. 뉴럴 네트워크에 입력한 신호는 뉴런들로 구성된 층을 통과하면서 여러 방법으로 처리됩니다. 이 장에서 더 자세히 살펴보겠지만, 뉴럴 네트워크의 은닉층은 추상화 역할을 수행하여 딥러닝을 가능하게 합니다. 딥러닝은 아마존 알렉사(Alexa), 구글 이미지 검색, 구글 포토와 같은 강력한 애플리케이션에서 널리 활용되는 기술입니다.

이 장에서는 먼저 뉴럴 네트워크의 기본 콘셉트와 컴포넌트를 소개하고, 여러 종류의 뉴럴 네트워크와 활성화 함수를 설명합니다. 그리고 나서 뉴럴 네트워크를 훈련하는 데 가장 널리 사용되는 역전파 알고리즘을 자세히 다루겠습니다. 또한, 모델을 손쉽게 학습할 수 있는 방법인 전이 학습을 살펴볼 것입니다. 마지막으로 딥러닝으로 가짜 문서를 탐지하는 사례를 간단히 소개하겠습니다.

다음은 이 장에서 다루는 주요 내용입니다.

- 뉴럴 네트워크
- 뉴럴 네트워크의 발전 흐름
- 뉴럴 네트워크 훈련
- 도구와 프레임워크
- 전이 학습
- 활용 사례 – 딥러닝을 이용한 부정 탐지

먼저 뉴럴 네트워크의 기본적인 내용을 알아봅시다.

8.1 뉴럴 네트워크 이해하기

뉴럴 네트워크의 개념은 1957년 프랭크 로젠블랫(Frank Rosenblatt)이 인간의 두뇌 속 뉴런에 영감을 받아 고안했습니다. 뉴럴 네트워크의 구조를 이해하려면 사람의 머릿속에 층층이 쌓여 있는 뉴런들의 구조를 먼저 살펴보는 것이 좋습니다.

우리 인간의 두뇌에 있는 **가지돌기**(dendrite)는 신호를 잡아내는 센서입니다. 가지돌기가 탐지한 신호는 **축삭**(axon)으로 넘어갑니다. 신경 세포에서 가늘고 길게 뻗어나온 부분인 축삭은 신호를 근육이나 땀샘, 또는 다른 뉴런에 전달합니다. 다음 그림에 표현된 것처럼, 신호는 **시냅스**(synapse)를 거쳐 다른 뉴런으로 전파됩니다. 신호는 유기적으로 연결된 파이프라인을 통해 목적지인 근육이나 땀샘에 도달하여 의도한 행동을 유발합니다. 뉴런의 연쇄 작용을 통해 신호가 최종 목적지로 전달되는 데 걸리는 시간은 약 7~8밀리초입니다.

▼ 그림 8-1 뉴런의 구조와 신호 전파 과정

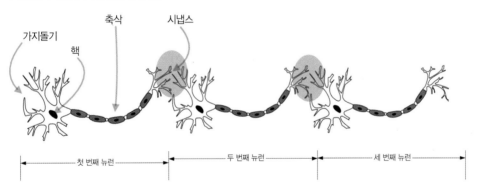

이러한 뉴런의 구조에서 영감을 받은 프랭크 로젠블랫은 디지털 신호를 여러 층으로 된 구조에서 처리하는 방법을 고안하여 복잡한 수학적 문제를 풀어 보려 했습니다. 그가 구현한 첫 뉴럴 네트워크는 아주 단순하여 선형 회귀 모델과 비슷해 보였습니다. 은닉층이 없는 이 간단한 뉴럴 네트워크에는 **퍼셉트론**(perceptron)이라는 이름이 붙었습니다.

▼ 그림 8-2 퍼셉트론

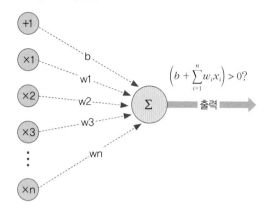

퍼셉트론을 수학적으로 표현해 볼까요? 입력 신호는 그림 8-2 왼쪽에 그려져 있습니다. 각 입력 신호에 해당되는 가중치를 곱한 후 모두 더합니다.

$$\left(b + \sum_{i=1}^{n} w_i x_i\right) > 0?$$

퍼셉트론은 가중합의 결과에 따라 참 또는 거짓을 출력하는 이진 분류기입니다. 탐색하려는 신호가 입력 데이터에서 발견되면 퍼셉트론은 참 신호를 발생시킵니다.

다음 절에서는 뉴럴 네트워크가 시대에 따라 어떻게 발전했는지 알아봅시다.

8.2 뉴럴 네트워크의 발전 살펴보기

이전 절에서는 퍼셉트론이라는 간단한 뉴럴 네트워크에 대해 알아봤습니다. 퍼셉트론은 성능이 제한적이었습니다. 1969년 마빈 민스키(Marvin Minsky)와 시모어 페퍼트(Seymour Papert)는 연구를 통해 퍼셉트론이 복잡한 로직을 학습할 수 없다는 사실을 밝혀냈습니다.

그들은 퍼셉트론이 XOR과 같은 단순한 로직 함수도 학습하기 어렵다는 것을 보여줬습니다. 이러한 발견은 머신러닝, 특히 뉴럴 네트워크에 대한 세간의 관심을 크게 떨어뜨렸고, **AI 겨울**(AI winter)이라 부르는 암흑기가 시작됐습니다. 당시 전 세계 연구자들은 AI가 복잡한 문제를 풀 수 없다고 생각하여 이를 진지한 주제로 생각하지 않았습니다.

AI 겨울이 불어닥친 주요 원인 중 하나는 하드웨어 성능의 한계였습니다. 이는 당시에는 해결할 수 없었습니다. 연산에 필요한 컴퓨팅 파워는 확보하기 어렵거나 지나치게 비쌌습니다. 1990년대에 접어들면서 분산 컴퓨팅 기술이 발전하고 인프라가 널리 보급되면서 AI 겨울의 빙하가 녹기 시작했습니다. 그리고 다시 AI 연구가 시작됐습니다. 이는 결과적으로 **AI 봄**(AI spring)이라 부르는 성장기로 이어졌습니다. 다시 AI와 뉴럴 네트워크에 세상의 관심이 모이기 시작했습니다.

연구자들은 더 복잡한 문제를 풀기 위해 **다층 퍼셉트론**(multilayer perceptron)을 개발했습니다. 다층 퍼셉트론은 다음 그림처럼 여러 층으로 구성된 뉴럴 네트워크입니다. 이를 구성하는 층들은 다음과 같습니다.

- 입력층(input layer)
- 은닉층(hidden layer)
- 출력층(output layer)

> 주의 ≡ 딥 뉴럴 네트워크(deep neural network)는 은닉층이 하나 이상인 뉴럴 네트워크를 의미하며 딥러닝은 뉴럴 네트워크를 훈련하는 프로세스입니다.

▼ 그림 8-3 다층 퍼셉트론

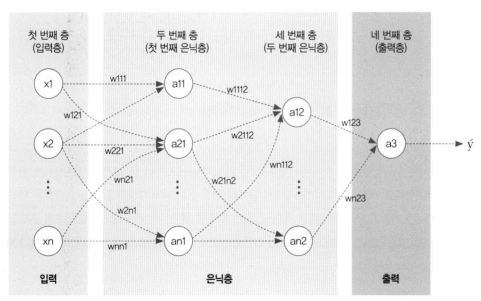

여기서 중요한 점은, 뉴런은 네트워크를 구성하는 기본 단위이며 한 층에 속한 뉴런들은 다음 층의 모든 뉴런들에 연결된다는 점입니다. 그래서 복잡한 네트워크에서는 뉴런 간 연결 횟수가 폭증합니다. 그러므로 성능을 크게 저하시키지 않으면서도 연결 횟수를 줄일 수 있는 방법을 알아볼 것입니다.

먼저, 우리가 풀려는 문제를 정의합니다. 입력 데이터는 n차원으로 된 특징 벡터 x입니다. 우리는 뉴럴 네트워크로 값을 예측하려 합니다. 이때 예측값은 $\hat{y}$이라 표현합니다.

어떤 문서가 주어졌을 때 그것이 가짜인지 판단하는 경우를 생각해 봅시다. 바꿔 말하면, 어떤 데이터 x가 주어졌을 때 $y = 1$일 확률을 알고 싶은 것입니다. 수식으로는 다음과 같이 표현합니다.

$$\hat{y} = P(y = 1 \mid x) : where; x \in \Re^{n_x}$$

x는 n_x차원 벡터입니다. 즉, 입력할 변수의 개수는 n_x입니다.

이 뉴럴 네트워크는 4개의 층을 가지고 있으며, 입력층과 출력층 사이에 있는 층들을 은닉층이라 부릅니다. 첫 은닉층에 담긴 뉴런의 개수는 $n_b^{[l]}$입니다. 입력 데이터는 층들을 통과하면서 가중치라 부르는 파라미터와 곱해집니다. 뉴럴 네트워크를 훈련하는 것은 적절한 가중치 값을 찾는 것과 같습니다.

그렇다면 뉴럴 네트워크는 어떻게 훈련할 수 있을까요?

8.3 뉴럴 네트워크 훈련하기

주어진 데이터셋으로 뉴럴 네트워크를 만드는 과정을 뉴럴 네트워크 훈련이라고 합니다. 전형적인 뉴럴 네트워크를 구성하는 요소에 대해서 알아봅시다. 뉴럴 네트워크를 훈련한다는 것은 연산을 통해 최적의 가중치 값을 구한다는 뜻으로, 훈련 데이터 샘플을 반복해서 사용함으로써 훈련합니다. 훈련 데이터 샘플은 입력값과 그에 맞는 출력값으로 구성되는데, 뉴럴 네트워크 훈련은 7장에서 알아본 전통적인 지도 학습의 훈련과는 조금 다르게 진행됩니다.

8.3.1 뉴럴 네트워크 구조

뉴럴 네트워크는 다음과 같은 요소로 구성됩니다.

- **층(layer)**: 층은 뉴럴 네트워크를 구성하는 핵심 요소입니다. 각 층은 필터로써 작용하는 데이터 처리 모듈입니다. 이는 하나 이상의 입력 데이터를 어떤 형태로 가공하여 하나 이상의 출력 데이터를 만들어냅니다. 데이터가 층 하나를 통과할 때마다 뉴럴 네트워크는 우리가 답하려는 궁극적인 질문과 연관된 패턴을 찾으려 노력합니다.

- **손실 함수(loss function)**: 손실 함수는 학습 프로세스에서 피드백 신호를 제공합니다. 손실 함수는 하나의 샘플이 정답에서 얼마나 멀어졌는지 알려 주는 역할을 수행합니다.

- **비용 함수(cost function)**: 비용 함수는 전체 샘플에 대한 손실 함수입니다.

- **옵티마이저(optimizer)**: 옵티마이저는 손실 함수에서 얻은 피드백 시그널을 어떻게 해석할지 결정합니다.

- **입력 데이터(input data)**: 입력 데이터는 뉴럴 네트워크를 훈련하는 데 쓰는 데이터입니다. 지도 학습에서 입력 데이터는 타깃 정보를 포함합니다.

- **가중치(weight)**: 뉴럴 네트워크를 훈련하면 가중치가 계산됩니다. 가중치는 각 입력 정보의 중요성과 어느 정도 맞닿아 있습니다. 예를 들어, 어떤 입력 정보가 다른 정보보다 더 중요하다면, 훈련이 끝났을 때 그 정보는 더 큰 가중치 값을 가지게 됩니다. 가중치가 정보에 곱해지기 때문에 해당 정보에 약한 신호가 들어오더라도 큰 가중치 덕분에 높은 영향력을 행사하게 됩니다. 그러므로 가중치는 각 입력 정보를 그 중요성에 맞게 조절하는 역할을 수행한다고 볼 수 있습니다.

- **활성화 함수(activation function)**: 입력 정보를 가중치와 곱하고 나면 집계할 차례입니다. 집계하는 방식과 이를 해석하는 것은 어떤 활성화 함수를 쓰느냐에 달렸습니다.

뉴럴 네트워크 훈련에서 아주 중요한 내용을 살펴봅시다.

뉴럴 네트워크를 훈련할 때 우리는 샘플을 하나씩 사용합니다. 각 입력 샘플에 대해서 아직 훈련이 덜 된 네트워크를 이용해 예측값을 출력합니다. 그리고 예측값과 정답 간 차이를 계산합니다. 샘플별로 구하는 이 차이를 **손실**이라 부릅니다. 개별 샘플의 손실을 모두 더한 것이 훈련 데이터의 **비용**입니다. 훈련을 진행하면서 우리는 가장 낮은 손실 값을 만들어내는 가중치 값을 탐색하고, 비용의 최솟점에 도달하면 모델 훈련을 종료합니다.

8.3.2 경사하강법

뉴럴 네트워크를 훈련하는 목적은 최적의 가중치 값을 찾는 것입니다. 처음에 가중치는 무작위 값이나 기본값으로 설정됩니다. 경사하강법과 같은 최적화 알고리즘으로 훈련을 진행하면 더 정확한 예측값을 만들어낼 수 있는 방향으로 가중치를 수정합니다.

경사하강법은 초기에 무작위로 설정된 가중치를 반복 수정하여 최적화합니다. 가중치는 비용을 최소화하는 방향으로 수정됩니다.

다음 그림은 경사하강법의 로직을 도식화한 것입니다.

▼ 그림 8-4 경사하강법

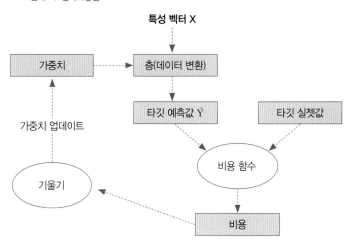

경사하강법의 입력은 특성 벡터 X입니다. 타깃 실젯값은 Y이며 예측값은 $\acute{Y}$입니다. 예측값이 실젯값으로부터 얼마나 멀리 떨어져 있는지 계산해야 하며, 비용이 최소화될 때까지 가중치를 계속 업데이트합니다.

얼마나 가중치를 업데이트할 것인지는 다음과 같은 두 가지 요소에 따릅니다.

- **방향**(direction): 손실 함수의 최저점에 도달하기 위해 어떤 방향으로 이동할 것인가?
- **학습률**(learning rate): 선택한 방향으로 얼마나 멀리 이동할 것인가?

가중치 업데이트 과정은 다음 그림과 같이 간략하게 표현할 수 있습니다.

현재
가중치
손실 최저점

현재
가중치
손실 최저점

현재
가중치
손실 최저점

현재
가중치
손실 최저점

그림에서처럼 경사하강법은 가중치를 조정하면서 손실이 최소화되는 지점을 찾습니다. 학습률과 방향은 그래프에서 다음에 탐색할 지점을 선택합니다.

> 주의 ≣ 적절한 학습률을 선택하는 것은 중요합니다. 학습률이 너무 작으면 수렴하는 데 시간이 너무 오래 걸릴 수 있습니다. 반대로, 학습률이 너무 크면 수렴하지 않을 수도 있습니다. 그림 8-5에서 현재 가중치를 표시하는 빨간색 점은 그래프 양쪽에 위치한 두 직선 사이에서 시계추처럼 움직입니다.

이번에는 기울기를 최소화하는 방법을 알아봅시다. 그림 8-5처럼 문제를 단순화하여 x와 y 두 가지 변수만을 고려하겠습니다. 기울기는 다음과 같이 계산합니다.

$$기울기 = \frac{\Delta y}{\Delta x}$$

다음과 같은 방법을 사용하여 기울기를 최소화할 수 있습니다.

[in :]

```
while(gradient!=0):
  if (gradient < 0); move right
  if (gradient > 0); move left
```

경사하강법은 뉴럴 네트워크의 최적 또는 최적에 가까운 가중치를 찾아내는 데 사용할 수도 있습니다.

경사하강법을 계산하려면 네트워크를 마지막 층부터 거슬러 올라갑니다. 마지막 층의 기울기를 먼저 계산하고, 그 다음 층을 처리합니다. 마지막 계산은 첫 번째 층에서 이루어집니다. **역전파**(backpropagation)라 불리는 이 방식은 1985년 힌턴(Hinton), 윌리엄스(Williams), 루멜하트(Rumelhart)가 개발했습니다.

다음 절에서는 활성화 함수에 대해 알아보겠습니다.

8.3.3 활성화 함수

활성화 함수는 뉴런에 전달된 입력 정보를 처리해 출력하는 방식을 정의합니다.

다음 그림처럼 뉴럴 네트워크에 있는 각 뉴런은 입력 정보를 처리하는 방식을 결정하는 활성화 함수를 가지고 있습니다.

❤ 그림 8-6 뉴럴 네트워크의 활성화 함수

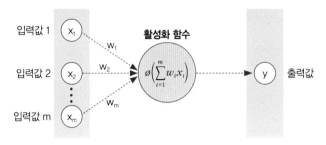

활성화 함수를 통해 생성된 결과는 출력값이 됩니다. 활성화 함수는 출력값을 생성하기 위해 입력 정보를 어떻게 해석해야 할지 설정합니다.

같은 입력값이라 하더라도 활성화 함수에 따라 결괏값이 달라집니다. 뉴럴 네트워크를 사용해 문제를 풀 때는 적절한 활성화 함수를 선택하는 것이 중요합니다.

지금부터 여러 활성화 함수에 대해 하나씩 알아보겠습니다.

임계 함수

가장 간단한 활성화 함수는 임계 함수(threshold function)입니다. 임계 함수의 출력은 이진, 즉 0 또는 1입니다. 예를 들어, 다음 그림에서 활성화 함수의 입력값이 0보다 크다면 임계 함수는 1을 출력합니다.

❤ 그림 8-7 임계 함수

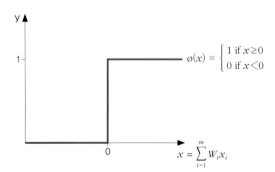

입력 정보의 가중합에 어떠한 신호라도 탐지되면 출력 y는 1이 됩니다. 이러한 특징은 임계 함수를 매우 민감하게 만듭니다. 측정 오류나 미지의 노이즈 때문에 입력에 아주 작은 신호라도 발생한다면 출력이 완전히 달라질 수 있습니다.

시그모이드 함수

앞에서 설명한 임계 함수의 단점을 보완한 것이 시그모이드 함수(sigmoid function)입니다. 시그모이드 함수를 통해 우리는 활성화 함수의 민감도(sensitivity)를 조절할 수 있습니다.

❤ 그림 8-8 시그모이드 함수

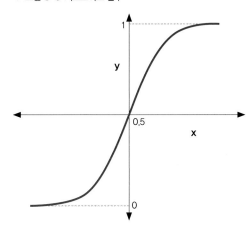

시그모이드 함수 y의 수식은 다음과 같습니다.

$$y = f(x) = \frac{1}{1 + e^{-x}}$$

파이썬으로는 다음과 같이 구현합니다.

[in :]

```
def sigmoidFunction(z):
    return 1 / (1 + np.exp(-z))
```

시그모이드 함수의 출력은 0과 1 사이의 실수입니다. 시그모이드 함수는 민감도가 낮기 때문에 입력 정보에 실수가 있다 하더라도 그로 인한 피해가 크지 않습니다.

ReLU 함수

앞에서 소개한 두 활성화 함수의 출력은 이진입니다. 즉, 이들은 어떤 입력 변수를 가공하여 0 또는 1의 이진 정보로 변환합니다. ReLU 함수는 입력 변수를 연속적인 단일 출력값으로 변환하는 활성화 함수입니다. 뉴럴 네트워크의 세계에서 가장 인기 있는 활성화 함수인 ReLU 함수는 보통 변수의 연속성을 유지하려는 은닉층에 사용됩니다.

▼ 그림 8-9 ReLU 함수

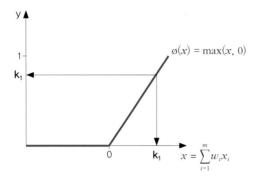

입력 정보 중 0보다 작은 값은 모두 0으로 변환됩니다. 반대로, 0보다 크거나 같다면 입력값을 그대로 출력으로 전달합니다.

$$y = f(x) = 0 \ (x < 0일 \ 때)$$
$$y = f(x) = x \ (x \geq 0일 \ 때)$$

파이썬으로는 다음과 같이 구현합니다.

[in :]

```
def ReLU(x):
    if x < 0:
        return 0
    else:
        return x
```

다음은 ReLU 함수에서 파생된 Leaky ReLU 함수에 대해 알아봅시다.

Leaky ReLU 함수

ReLU 함수는 음수인 x값을 0으로 처리합니다. 이는 처리 과정에서 정보가 소실된다는 것을 의미합니다. 그래서 훈련 초기에 학습이 더딘 단점이 있습니다. Leaky ReLU 함수는 이러한 ReLU 함수의 단점을 보완하는 활성화 함수입니다. Leaky ReLU 함수의 수식은 다음과 같습니다.

$$y = f(x) = \beta x \ (x < 0일 \ 때)$$
$$y = f(x) = x \ (x \geq 0일 \ 때)$$

β는 1보다 작은 값을 갖는 파라미터입니다. 그림으로 표현하면 다음과 같습니다.

❤ 그림 8-10 Leaky ReLU 함수

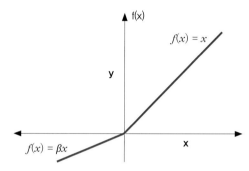

파이썬으로는 다음과 같이 구현합니다.

[in :]

```
def leakyReLU(x, beta=0.01):
    if x < 0:
        return (beta * x)
    else:
        return x
```

β값은 어떻게 정해야 할까요? 세 가지 방법이 있습니다.

- β값을 임의로 설정합니다.
- β값을 뉴럴 네트워크의 파라미터로 설정하여 훈련을 통해 적절한 값을 학습하도록 합니다. 이를 **파라메트릭 ReLU**(parameteric ReLU)라고 합니다.
- β값을 무작위로 설정합니다. 이를 **무작위 ReLU**(randomized ReLU)라고 합니다.

tanh 함수

tanh 함수는 시그모이드 함수와 비슷하지만, 신호를 음수로 출력할 수 있습니다. 다음 그림을 봅시다.

▼ 그림 8-11 tanh 함수

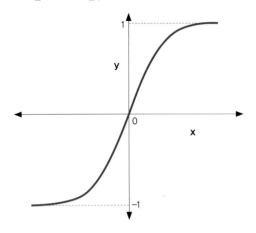

함수 y는 다음과 같습니다.

$$y = f(x) = \frac{1 - e^{-2x}}{1 + e^{-2x}}$$

파이썬으로는 다음과 같이 구현합니다.

[in :]

```
def tanh(x):
    numerator = 1 - np.exp(-2*x)
    denominator = 1 + np.exp(-2*x)
    return numerator / denominator
```

다음은 소프트맥스 함수입니다.

소프트맥스 함수

때로는 활성화 함수의 출력으로 0과 1보다 더 많은 경우의 수를 처리해야 할 때도 있습니다. 소프트맥스 함수(softmax function)는 다중 클래스 분류 문제에 적합합니다. 클래스가 n개인 분류 문제가 있다고 합시다. 소프트맥스 함수를 통과할 각 클래스별 입력값은 다음과 같습니다.

$$x = \{x^{(1)}, x^{(2)}, ..., x^{(n)}\}$$

소프트맥스 함수는 각 클래스별 예측 확률을 출력합니다. 클래스 s의 확률은 다음과 같이 계산합니다.

$$prob^{(s)} = f(x) = \frac{e^{x_s}}{\sum_{i=1}^{n} e^{x_i}}$$

> 주의 ≡ 이진 분류기에는 마지막 층의 활성화 함수로 시그모이드 함수를 사용하고, 다중 클래스 분류기에는 소프트맥스 함수를 사용합니다.

8.4 / 도구와 프레임워크 살펴보기

뉴럴 네트워크를 구현할 때 사용하는 프레임워크와 도구에 대해서 자세히 알아봅시다. 프레임워크마다 각자의 장단점이 있습니다. 이 장에서 다루는 케라스(Keras)는 텐서플로(TensorFlow)를 백엔드 엔진으로 사용합니다.

8.4.1 케라스

케라스는 손쉽게 뉴럴 네트워크를 만들 수 있어 인기가 아주 많은 파이썬 라이브러리입니다. 이 라이브러리는 기획 단계부터 쉽고 빠른 딥러닝 구현을 염두에 두었습니다. 따라서 케라스에서는 하이레벨(high-level) 블록만을 지원합니다.

케라스의 백엔드 엔진

텐서 차원의 조작을 수행하려면 케라스의 백엔드를 구성하는 로우레벨(low-level) 딥러닝 라이브러리가 필요합니다. 이 로우레벨 딥러닝 라이브러리를 **백엔드 엔진**(backend engine)이라고 합니다. 케라스에 사용할 수 있는 백엔드 엔진은 다음과 같습니다.

- 텐서플로(tensorflow.org): 가장 인기 있는 프레임워크로, 구글에서 만든 오픈 소스입니다.

- Theano(deeplearning.net/software/theano): 몬트리올 대학의 MILA 랩에서 제작했습니다.

- Microsoft Cognitive Toolkit(CNTK): 마이크로소프트에서 개발했습니다.

다음 그림은 모듈 형태로 구성된 딥러닝 기술 스택입니다.

▼ 그림 8-12 딥러닝 기술 스택

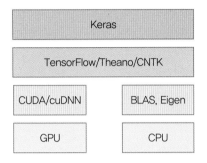

모듈 구조를 채택하고 있기 때문에 케라스의 백엔드 엔진을 바꾸더라도 코드를 다시 쓸 필요가 없습니다. 예를 들어, 어떤 문제를 푸는 데 Theano보다 텐서플로가 더 적합하다고 판단했다면, 학습 코드는 그대로 두고 백엔드만 텐서플로로 바꾸면 됩니다.

딥러닝 기술 스택의 로우레벨 레이어

앞에서 이야기한 세 가지 백엔드 엔진은 딥러닝 기술 스택의 로우레벨 레이어를 이용해 CPU와 GPU에서 모두 동작합니다. CPU에서는 Eigen이라 부르는 로우레벨 텐서 연산 라이브러리를 이용하고, GPU의 경우 텐서플로는 엔비디아의 cuDNN(CUDA Deep Neural Network) 라이브러리를 씁니다.

하이퍼 파라미터

6장 비지도 학습 알고리즘에서 소개한 것처럼, 하이퍼 파라미터는 학습 프로세스를 시작하기 전에 값을 선택하는 파라미터를 의미합니다. 그럼 값을 어떻게 지정해야 할까요? 먼저 상식적인 값을 시도해 보고 그 다음에 최적화합니다. 뉴럴 네트워크에서 중요한 하이퍼 파라미터는 다음과 같습니다.

- 활성화 함수
- 학습률
- 은닉층의 개수
- 각 은닉층의 뉴런 개수

케라스를 이용해 모델을 어떻게 정의하는지 살펴봅시다.

케라스 모델 정의하기

케라스에서는 다음과 같은 세 가지 단계로 모델을 훈련합니다.

1. 사용할 층(layer)들을 정의합니다. 케라스에서 모델을 만드는 방법은 두 가지입니다.

    - **순차형(sequential) API**
    - **함수형(functional) API**

    순차형 API로 층들이 순차적으로 이어진 모델을 만들 수 있습니다. 모델을 가장 쉽게 만들 수 있어 널리 쓰이는 방식입니다.

8
신경망 네트워크 알고리즘

    [in :]

    ```
    import tensorflow as tf
    from tensorflow.keras.models import Sequential
    from tensorflow.keras import Input
    from tensorflow.keras.layers import Flatten, Dense, Activation, Dropout
    from tensorflow.keras.datasets import mnist

    (x_train, y_train), (x_test, y_test) = mnist.load_data()

    model = Sequential([
        Flatten(input_shape=(128, 128)),
        Dense(128, activation='relu'),
        Dropout(0.2),
        Dense(10)
    ])
    ```

여기서는 세 개의 층을 만들었습니다. 첫 번째와 두 번째 층은 ReLU 활성화 함수를 사용하고 마지막 층은 소프트맥스 활성화 함수를 사용합니다.

함수형 API로는 비순환 그래프로 층을 연결하는 모델을 만들 수 있습니다. 함수형 API를 사용하면 더 복잡한 구조를 가진 모델을 만들 수 있습니다.

[in :]

```
inputs = Input(shape=(128, 128))
x = Flatten()(inputs)
x = Dense(128, activation='relu')(x)
x = Dropout(0.2)(x)
x = Dense(10)(x)
model = tf.keras.Model(inputs=inputs, outputs=x)
```

순차형 API와 함수형 API로 동일한 구조의 모델을 만들 수 있습니다. 둘 중 어느 방법을 쓰더라도 성능에는 차이가 없습니다.

2. 학습 프로세스를 정의합니다. 이 단계에서는 세 가지를 정의해야 합니다.

- 옵티마이저
- 손실 함수
- 모델의 성능을 정량적으로 측정할 수 있는 평가 척도

[in :]

```
optimizer = tf.keras.optimizers.Adam(0.001)
loss = tf.keras.losses.SparseCategoricalCrossentropy(from_logits=True)

model.compile(optimizer=optimizer, loss=loss, metrics=['accuracy'])
```

model.compile 함수를 통해 옵티마이저, 손실 함수, 평가 척도를 정의합니다.

3. 모델 정의가 끝났다면 이제는 훈련할 차례입니다.

[in :]

```
model.fit(x_train, y_train, batch_size=128, epochs=10)
```

배치 크기(batch_size)와 에포크(epochs)도 훈련하기 전에 설정해야 할 하이퍼 파라미터입니다.

4. 마지막으로 테스트 데이터를 사용해 모델의 정확도를 측정합니다. 두 번째 값이 테스트 데이터의 정확도입니다.

[in :]

```
model.evaluate(x_test, y_test, batch_size=128)
```

순차형 또는 함수형 모델 선택하기

순차형 모델은 간단한 층으로 된 뉴럴 네트워크 모델입니다. 구현하기도 쉽고 이해하기도 쉽습니다. 그러나 이 간단한 구조는 장점이자 주요 제약 조건이기도 합니다. 각 층은 단 하나의 입력과 출력 텐서에만 연결될 수 있습니다. 즉, 우리가 만들 모델 안에 있는 어떤 층이 2개 이상의 다른 층에 동시에 연결된다면 순차형 모델을 사용할 수 없습니다. 이 경우에는 함수형 모델을 써야만 합니다.

8.4.2 텐서플로 사용하기

텐서플로는 가장 인기 있는 뉴럴 네트워크 라이브러리입니다. 앞에서 텐서플로를 케라스의 백엔드 엔진으로 사용할 수 있다고 말했습니다. 이 텐서플로는 아주 강력한 성능을 자랑하는 오픈 소스 라이브러리로, 그 어떤 연산도 처리할 수 있습니다. 파이썬이나 C++와 같은 하이레벨 언어를 사용해서 작성한 텐서플로 코드는 텐서플로 분산 실행 엔진을 통해 실행됩니다.

텐서플로는 여러분이 수행하려는 연산을 **방향성 그래프**(Directed Graph, DG)로 표현합니다. 이 방향성 그래프는 연산 작업, 변수, 상수를 표현하는 노드로 구성되어 있습니다.

텐서플로의 기본 콘셉트

텐서플로의 콘셉트를 간단히 살펴봅시다. 전통적인 수학에서 **스칼라**(scalar)는 3이나 5 같은 간단한 숫자를 의미합니다. 물리학에서 **벡터**(vector)는 크기와 방향을 가진 무엇입니다. 텐서플로에서의 벡터는 1차원 배열을 뜻합니다. 이 개념을 확장해 보겠습니다. 2차원 배열은 **매트릭스**(matrix)입니다. 3차원 배열은 **3D 텐서**(tensor)라고 부릅니다. **랭크**(rank)는 자료 구조의 차원을 표현하는 용어입니다. 즉, 스칼라는 랭크 0, 벡터는 랭크 1, 매트릭스는 랭크 2 자료 구조가 됩니다. 이러한 다차원 구조를 텐서라고 부릅니다.

▼ 그림 8-13 랭크별 텐서

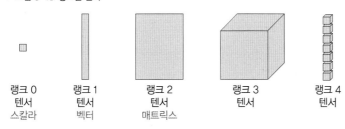

랭크 0	랭크 1	랭크 2	랭크 3	랭크 4
텐서	텐서	텐서	텐서	텐서
스칼라	벡터	매트릭스		

그림에서 보듯 랭크는 텐서의 차원을 나타냅니다.

이번에는 또 다른 파라미터인 크기(shape)를 살펴봅시다. 텐서의 크기는 각 차원에서 잰 배열의 길이를 담은 정수로 된 튜플입니다.

▼ 그림 8-14 텐서의 크기 예시

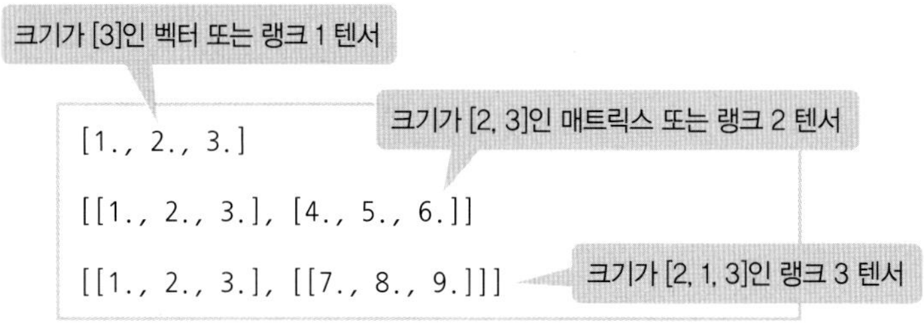

크기가 [3]인 벡터 또는 랭크 1 텐서

```
[1., 2., 3.]
```
크기가 [2, 3]인 매트릭스 또는 랭크 2 텐서
```
[[1., 2., 3.], [4., 5., 6.]]
```
크기가 [2, 1, 3]인 랭크 3 텐서
```
[[1., 2., 3.], [[7., 8., 9.]]]
```

shape와 랭크를 이용하면 텐서를 상세하게 표현할 수 있습니다.

텐서 연산 이해하기

텐서를 이용한 여러 수학적 연산에 대해 알아봅시다.

- 텐서플로를 이용해 두 스칼라를 더하고 곱해 봅시다.

  [in :]

  ```
  print("Define constant tensors")
  a = tf.constant(2)
  print("a = %i" % a)
  b = tf.constant(3)
  print("b = %i" % b)
  ```

  [out:]

  ```
  Define constant tensors
  a = 2
  b = 3
  ```

- 두 스칼라를 더하고 곱한 값을 출력합니다.

  [in :]

  ```
  print("Running operations, without tf.Session")
  c = a + b
  print("a + b = %i" % c)
  d = a * b
  print("a * b = %i" % d)
  ```

```
Running operations, without tf.Session
a + b = 5
a * b = 6
```

- 두 텐서를 더해 새로운 텐서를 만들 수 있습니다.

[in :]

```
c = a + b
print("a + b = %s" % c)
```

[out:]

```
a + b = Tensor("add:0", shape=(2, 2), dtype=float32)
```

- 또한, 복잡한 텐서 연산도 수행할 수 있습니다.

[in :]

```
d = tf.matmul(a, b)
print("a * b = %s" % d)
```

[out:]

```
a * b = Tensor("MatMul:0", shape=(2, 2), dtype=float32)
```

8.4.3 뉴럴 네트워크의 종류

뉴럴 네트워크는 사실 여러 방법으로 만들 수 있습니다. 층 하나에 있는 모든 뉴런이 그 다음 층에 있는 모든 뉴런들과 연결되어 있다면, 이를 밀집(dense) 또는 완전 연결(fully connected) 뉴럴 네트워크라고 합니다. 또 다른 형태의 뉴럴 네트워크에는 무엇이 있는지 알아봅시다.

컨볼루션 뉴럴 네트워크

컨볼루션 뉴럴 네트워크(CNN, Convolution Neural Network)(합성곱 신경망)는 보통 멀티미디어 데이터를 처리하는 데 사용합니다. CNN이 이미지 데이터를 어떻게 처리하는지 알아보려면 다음과 같은 두 가지 프로세스를 이해해야 합니다.

- 컨볼루션
- 풀링

하나씩 차근차근 알아볼까요?

컨볼루션

컨볼루션 프로세스는 **필터**(filter) 또는 **커널**(kernel)이라 부르는 작은 이미지를 이용해 대상 이미지에 담긴 특정한 패턴을 증폭시킵니다. 예를 들어, 이미지 안에서 사물의 경계를 찾아내려 한다면, 경계를 잡아내는 필터를 이미지에 적용하면 됩니다. 경계를 탐지해낼 수 있다면 더 나아가 사물을 인식하거나 분류하는 등 더 복잡한 문제를 풀 수 있습니다. 즉, 컨볼루션 프로세스는 이미지 안에서 특징과 특성을 찾아내는 것을 뜻합니다.

재사용할 수 있는(reusable) 패턴은 여러 다른 데이터에도 공통적으로 적용할 수 있습니다. 이를 필터 또는 커널이라고 합니다.

풀링

머신러닝에서 멀티미디어를 처리하는 또 다른 프로세스는 다운샘플링입니다. 이는 다음과 같은 두 가지 장점이 있습니다.

- 다운샘플링은 문제의 전반적인 차원을 줄여서 모델을 학습하는 데 드는 시간을 단축시킵니다.
- 데이터를 집계(aggregate)하게 되면 불필요한 디테일이 추상화됩니다. 그로 인해 문제 자체를 더 일반화(generic)할 수 있습니다.

다음은 다운샘플링의 한 가지 사례입니다.

▼ 그림 8-15 다운샘플링 사례

입력 이미지에서 같은 색깔로 칠해진 블록을 보세요. 각 블록은 네 개의 픽셀 값을 가지고 있습니다. 이 중 가장 큰 픽셀값만을 골라 해당 블록을 대체합니다. 이 사례에서는 4배로 다운샘플링했습니다. 각 블록에서 최댓값을 선택했기 때문에 이를 **맥스 풀링**(max pooling)이라고 합니다. 최댓값이 아니라 평균값을 쓸 수도 있습니다. 그럴 땐 **에버리지 풀링**(average pooling)이라고 합니다.

리커런트 뉴럴 네트워크

리커런트 뉴럴 네트워크(Recurrent Neural Network, RNN)는 반복적인 구조를 가진 뉴럴 네트워크입니다. 그 구조 때문에 리커런트(recurrent, 순환)라는 이름이 붙었습니다. RNN은 메모리를 가지고 있습니다. 이 메모리를 이용해 RNN은 최근에 처리한 정보를 저장할 수 있습니다. 그 덕분에 문장에서 다음에 올 단어를 예측하는 등 문장 구조 분석에 널리 사용합니다.

적대적 생성 네트워크

적대적 생성 네트워크(Generative Adversarial Network, GAN)는 세상에 존재하지 않는 데이터를 만들어내는 뉴럴 네트워크의 한 종류입니다. GAN은 2014년 이안 굿펠로우(Ian Goodfellow)와 그 동료들이 개발했습니다. GAN을 이용하면 아무도 본 적 없는 새로운 사람들의 사진을 생성할 수 있습니다. 더 나아가 합성 데이터로 훈련에 사용할 데이터셋을 확충(augment)하는 데 GAN을 사용하기도 합니다.

다음 절에서는 전이 학습에 대해 알아보겠습니다.

8.5 전이 학습 이해하기

40 ALGORITHMS EVERY PROGRAMMER SHOULD KNOW

지난 몇 년 동안 수많은 기업, 연구 그룹, 오픈 소스 커뮤니티에서는 수많은 데이터를 이용해 복잡한 모델들을 만들어 왔습니다. 어떤 사람들은 수년의 시간을 들여서 모델을 최적화하는 데 엄청난 노력을 기울였습니다. 그 덕분에 우리는 매번 대량의 데이터를 모으고 모델을 처음부터 학습시키는 대신에 이미 학습된 모델들을 이용해 다음과 같은 다양한 문제에 도전할 수 있습니다. 이를 **전이 학습**(transfer learning)이라고 합니다.

- 동영상에서 사물 인식하기
- 이미지에서 사물 인식하기
- 오디오를 텍스트로 변환하기
- 텍스트의 감성 분석하기

새로운 머신러닝 모델을 학습할 때 스스로에게 물어보세요. 맨땅에 헤딩하는 대신, 이미 존재하는 모델로 우리가 가진 문제에 대한 답을 찾을 수 있을까? 그럴 수 있다면 다음과 같은 세 가지 장점을 기대할 수 있습니다.

- 모델 훈련에 드는 노력을 줄일 수 있습니다.
- 검증되고 안정적인 성능을 자랑하는 모델을 사용함으로써 전반적인 모델의 퀄리티가 더 개선될 가능성이 높아집니다.
- 데이터가 충분하지 않을 때 미리 학습된 모델을 이용하면 문제를 푸는 데 도움이 됩니다.

전이 학습을 유용하게 사용할 수 있는 두 가지 사례를 소개합니다.

- 스스로 움직이는 로봇을 훈련하려고 합니다. 먼저 시뮬레이션 게임을 통해서 뉴럴 네트워크를 학습합니다. 이때 시뮬레이션 게임에서는 실생활에서 자주 발생하지 않는 희귀한 이벤트를 만들어 로봇을 훈련시킬 수 있습니다. 그리고 시뮬레이션 환경에서 훈련한 모델을 이용해 현실 세계의 문제를 풀도록 훈련할 수 있습니다.
- 동영상에 나오는 매킨토시 노트북과 윈도우 노트북을 분류하는 모델을 훈련하고 싶습니다. 영상 속에 등장하는 다양한 사물을 정확하게 분류하는 오픈 소스 모델들은 이미 많이 있습니다. 이 모델들을 시작점으로 삼아 노트북을 식별하도록 할 수 있습니다. 이후에는 식별된 노트북이 매킨토시인지 윈도우인지 구별하도록 추가로 훈련하면 됩니다.

다음 절에서는 이 장에서 소개한 여러 개념을 적용해서 가짜 문서를 탐지하는 뉴럴 네트워크를 만들겠습니다.

8.6 활용 사례 – 딥러닝으로 부정 탐지하기

머신러닝을 이용한 **부정 탐지**(fraud detection)는 도전 가치가 높고 활발하게 연구되고 있는 분야입니다. 연구자들은 뉴럴 네트워크의 강력한 패턴 인식 능력을 부정 탐지 분야에 활용하고자 합니다. 분류에 사용하는 특성을 연구자가 일일이 만드는 대신, 여러 딥러닝 모델들로 원본 픽셀값을 바로 처리할 수 있습니다.

8.6.1 방법론

이 절에서 사용하는 뉴럴 네트워크 구조는 **샴 뉴럴 네트워크**(Siamese neural network)라고 합니다. 샴 뉴럴 네트워크는 동일한 구조와 파라미터를 공유하는 두 개의 브랜치를 가지고 있습니다. 샴 뉴럴 네트워크를 이용한 부정 탐지 구조는 아래 그림과 같습니다.

▼ 그림 8-16 샴 뉴럴 네트워크를 이용한 부정 탐지 구조

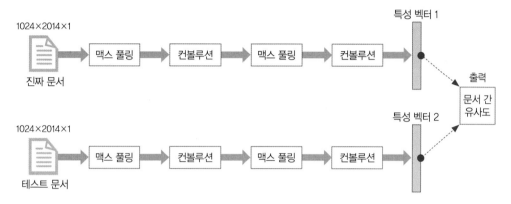

어떤 문서의 진위 여부를 판단할 때, 우리는 먼저 그 문서의 레이아웃과 형태를 기준으로 분류한 다음, 원본 템플릿과 패턴을 비교합니다. 대상 문서의 변형 정도가 적당한 기준을 넘기는 경우에는 위조된 문서로 판단합니다. 판단이 아주 정확해야 하는 경우에는 알고리즘이 진위를 명확히 가리지 못하는 경우에 대해 사람이 수동으로 검증하는 과정을 추가할 수 있습니다.

템플릿에 문서를 어떻게 비교할 수 있을까요? 샴 뉴럴 네트워크 안에 담긴 두 개의 동일한 CNN을 사용하면 됩니다. CNN은 위치에 관계없이(shift-invariant) 국소적인 특징을 찾아낼 수 있기 때문에, 입력 이미지의 기하학적 변형에 견고하다는 장점이 있습니다. 이 문제를 풀기 위해서는 진짜 문서와 가짜 문서를 동일한 네트워크에서 처리해서 얻은 두 결과를 서로 비교하면 됩니다. 구현 단계는 다음과 같습니다.

어떤 문서를 검사하려고 할 때 문서의 종류별로 다음과 같은 절차를 수행합니다.

1. 원본 문서 이미지를 준비합니다. 이를 **진짜 문서**(true document)라고 합시다. 테스트할 문서가 진짜라면 이 진짜 문서와 비슷하게 보여야 할 것입니다.

2. 뉴럴 네트워크에 진짜 문서를 입력하면, 이 문서가 가진 특징이 수학적으로 표현된 특성 벡터(feature vector)가 출력됩니다. 이를 **특성 벡터** 1이라고 하겠습니다.

3. 검사할 문서를 **테스트 문서**(test document)라고 합니다. 이 문서를 뉴럴 네트워크에 입력해서 특성 벡터를 만듭니다. 이를 **특성 벡터 2**라고 합니다.

4. 특성 벡터 1과 특성 벡터 2 간 유사도 점수를 유클리드 거리를 이용해 구합니다. 이 유사도 점수를 **유사도 측정값**(Measure Of Similarity, MOS)이라고 합니다. 이 MOS는 0과 1 사이의 값입니다. 값이 클수록 거리는 작아지며 두 문서가 비슷할 확률이 올라갑니다.

5. 만약 뉴럴 네트워크로 계산한 유사도 점수가 미리 정한 적당한 기준값보다 작다면, 우리는 테스트 문서를 가짜라고 판정합니다.

파이썬을 이용해 샴 뉴럴 네트워크를 구현해 봅시다.

1. 먼저 필요한 파이썬 패키지를 임포트합니다.

[in :]

```
import random
import numpy as np
import tensorflow as tf
```

2. 샴 뉴럴 네트워크의 브랜치를 담당할 뉴럴 네트워크를 정의합니다.

[in :]

```
def createTemplate():
    return tf.keras.models.Sequential([tf.keras.layers.Flatten(),
        tf.keras.layers.Dense(128, activation='relu'),
        tf.keras.layers.Dropout(0.15),
        tf.keras.layers.Dense(128, activation='relu'),
        tf.keras.layers.Dropout(0.15),
        tf.keras.layers.Dense(64, activation='relu'),
        ])
```

과대적합을 막기 위해서 드롭아웃(0.15) 층을 추가했습니다.

3. 예시를 위해 MNIST 이미지를 사용하겠습니다. MNIST 이미지는 우리의 접근 방식의 효용성을 검증하는 데 적합합니다. 학습에 사용할 데이터 포인트는 두 개의 이미지와 이진 플래그로 구성됩니다. 이 플래그는 두 이미지가 같은 클래스인지 나타냅니다. 다음은 데이터를 준비하는 함수인 prepareData입니다.

```
[in :]

def prepareData(inputs: np.ndarray, labels: np.ndarray):
    classesNumbers = 10
    digitalIdx = [np.where(labels == i)[0] for i in range(classesNumbers)]
    pairs = list()
    labels = list()
    n = min([len(digitalIdx[d]) for d in range(classesNumbers)]) - 1
    for d in range(classesNumbers):
        for i in range(n):
            z1, z2 = digitalIdx[d][i], digitalIdx[d][i + 1]
            pairs += [[inputs[z1], inputs[z2]]]
            inc = random.randrange(1, classesNumbers)
            dn = (d + inc) % classesNumbers
            z1, z2 = digitalIdx[d][i], digitalIdx[dn][i]
            pairs += [[inputs[z1], inputs[z2]]]
            labels += [1, 0]
    return np.array(pairs), np.array(labels, dtype=np.float32)
```

prepareData() 함수는 MNIST 데이터가 가진 모든 숫자 이미지 클래스마다 동일한 개수의 데이터 포인트를 준비합니다.

4. 훈련과 테스트에 사용할 데이터셋을 준비합니다.

```
[in :]

(x_train, y_train), (x_test, y_test) = tf.keras.datasets.mnist.load_data()
x_train = x_train.astype(np.float32)
x_test = x_test.astype(np.float32)
x_train /= 255
x_test /= 255
input_shape = x_train.shape[1:]
train_pairs, tr_labels = prepareData(x_train, y_train)
test_pairs, test_labels = prepareData(x_test, y_test)
```

5. 샴 뉴럴 네트워크 시스템을 구성하는 두 브랜치를 만듭니다.

```
[in :]

input_a = tf.keras.layers.Input(shape=input_shape)
enconder1 = base_network(input_a)
input_b = tf.keras.layers.Input(shape=input_shape)
enconder2 = base_network(input_b)
```

6. 비교하려는 두 문서 간 유사도(MOS)를 구현합니다.

[in :]

```
distance = tf.keras.layers.Lambda(lambda embeddings: tf.keras.backend.
abs(embeddings[0] - embeddings[1])) ([enconder1, enconder2])
measureOfSimilarity = tf.keras.layers.Dense(1, activation='sigmoid') (distance)
```

자, 이제 모델을 훈련할 차례입니다. 10에포크 동안 모델을 훈련하겠습니다.

[in :]

```
model = tf.keras.models.Model([input_a, input_b], measureOfSimilarity)
model.compile(loss='binary_crossentropy',optimizer=tf.keras.optimizers.
Adam(),metrics=['accuracy'])

model.fit([train_pairs[:, 0], train_pairs[:, 1]], tr_labels,
batch_size=128,epochs=10,validation_data=([test_pairs[:, 0], test_pairs[:, 1]], test_
labels))
```

[out:]

```
Epoch 1/10
847/847 [==============================] - 6s 7ms/step - loss: 0.3459 - accuracy:
0.8500 - val_loss: 0.2652 - val_accuracy: 0.9105
Epoch 2/10
847/847 [==============================] - 6s 7ms/step - loss: 0.1773 - accuracy:
0.9337 - val_loss: 0.1685 - val_accuracy: 0.9508
Epoch 3/10
847/847 [==============================] - 6s 7ms/step - loss: 0.1215 - accuracy:
0.9563 - val_loss: 0.1301 - val_accuracy: 0.9610
Epoch 4/10
847/847 [==============================] - 6s 7ms/step - loss: 0.0956 - accuracy:
0.9665 - val_loss: 0.1087 - val_accuracy: 0.9685
Epoch 5/10
847/847 [==============================] - 6s 7ms/step - loss: 0.0790 - accuracy:
0.9724 - val_loss: 0.1104 - val_accuracy: 0.9669
Epoch 6/10
847/847 [==============================] - 6s 7ms/step - loss: 0.0649 - accuracy:
0.9770 - val_loss: 0.0949 - val_accuracy: 0.9715
Epoch 7/10
847/847 [==============================] - 6s 7ms/step - loss: 0.0568 - accuracy:
0.9803 - val_loss: 0.0895 - val_accuracy: 0.9722
Epoch 8/10
```

```
847/847 [==============================] - 6s 7ms/step - loss: 0.0513 - accuracy:
0.9823 - val_loss: 0.0807 - val_accuracy: 0.9770
Epoch 9/10
847/847 [==============================] - 6s 7ms/step - loss: 0.0439 - accuracy:
0.9847 - val_loss: 0.0916 - val_accuracy: 0.9737
Epoch 10/10
847/847 [==============================] - 6s 7ms/step - loss: 0.0417 - accuracy:
0.9853 - val_loss: 0.0835 - val_accuracy: 0.9749
```

10에포크 동안 훈련을 수행하면 약 97.49%의 정확도를 얻을 수 있습니다. 훈련 에포크를 더 늘리면 정확도를 더욱 높일 수도 있습니다.

8.7 / 요약

이 장에서는 뉴럴 네트워크를 공부하면서 뉴럴 네트워크의 기본 개념과 발전 과정을 알아봤습니다. 뉴럴 네트워크의 여러 종류와 구성 요소들, 그리고 뉴럴 네트워크를 학습하는 데 사용하는 경사하강법을 살펴봤습니다. 또한, 여러 종류의 활성화 함수와 그 활용 방법을 다루고, 전이 학습의 개념도 살펴봤습니다. 마지막으로 검사 대상 문서가 조작된 것인지 판단하는 머신러닝 모델을 학습하는 사례를 공부했습니다.

다음 장에서는 뉴럴 네트워크를 이용한 자연어 처리에 대해 공부할 것입니다. 또한, 웹 임베딩의 개념과 자연어 처리에 사용하는 리커런트 뉴럴 네트워크를 더 알아보겠습니다. 마지막으로 감성 분석을 구현하는 방법에 대해서도 다루겠습니다.

memo

9^장

자연어 처리 알고리즘

이 장에서는 **자연어 처리**(Natural Language Processing, NLP) 알고리즘을 다룹니다. 먼저 NLP의 개념과 기본 알고리즘을 공부합니다. 그리고 텍스트 데이터를 처리하는 솔루션을 설계하고 구현하는데 널리 사용하는 뉴럴 네트워크를 살펴보겠습니다. 이어서 NLP의 한계를 알아본 뒤 NLP를 사용하여 영화 리뷰의 감성을 분류하는 머신러닝 모델을 만들어 보겠습니다.

이 장은 다음과 같은 내용으로 구성됩니다.

- NLP 소개
- 백오브워즈 기반 NLP
- 단어 임베딩 소개
- NLP에 RNN 사용
- NLP를 이용한 감성 분석
- 활용 사례 – 영화 리뷰 감성 분석

이 장이 끝나고 나면 여러분은 NLP에 사용하는 기본 기법을 이해할 수 있게 됩니다. 또한, NLP로 해결할 수 있는 흥미로운 현실 세계의 문제들에 대해서도 알게 될 것입니다.

NLP의 기본 개념부터 시작해 봅시다.

9.1 자연어 처리 살펴보기

자연어 처리(NLP)는 컴퓨터와 사람의 언어 간 상호작용을 표현하고 형식화하는 방법을 탐사합니다. NLP는 컴퓨터 언어 알고리즘과 인간–컴퓨터 상호작용 기술, 복잡한 비정형 데이터를 처리하는 방법 등 다양한 분야를 포괄적으로 다룹니다. 다음과 같은 문제에 NLP를 사용할 수 있습니다.

- **주제 식별**: 텍스트에 담긴 주제를 도출하고, 주제별로 문서를 분류합니다.
- **감성 분석**: 대상 텍스트에 담긴 감성이 긍정적인지 부정적인지 분류합니다.
- **기계 번역**: 특정 언어를 다른 언어로 번역합니다.
- **음성 인식**: 음성을 텍스트로 변환합니다.
- **주관적 해석**: 질문을 지능적으로 해석하고 가용한 정보를 바탕으로 답을 도출합니다.

- **개체명 인식**: 텍스트에서 사람 이름, 지명, 사물의 개체를 식별합니다.
- **가짜 뉴스 탐지**: 텍스트 내용을 바탕으로 가짜 뉴스 여부를 판단합니다.

9.1.1 자연어 처리 용어 이해하기

자연어 처리(NLP)는 포괄적인 주제입니다. NLP를 사용하는 분야에 따라 때로는 동일한 대상을 다른 용어로 지칭하기도 합니다. 이 절에서는 NLP와 관련한 기본 용어를 몇 가지 살펴보겠습니다. 먼저 알아볼 것은 입력 데이터를 처리하는 기본 NLP 기법 중 하나인 표준화입니다.

표준화

머신러닝 모델 성능을 개선하기 위해 입력 텍스트 데이터에 **표준화**(normalization)를 적용합니다. 표준화는 보통 다음과 같은 처리 단계를 포함합니다.

- 모든 텍스트를 대문자 또는 소문자로 변환하기
- 구두점(punctuation) 제거하기
- 숫자 제거하기

이와 같은 전처리 기법이 널리 사용되지만, 우리가 풀려는 문제에 따라서 전처리 단계가 달라질 수도 있습니다. 예를 들어, 텍스트에 담긴 숫자가 문제를 푸는 데 중요한 정보를 담고 있다면 표준화 단계에서 숫자를 제거하는 것은 현명하지 못한 선택일 수 있습니다.

코퍼스

우리가 풀려는 문제에 사용하는 문서의 집합을 **코퍼스**(corpus)라고 합니다. 코퍼스는 NLP 문제에 사용하는 입력 데이터입니다.

토큰화

NLP에서 첫 번째 작업은 텍스트를 토큰 리스트로 나누는 것입니다. 이 과정을 **토큰화**(tokenization)라고 합니다. 토큰화로 만들어지는 토큰의 단위는 문제의 목적에 따라 달라집니다. 토큰의 단위는 다음과 같습니다.

- 단어
- 단어 조합
- 문장
- 문단

개체명 인식

NLP를 활용한 사례에서는 전화번호, 우편번호, 이름, 지명, 국가 등 미리 정의된 범주에 속하는 특정한 단어나 숫자를 파악해야 할 때가 자주 있습니다. 이를 이용하면 구조가 없는 비정형 데이터에 구조를 제공할 수 있습니다. 이 프로세스를 **개체명 인식**(Named Entity Recognition, NER)이라고 합니다.

불용어

단어 수준의 토큰화를 거치면 텍스트에 사용된 단어의 리스트가 만들어집니다. 이 중 일부 단어는 거의 모든 문서에 등장할 정도로 흔해서 그 어떤 가치 있는 정보를 제공하지 못합니다. 이러한 단어들을 **불용어**(stopword)라고 합니다. 이 단어들은 보통 데이터 전처리 단계에서 제거합니다. 영어에서 불용어는 대표적으로 was, we, the가 있습니다.

감성 분석

감성 분석(sentiment analysis) 또는 오피니언 마이닝(opinion mining)은 텍스트로부터 긍정 또는 부정적인 감성을 추출하는 프로세스입니다.

어간 추출과 표제어 추출

텍스트 데이터에 담긴 단어는 대부분 뜻이 같아도 형태가 조금씩 다릅니다. 각 단어를 그 원형 또는 어간으로 변환하는 과정을 **어간 추출**(stemming)이라고 합니다. 어간 추출은 비슷한 의미를 가진 단어들을 묶음으로써 분석해야 할 단어의 개수를 줄입니다. 즉, 어간 추출은 문제의 복잡도를 감소시킵니다.

예를 들어, 어간 추출을 통해 {use, used, using, uses}를 모두 use로 바꿉니다. 영어에서 어간 추출에 가장 널리 쓰는 알고리즘은 포터(Porter) 알고리즘입니다.

어간 추출은 단어의 끝을 모조리 잘라내어 단어의 철자를 틀리게 만드는 결과를 가져오기도 합니다. 많은 경우에, 각 단어들은 문제 공간상의 식별자에 불과하므로 철자가 틀리다고 해도 문제가 되지 않습니다. 하지만 단어의 철자가 정확해야 하는 경우에는 어간 추출 대신 **표제어 추출**(lemmatization)을 쓰는 것이 좋습니다.

> 주의 ≡ 비슷한 단어를 묶는 것은 우리 두뇌에게는 자연스러운 행위입니다. 그러나 알고리즘에는 상식을 기대할 수 없습니다. 따라서 단어를 묶는 적절한 가이드라인을 알고리즘에 제공해야 합니다.

NLP를 구현하는 세 가지 방법은 다음과 같습니다.

- 백오브워즈 기반 NLP

- 전통적인 NLP 분류 모델

- 딥러닝을 이용한 NLP

9.1.2 자연어 처리 툴킷

자연어 처리 툴킷(Natural Language ToolKit, NLTK)은 파이썬 언어로 된 NLP 라이브러리로, 가장 오래된 도구이자 가장 널리 쓰이는 도구입니다. NLTK에서 제공하는 기본 도구를 이용하면 모든 도구를 처음부터 만들 필요 없이 NLP 프로세스를 빠르게 개발할 수 있습니다. 다음 절에서는 NLTK를 내려받고 그 안에 담긴 몇 가지 도구를 살펴보겠습니다.

9.2 백오브워즈 기반 자연어 처리 이해하기

백오브워즈(Bag-of-words, BoW) 기반 자연어 처리란 입력 텍스트를 토큰으로 된 가방으로 표현하는 것을 말합니다. BoW의 단점은 토큰화 과정에서 단어 간 선후 관계가 사라지기 때문에 때로는 단어가 가진 맥락을 잃어버릴 수도 있다는 것입니다. BoW 방식은 먼저 분석하려는 문서에 있는 각 단어의 중요도를 정량화합니다.

각 문서의 맥락에 근거하여 단어의 중요도를 정량화하는 세 가지 방법을 소개합니다.

- **이진(binary)**: 단어가 텍스트 내에 존재하면 1을, 아니라면 0을 값으로 하는 특성을 생성합니다.

- **횟수(count)**: 단어가 텍스트 내에 등장하는 빈도를 값으로 하는 특성을 생성합니다.

- **용어 빈도-역문서 빈도(Term Frequency-Inverse Document Frequency, TF-IDF)**: 특정 단어가 전체 문서 코퍼스 중 해당 문서에서 얼마나 중요한지에 대한 값을 표현합니다. 당연히 the, in와 같이 전반적으로 빈도가 높은 불용어들의 TF-IDF 점수는 낮습니다. 도메인에 특화된 용어와 같이 독특한 단어들의 TF-IDF 점수는 그보다 높게 형성됩니다.

BoW를 사용하면 텍스트에 담긴 단어들이 형성하는 순서 정보가 소실됩니다. 이로 인해 때로는 모델의 정확도가 낮아지기도 합니다.

구체적인 사례를 들어 보겠습니다. 레스토랑의 리뷰가 긍정적인지 부정적인지 분류하는 모델을 훈련하려고 합니다. 입력 데이터 파일에는 리뷰 텍스트와 긍정/부정을 나타내는 라벨이 기록되어 있습니다.

먼저 입력 데이터를 가공합시다. 처리 과정은 다음 그림과 같습니다.

▼ 그림 9-1 자연어 처리 과정

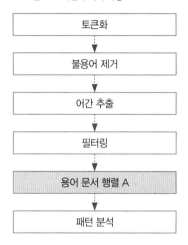

이 프로세싱 파이프라인을 단계별로 하나씩 구현해 봅시다.

1. 먼저 필요한 패키지를 불러옵니다.

[in :]

```
import numpy as np
import pandas as pd
```

2. CSV 파일에서 필요한 데이터셋을 불러옵니다.

[in :]

```
dataset = pd.read_csv('Restaurant_Reviews.tsv', delimiter = '\t', quoting = 3)
dataset.head()
```

	Review	Liked
0	Wow... Loved this place.	1
1	Crust is not good.	0
2	Not tasty and the texture was just nasty.	0
3	Stopped by during the late May bank holiday of...	1
4	The selection on the menu was great and so wer...	1

3. 데이터를 정제합니다.

[in :]

```
import re
import nltk
nltk.download('stopwords')
from nltk.corpus import stopwords
from nltk.stem.porter import PorterStemmer
corpus = []
for i in range(0, 1000):
    review = re.sub('[^a-zA-Z]', ' ', dataset['Review'][i])
    review = review.lower()
    review = review.split()
    ps = PorterStemmer()
    review = [ps.stem(word) for word in review if not word in
set(stopwords.words('english'))]
    review = ' '.join(review)
    corpus.append(review)
```

4. 특성(X)과 라벨(y)을 정의합니다.

[in :]

```
from sklearn.feature_extraction.text import CountVectorizer
cv = CountVectorizer(max_features = 1500)
X = cv.fit_transform(corpus).toarray()
y = dataset.iloc[:, 1].values
```

5. 데이터를 훈련 데이터와 테스트 데이터로 나눕니다.

[in :]

```
from sklearn.model_selection import train_test_split
X_train, X_test, y_train, y_test = train_test_split(X, y, test_size = 0.20,
random_state = 0)
```

6. 나이브 베이즈 알고리즘을 이용해 모델을 훈련합니다.

[in :]

```
from sklearn.naive_bayes import GaussianNB
classifier = GaussianNB()
classifier.fit(X_train, y_train)
```

7. 테스트 데이터에 대한 예측을 수행합니다.

[in :]

```
y_pred = classifier.predict(X_test)
```

8. 혼동 행렬은 다음과 같습니다.

[in :]

```
from sklearn.metrics import confusion_matrix
cm = confusion_matrix(y_test, y_pred)
cm
```

[out:]

```
[[55 42]
 [12 91]]
```

혼동 행렬을 통해 얼마나 오차가 큰지 판단할 수 있습니다.

9.3 단어 임베딩 살펴보기

이전 절에서는 입력 텍스트 데이터를 추상화하는 방법으로 BoW를 사용하여 NLP를 수행하는 방법을 알아봤습니다. NLP 분야에서의 기술 진보 중 하나는 단어를 밀집 벡터(dense vector)의 형태로 표현할 수 있게 된 것입니다. 이 기법을 **단어 임베딩**(word embedding)이라고 합니다. 이는 요슈아 벤지오(Yoshua Bengio)가 그의 논문, '신경망 확률적 언어 모델(A Neural Probabilistic Language Model)'에서 처음 소개한 개념입니다. NLP 문제에서 각 단어는 카테고리형 오브젝트로 취급할 수 있습니다. 단어 임베딩은 각 단어늘을 숫자로 된 리스트인 벡터로 표현합니다. 전통적인 방식은 희소 벡터를 사용하지만 단어 임베딩은 밀집 벡터를 사용하는 것이 특징입니다.

BoW를 사용한 NLP는 다음과 같은 두 가지 문제점이 있습니다.

- **의미론적 맥락의 손실**: 데이터를 토큰화할 때 맥락이 사라집니다. 동일한 단어라도 문장 내 위치에 따라 의미가 다를 수 있습니다. 이러한 특징은 유머나 풍자와 같은 복잡한 감성을 다룰 때 더 심화됩니다.

- **희소한 입력 정보**: 토큰화를 통해 각 단어는 특성이 됩니다. 코퍼스를 구성하는 단어의 종류가 많아질수록 문서를 표현하는 벡터는 대부분의 값이 0인 희소 데이터가 됩니다. 지나치게 희소한 데이터는 처리하는 데 컴퓨팅 공간과 시간 자원을 많이 소모합니다. 또한, 차원의 저주 때문에 모델 훈련이 제대로 되지 않을 위험이 존재합니다.

9.3.1 단어의 이웃

텍스트 데이터, 특히 개별 단어나 어휘를 알고리즘에 전달하는 방법은 언어학에서 중요 인사이트를 얻었습니다. 단어 임베딩에서 각 단어의 이웃 단어들을 이용해 단어의 의미와 중요도를 계산합니다. 여기서 말하는 이웃이란 해당 단어의 앞과 뒤에 위치한 단어 집합을 의미합니다. 어떤 단어의 맥락은 그를 둘러싼 주변 단어들에 의해 결정됩니다.

BoW는 단어가 가진 이웃 관계 정보를 제거하기 때문에 이웃을 이용한 맥락을 사용하지 못하게 됩니다.

9.3.2 단어 임베딩의 특징

좋은 단어 임베딩은 다음과 같은 네 가지 특징이 있습니다.

- **밀집**: 사실 단어 임베딩은 본질적으로 요인 모델입니다. 임베딩 벡터의 각 구성 요소는 해당 (잠재) 특성의 양(quantity)을 표현합니다. 우리는 특성이 무엇을 의미하는지 알지는 못합니다. 그러나 이를 통해 만들어지는 벡터는 희소 벡터처럼 다수의 0으로 구성되지는 않습니다.

- **저차원**: 임베딩의 차원은 하이퍼 파라미터로 훈련에 앞서 미리 결정됩니다. BoW 표현 방식에서는 각 단어별로 $|V|$ 입력이 필요합니다. 입력 데이터가 총 n개의 단어로 구성되어 있다면 입력의 전체 크기는 $|V| * n$이 됩니다. 단어 임베딩을 사용하면 입력 크기는 $d * n$이 됩니다. 여기서 d는 보통 50과 300 사이로 설정합니다. 보통 텍스트 코퍼스를 구성하는 단어의 수는 300개를 훨씬 넘어갑니다. 즉, 단어 임베딩을 사용하면 입력 사이즈를 크게 줄일 수 있으며, 이를 통해 더 적은 데이터 개수로도 좋은 성능을 얻을 수 있습니다.

- **도메인 정보 임베딩**: 가장 놀랍고도 유용한 특징입니다. 훈련이 성공적으로 끝나면 임베딩은 해당 도메인에 대한 의미를 이해하게 됩니다.

- **쉬운 일반화**: 마지막으로 웹 임베딩은 일반화된 추상적인 패턴을 습득할 수 있습니다. 예를 들어, 고양이, 사슴, 강아지 등의 임베딩을 이용해 훈련한다면 모델은 우리가 분석하려는 대상이 동물을 의미한다는 것을 이해할 것입니다. 훈련할 때 양이라는 정보를 사용한 적이 없어도 모델은 양을 잘 분류하게 됩니다. 이처럼 임베딩을 이용하면 정확한 답을 얻으리라 기대할 수 있습니다.

다음은 NLP에 RNN을 이용하는 방법을 살펴보겠습니다.

9.4 자연어 처리에 리커런트 뉴럴 네트워크 사용하기

리커런트 뉴럴 네트워크(RNN, Recurrent Neural Network)(순환 신경망)는 피드백 루프를 가진 전통적인 순전파 네트워크입니다. 간단히 말하면 RNN은 상태가 있는 뉴럴 네트워크입니다. RNN은 보통 시퀀스 데이터를 생성하거나 예측하는 데 사용합니다. RNN 모델을 훈련하는 것은 데이터의 시퀀스를 표현하는 것과 같습니다. 문장은 단어로 된 시퀀스이기 때문에 RNN을 사용하기에 적합합니다. NLP에 RNN을 사용하는 이유는 다음과 같습니다.

- 타이핑할 때 다음 단어가 무엇이 될지 예측하기
- 미리 쓰여진 문장의 스타일을 고려하여 다음 단어를 생성하기

▼ 그림 9-2 RNN 구조

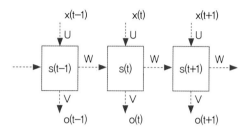

풀어서 표현한 리커런트 레이어

RNN은 코퍼스에 있는 단어를 이용해 학습을 진행합니다. 다음 단어를 생성하는 문제에서 RNN은 실제 다음 단어와 예측 단어 사이의 오차를 최소화하는 방향으로 훈련합니다.

9.5 자연어 처리를 이용해 감성 분석하기

이 절에서는 실시간으로 들어오는 트위터 스트림을 분석하는 사례를 소개합니다. 당면한 과제는 특정 주제에 관한 트윗의 감성을 추출하는 것입니다. 감성 분석은 트윗에 담긴 감성을 실시간으로 측정하고 이를 종합하여 선택한 주제에 관한 전반적인 감성을 파악합니다. 방대한 크기의 트위터 스트림을 효율적으로 실시간 처리하기 위해서 이 사례에서는 이미 훈련이 완료된 NLP 분류 모델을 사용합니다. 이 분류 모델은 트위터 스트림에서 전달받은 트윗의 감성을 긍정, 부정, 중립으로 분류합니다. 그리고 이를 종합하여 특정 주제에 대한 종합적인 감성을 결정짓습니다. 단계별로 자세히 알아보겠습니다.

먼저 분류 모델을 훈련해야 합니다. 모델을 훈련하려면 현재 실시간 데이터의 패턴과 트렌드를 따르는 과거 트위터 데이터셋을 확보해야 합니다. 이를 위해 www.sentiment140.com에서 1.6백만 트윗이 넘는 데이터셋을 내려받아 사용하겠습니다. 이 데이터셋은 사람들이 라벨을 직접 단 것

으로, 라벨에서 0은 부정, 2는 중립, 4는 긍정을 의미합니다. 이 데이터셋에는 라벨과 트윗 텍스트 외에도 트윗 식별자, 날짜, 플래그, 사용자명이 포함되어 있습니다.

이번에는 실시간으로 들어오는 트윗 텍스트가 훈련된 분류 모델에 이르기까지의 과정을 살펴보겠습니다.

1. 트윗을 먼저 토큰이라는 개별 단어로 쪼갭니다(토큰화).

2. 토큰화를 통한 결과는 BoW로, 텍스트에 담긴 개별 단어의 모음입니다.

3. 숫자, 구두점, 불용어를 제거합니다. 불용어는 is, am, are, the와 같이 매우 흔하게 쓰이는 단어들입니다. 이러한 불용어는 문제를 푸는 데 유용한 정보를 담고 있지 않으므로 제거합니다.

4. 패턴 매칭을 통해 #@와 같은 비알파벳 문자를 제거합니다. 이들 역시 감성 분석과는 관련이 없습니다. 정규 표현식을 이용해 알파벳 문자만 추출하고 나머지를 무시합니다. 이를 통해 트위터 스트림을 더 깔끔하게 만들 수 있습니다.

5. 이전 단계의 출력 결과에 어간 추출을 적용합니다. 이 단계를 통해 각 단어는 그 원형으로 변환됩니다. 예를 들어, fishing이나 fishes는 fish로 처리합니다. 이를 위해 포터 어간 추출 알고리즘을 제공하는 표준 NLP 라이브러리를 사용합니다.

6. 데이터 전처리가 끝나면 이를 **용어 문서 행렬**(Term Document Matrix, TDM)이라는 구조로 변환합니다. TDM은 각 문서 내 용어들의 빈도를 표현합니다.

7. TDM을 훈련된 모델에 입력하여 감성 점수를 추출합니다. 여기서는 모델 훈련에 대해 자세히 설명하지 않았습니다만, 모델 훈련에 앞서 라벨 점수를 −5와 +5처럼 0을 중심으로 한 범위로 조정하면 모델의 출력 결과를 더 직관적으로 이해할 수 있습니다. 결과가 양수이고 값이 클수록 강한 긍정으로 해석하는 것입니다. 개별 트윗의 감성 점수를 산출한 후 이를 주제별로 종합하면 주제별 감성을 파악할 수 있습니다. 예를 들어, 특정 브랜드의 전반적 감성 점수가 양수라면 트위터 사용자들이 전반적으로 해당 브랜드에 호의적인 반응을 보인다고 볼 수 있습니다.

주의 ≡ 자바 라이브러리인 Twitter4J로 실시간 트윗을 수집할 수 있습니다. 이 실시간 트위터 스트리밍 API를 이용하려면 트위터에 개발자 계정을 생성하고 인증하는 단계를 거쳐야 합니다. Twitter4J는 무작위로 트윗을 수집하거나 사용자가 입력한 키워드에 맞는 트윗만 선별할 수 있습니다.

감정 분석의 전반적인 과정은 다음 그림과 같습니다.

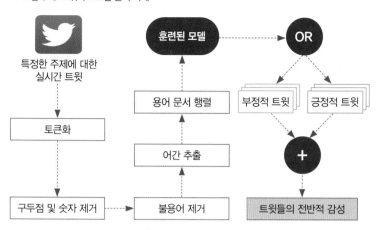

다양한 분야에 감성 분석을 활용할 수 있습니다. 고객들에게 받은 피드백을 분류하거나, 정부 정책에 대한 소셜 미디어 여론을 분석하여 정책의 효용성을 평가할 수도 있습니다. 또한, 여러 광고 캠페인의 효과를 정량적으로 측정하는 데도 사용할 수 있습니다.

다음 절에서는 감성 분석을 실제로 사용하여 영화 리뷰의 감성을 분류해 보겠습니다.

9.6 활용 사례 – 영화 리뷰 감성 분석하기

40 ALGORITHMS EVERY PROGRAMMER SHOULD KNOW

NLP를 이용해 영화 리뷰를 감성 분석한 사례입니다. 이 사례에 필요한 데이터셋은 다음 링크에 있습니다.

URL https://raw.githubusercontent.com/purviljain/Semantic-and-Sentiment-analysis/master/moviereviews.tsv

1. 먼저 필요한 패키지를 불러옵니다.

[in :]

```
import numpy as np
import pandas as pd
```

2. 영화 리뷰 데이터를 불러와서 일부를 출력해 봅시다.

[in :]

```
df=pd.read_csv("moviereviews.tsv", sep='\t')
df.head()
```

[out:]

	label	review
0	neg	how do films like mouse hunt get into theatres...
1	neg	some talented actresses are blessed with a dem...
2	pos	this has been an extraordinary year for austra...
3	pos	according to hollywood movies made in last few...
4	neg	my first press screening of 1998 and already i...

[in :]

```
len(df)
```

[out:]

```
2000
```

데이터셋에 총 2,000개의 리뷰가 있군요. 이 중에 절반은 부정, 나머지 절반은 긍정 리뷰입니다.

3. 모델 훈련을 위해 데이터를 가공합니다. 먼저 결측치를 모두 제거하겠습니다.

[in :]

```
df.dropna(inplace=True)
```

4. 그 다음은 아무런 내용 없이 공백만 있는 리뷰를 제거합니다. 이를 위해 .itertuples()로 DataFrame의 각 행을 순회하면서 공백으로만 구성된 리뷰를 식별합니다.

[in :]

```
blanks=[]

for i, lb, rv in df.itertuples():
    if rv.isspace():
        blanks.append(i)
```

```
df.drop(blanks, inplace=True)
```

이 코드에서 i, lb, rv는 각각 인덱스, 라벨, 리뷰 열을 의미합니다.

준비된 데이터를 훈련 데이터셋과 테스트 데이터셋으로 나눕니다.

1. 데이터셋에서 특성과 라벨을 정의합니다. 그리고 훈련 데이터셋과 테스트 데이터셋으로 나눕니다.

[in :]

```
from sklearn.model_selection import train_test_split

X = df['review']
y = df['label']

X_train, X_test, y_train, y_test = train_test_split(X, y, test_size=0.3, random_state=42)
```

2. 특성 추출과 모델 훈련으로 구성된 파이프라인을 만듭니다.

[in :]

```
from sklearn.pipeline import Pipeline
from sklearn.feature_extraction.text import TfidfVectorizer
from sklearn.naive_bayes import MultinomialNB

# 나이브 베이즈 알고리즘:
text_clf_nb = Pipeline([('tfidf', TfidfVectorizer()),
                        ('clf', MultinomialNB()),
])
```

이 사례에서는 tfidf를 이용해 각 데이터 포인트의 중요성을 정량화합니다.

다음은 나이브 베이즈 알고리즘으로 모델을 훈련하고 테스트할 차례입니다. 모델 훈련은 다음과 같은 순서로 진행합니다.

1. 훈련 데이터셋으로 모델을 훈련합니다.

[in :]

```
text_clf_nb.fit(X_train, y_train)
```

9

자연어 처리 알고리즘

2. 테스트 데이터셋으로 예측을 수행하고 그 결과를 분석합니다.

[in :]

```
predictions = text_clf_nb.predict(X_test)
```

혼동 행렬을 출력하여 우리가 만든 모델의 성능을 살펴봅시다. 정밀도, 재현율, F1 점수, 정확도도 출력해 봅시다.

[in :]

```
from sklearn.metrics import confusion_matrix, classification_report, accuracy_score

print(confusion_matrix(y_test, predictions))
```

[out:]

```
[[259  23]
 [102 198]]
```

[in :]

```
print(classification_report(y_test, predictions))
```

[out:]

	precision	recall	f1-score	support
neg	0.72	0.92	0.81	282
pos	0.90	0.66	0.76	300
accuracy			0.79	582
macro avg	0.81	0.79	0.78	582
weighted avg	0.81	0.79	0.78	582

[in :]

```
print(accuracy_score(y_test, predictions))
```

[out:]

```
0.7852233676975945
```

학습 결과 0.78의 정확도를 기록하는 모델을 만들어냈습니다. 이를 이용하면 우리가 관심 있는 영화에 달린 리뷰들의 전반적인 평가를 자동으로 할 수 있습니다.

9.7 요약

이 장에서는 NLP 알고리즘을 다뤘습니다. 먼저 NLP에 자주 사용하는 용어를 살펴봤습니다. 그리고 NLP에 사용하는 BoW 기법, 단어 임베딩의 개념을 알아보고 뉴럴 네트워크가 NLP에 어떻게 이용되는지 알아봤습니다. 마지막으로 NLP를 이용해 영화 리뷰의 감성을 분류하는 실제 사례를 공부했습니다. 이제 여러분이 NLP를 이용한 텍스트 분류와 감성 분석에 도전할 차례입니다.

다음 장은 추천 엔진입니다. 다양한 종류의 추천 엔진을 살펴보고 이들을 어떻게 실생활 문제에 적용할지 살펴봅시다.

memo

10^장

추천 엔진

추천 엔진은 사용자의 취향과 제품의 특징에 관한 정보를 이용해 적절한 추천을 제공하는 알고리즘을 의미합니다. 추천 엔진의 목표는 주어진 집합 내 아이템 간 유사성 패턴을 이해하거나 사용자와 아이템 간 상호작용을 모델링하는 것입니다.

이 장에서는 먼저 추천 엔진의 기본 개념을 다루고, 여러 종류의 추천 엔진을 소개합니다. 그 다음으로 사용자 개인의 취향에 맞추어 아이템을 제안할 때 추천 엔진을 어떻게 사용하는지 알아보고, 추천 엔진이 가진 한계점을 살펴볼 것입니다. 마지막으로 추천 엔진을 이용해 현실 세계의 문제를 푸는 방법을 배우겠습니다.

이 장에서 다루는 주요 개념은 다음과 같습니다.

- 추천 엔진 소개
- 추천 엔진 종류
- 추천 엔진의 한계점
- 활용 분야
- 활용 사례 – 추천 엔진으로 영화 추천하기

이 장을 마치고 나면 추천 엔진을 이용한 아이템 추천 방식에 대해 이해할 수 있습니다.

먼저 추천 엔진의 배경이 되는 개념부터 시작해 봅시다.

10.1 추천 엔진 살펴보기

추천 시스템은 사용자가 가장 관심 있을 만한 아이템을 추천하는 방법을 일컫습니다. 개인화된 추천을 제공할 수 있는 추천 엔진은 온라인 구매가 활성화된 현재 가장 주목받는 기술로 자리잡았습니다.

e-커머스 서비스에서 추천 엔진은 사용자의 쇼핑 경험을 개선하고 서비스 제공자가 사용자의 취향에 근거해 제품을 개인화할 수 있는 알고리즘을 제공합니다.

> 주의 ≡ 2009년 넷플릭스는 기존 추천 엔진(Cinematch)보다 10% 이상 성능이 개선된 추천 모델에 백만 달러의 상금을 걸었습니다. 이 상금은 BellKor의 Pragmatic Chaos 팀에 돌아갔습니다.

10.2 추천 엔진 종류 살펴보기

일반적인 추천 엔진은 세 종류입니다.

- 콘텐츠 기반 추천 엔진
- 협업 필터링 추천 엔진
- 하이브리드 추천 엔진

10.2.1 콘텐츠 기반 추천 엔진

콘텐츠 기반 추천 엔진은 개념적으로 사용자가 이전에 관심을 보인 아이템과 비슷한 다른 아이템을 추천하는 것입니다. 이 추천 엔진의 성능은 아이템 간 유사도를 얼마나 정밀하게 측정할 수 있느냐에 의해 좌우됩니다.

다음 그림을 살펴봅시다. 사용자 1이 문서 1을 읽었습니다. 그러면 추천 엔진은 문서 1과 유사한 문서 2를 사용자에게 추천합니다.

▼ 그림 10-1 콘텐츠 기반 추천

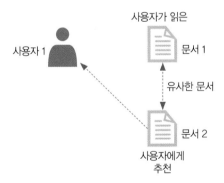

여기서 문제는 '아이템 간 유사도를 어떻게 결정할 것인가'입니다. 서로 다른 아이템의 유사도를 결정하는 두 가지 방법을 소개합니다.

비정형 문서 간 유사도 계산하기

서로 다른 문서 간 유사도를 계산하는 방법 중 하나는 입력 문서를 용어 문서 행렬로 가공하는 것입니다. 비정형 문서를 처리하여 얻은 자료 구조를 **용어 문서 행렬**(TDM)이라고 합니다.

▼ 그림 10-2 용어 문서 행렬

용어 문서 행렬

TDM은 전체 단어로 구성된 행과 문서로 된 열을 가지고 있습니다. TDM을 이용해 문서 간 거리를 측정하면 특정 문서와 유사성이 가장 높은 문서를 찾아낼 수 있습니다. 예를 들어, 구글 뉴스(Google News)는 사용자가 관심을 보인 뉴스와 비슷한 뉴스를 추천합니다.

문서 간 유사도를 정량화하는 방법에는 두 가지가 있습니다.

- **발생 빈도**: 이 방식은 각 단어의 중요성은 그 발생 빈도와 비례한다고 가정합니다. 이는 중요성을 계산하는 가장 간단한 방법입니다.
- **용어 빈도-역문서 빈도(TF-IDF)**: 이 방식은 우리가 풀려는 문제의 맥락에서 각 단어의 중요성을 계산합니다. TF-IDF는 두 가지 요소의 곱입니다.
  - **용어 빈도(TF)**: 문서 내에서 단어나 용어가 등장하는 빈도입니다. TF는 단어의 중요성과 정비례합니다.
  - **역문서 빈도(IDF)**: 먼저 문서 빈도(DF)는 해당 용어를 포함하고 있는 문서의 개수입니다. DF의 역(Inverse)인 IDF는 해당 용어가 얼마나 희소한지를 표현합니다.
  - TF와 IDF는 해당 단어의 가치를 표현합니다. 이들의 곱인 TF-IDF는 해당 단어의 중요성을 표현하는 유용한 척도로, 발생 빈도 방식보다 더욱 정밀합니다.

공동출현빈도 행렬 사용하기

공동출현빈도 행렬을 이용한 방식은 두 아이템을 함께 구매했다면 이 둘은 서로 비슷하거나 같은 카테고리에 속할 것이라는 가정에 기반을 둡니다.

예를 들어, 사람들이 면도용 크림과 면도기를 함께 구매하는 경우가 많다고 합시다. 어떤 사람이 면도기를 구매했다면 이 사람에게 면도용 크림을 추천하는 것이 합리적일 것입니다.

사용자 4명의 구매 데이터를 분석해 봅시다.

▼ 표 10-1 구매 데이터 테이블

	면도기	사과	면도용 크림	자전거	후추
마이크	1	1	1	0	1
타일러	1	0	1	1	1
엘레나	0	0	0	1	0
아미네	1	0	1	0	0

아이템들의 공동출현빈도 행렬은 다음과 같습니다.

▼ 표 10-2 공동출현빈도 행렬

	면도기	사과	면도용 크림	자전거	후추
면도기	–	1	3	1	1
사과	1	–	1	0	1
면도용 크림	3	1	–	1	2
자전거	1	0	1	–	1
후추	1	1	2	1	–

이 공동출현빈도 행렬은 두 아이템을 함께 구매할 가능성을 표현합니다. 이를 어떻게 추천에 사용할 수 있는지 알아봅시다.

10.2.2 협업 필터링 추천 엔진

협업 필터링(collaborative filtering)을 이용한 추천은 사용자의 구매 기록에 대한 분석에 기반을 둡니다. 동일한 아이템에 관심을 보인 두 사용자를 서로 비슷하다고 분류하는 것입니다. 협업 필터링은 다음과 같은 가정을 사용합니다.

- 두 사용자의 구매 기록이 임곗값을 넘어 상당 수준 겹친다면, 이들을 성향이 비슷한 사용자로 분류합니다.

- 성향이 비슷한 사용자들의 구매 기록에서 겹치지 않는 아이템은 협업 필터링을 통한 추천의 재료가 됩니다.

구체적인 사례를 들어 보겠습니다. 다음 그림처럼 마이크와 엘레나라는 사용자가 있습니다.

▼ 그림 10-3 협업 필터링 추천

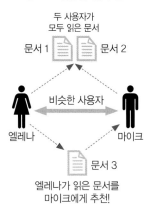

- 마이크와 엘레나는 모두 문서 1과 문서 2를 읽었습니다.
- 이 기록을 바탕으로 마이크와 엘레나를 비슷한 사용자로 묶을 수 있습니다.
- 엘레나가 문서 3을 읽었습니다. 그러므로 문서 3을 마이크에게 추천합니다.

주의 ≡　그러나 과거 기록을 이용해 아이템을 추천하는 것이 항상 동작하지 않는다는 것을 유념하세요.

엘레나와 마이크가 사진에 관한 글인 문서 1에 관심을 보였다고 합시다. 두 사람은 사진을 모두 좋아합니다. 또한, 이 두 사람은 클라우드 컴퓨팅에 관한 문서 2도 읽었습니다. 클라우드 컴퓨팅 역시 이 두 사람이 관심 있는 주제입니다. 협업 필터링은 이 두 사람을 비슷한 사용자로 분류합니다. 이번에는 엘레나가 여성 패션 매거진인 문서 3을 읽습니다. 협업 필터링을 이용하면 마이크는 엘레나와 취향이 비슷한 사용자이므로 문서 3을 마이크에게 추천합니다.

주의 ≡　지난 2012년 미국의 슈퍼스토어 타깃(target)은 협업 필터링을 이용해 고객들에게 제품을 추천하는 실험을 진행했습니다. 이 알고리즘은 고객의 프로필을 바탕으로 한 아버지와 그의 10대 딸을 비슷한 사용자로 묶었습니다. 이 정보를 바탕으로 타깃은 아버지에게 분유와 기저귀 쿠폰을 보내고 말았습니다. 그는 그의 딸이 임신 중이라는 것을 알지 못한 상태였습니다.

협업 필터링 알고리즘은 사용자의 행동이 아닌 다른 정보는 사용하지 않는 알고리즘이라는 것을 기억하세요.

10.2.3 하이브리드 추천 엔진

지금까지 콘텐츠 기반 추천 엔진과 협업 필터링 추천 엔진을 살펴봤습니다. 이 두 가지를 결합한 형태의 추천 엔진도 있습니다. 이 하이브리드 추천 엔진은 다음과 같은 단계로 작동합니다.

- 아이템의 유사도 행렬을 생성합니다.
- 사용자의 취향 행렬을 생성합니다.
- 추천 결과를 도출합니다.

아이템의 유사도 행렬 생성하기

하이브리드 추천 엔진은 콘텐츠 기반 추천 엔진을 이용해 아이템의 유사도 행렬을 만듭니다. 이는 공동출현빈도 행렬이나 아이템 간 유사도를 측정하는 거리 방식을 이용해 구할 수 있습니다.

우리가 5개의 아이템을 가지고 있다면 콘텐츠 기반 추천을 사용해 다음과 같이 아이템 간 유사도를 표현하는 행렬을 생성할 수 있습니다.

▼ 그림 10-4 아이템 간 유사도 행렬

	아이템 1	아이템 2	아이템 3	아이템 4	아이템 5
아이템 1	10	5	3	2	1
아이템 2	5	10	6	5	3
아이템 3	3	6	10	1	5
아이템 4	2	5	1	10	3
아이템 5	1	3	5	3	10

사용자의 취향 벡터 생성하기

사용자의 기록을 이용해 우리는 이들의 관심사를 표현하는 취향 벡터(preference vector)를 만들 수 있습니다.

100개 품목을 판매하는 온라인 상점인 켄트온라인을 위해 추천 엔진을 만든다고 하겠습니다. 켄트온라인은 인기가 많아서 활성 구독자 수가 백만 명이나 됩니다. 아이템 간 유사도를 표현하는 매트릭스는 하나만 생성하면 됩니다. 유사도 행렬의 차원은 100×100입니다. 이에 반해 사용자의 취향을 표현하는 벡터는 사용자의 수만큼 생성됩니다. 켄트온라인의 사용자 수(활성 구독자 수)는 백만 명이므로 취향 벡터도 백만 개를 만들어야 합니다. 이는 백만 명이나 되는 사용자 한 명마다 백만 개의 취향 벡터를 만들어야 한다는 뜻입니다.

취향 벡터의 각 요소는 개별 아이템에 대한 취향을 나타냅니다. 다음 그림에 표현된 취향 벡터에서 첫 번째 행은 아이템 1에 대한 취향 가중치가 4라는 것을 뜻합니다. 값이 0인 두 번째 행은 아이템 2에는 취향 정보가 없다는 것을 의미합니다.

▼ 그림 10-5 사용자의 취향 벡터

아이템 1	4
아이템 2	0
아이템 3	0
아이템 4	5
아이템 5	0

이제 유사도 행렬 S와 사용자 취향 행렬 U를 이용해 추천 아이템을 생성해 봅시다.

추천 결과 생성하기

추천 결과는 두 행렬을 곱해서 생성합니다. 사용자들은 그들이 높은 평점을 준 아이템과 함께 등장하는 빈도가 높은 아이템에 관심을 보일 가능성이 높습니다.

$$행렬[S] \times 행렬[U] = 행렬[R]$$

이 계산 결과를 다음 그림에 시각적으로 표현해 봤습니다.

▼ 그림 10-6 추천 아이템 행렬 계산

$$10*4 + 5*0 + 3*0 + 2*5 + 1*0 = 50$$

행렬[S] x 행렬[U] = 행렬[R]

10	5	3	2	1
5	10	6	5	3
3	6	10	1	5
2	5	1	10	3
1	3	5	3	10

유사도 행렬 S

4
0
0
5
0

사용자 취향 행렬 U

50
45
17
58
19

추천 행렬 R

각 사용자별로 추천 결과 행렬이 생성됩니다. 추천 행렬 R에 담긴 숫자는 각 아이템에 대한 특정 사용자의 관심사에 대한 예측치입니다. 예를 들어, 이 그림에서 추천 행렬의 4번째 값인 58은 가장 높은 값입니다. 즉 4번째 아이템이 가장 추천할 만한 아이템이 됩니다.

10.3 추천 엔진의 한계점 이해하기

추천 엔진은 예측 알고리즘을 이용해 사용자들에게 추천 결과를 제공합니다. 추천 엔진은 아주 강력한 기술이지만 그것이 가진 한계점에 대해서도 잘 알아야 합니다. 이 절에서는 추천 엔진이 가진 몇 가지 한계점에 대해 알아보겠습니다.

10.3.1 콜드 스타트 문제

협업 필터링 추천 엔진을 사용하려면 반드시 사용자의 취향에 대한 과거 데이터가 필요합니다. 그러나 시스템에 등록되지 않은 새로운 사용자들에 대한 자료가 없으므로 과거 데이터에 기반을 둔 추천 알고리즘은 정확하지 않을 수도 있습니다. 콘텐츠 기반 추천 역시 시스템에 등록되지 않은 새로운 아이템을 즉각적으로 처리할 수 없습니다. 이럴 때 고품질의 추천 결과를 제공하기 위해 아이템과 사용자에 대한 데이터가 필요한 것을 **콜드 스타트 문제**(cold start problem)라고 합니다.

10.3.2 메타 데이터

콘텐츠 기반 방식은 아이템 간 유사도 계산을 위해 아이템의 상세 정보가 필요합니다. 그러나 이러한 상세 정보를 확보하지 못하는 상황에서는 추천 품질에 문제가 생길 수도 있습니다.

10.3.3 데이터 희소성 문제

추천 엔진이 다루는 아이템의 가짓수가 상당히 많은 데 반해 사용자가 경험한 아이템 종류가 적다면, 사용자/아이템 행렬은 매우 희소(sparse)해집니다.

10

추천 엔진

10.3.4 사회적 영향력으로 인한 편향

추천 문제에서는 사회적 영향력을 무시할 수 없습니다. 사회적 영향력은 사용자의 취향에 영향을 주는 요소입니다. 친구 관계를 형성하는 사용자들은 비슷한 아이템을 구매하고 비슷한 평점을 남기는 경향이 있습니다.

10.3.5 제한된 데이터

추천 엔진을 훈련하는 데 사용할 수 있는 데이터의 양이 제한적이라면 사용자 간 유사성을 정확히 계산하기 어렵습니다.

10.4 활용 분야 살펴보기

추천 엔진을 적용하는 사례는 다음과 같습니다.

- 넷플릭스에서 시청하는 영화의 2/3는 추천 결과입니다.
- 아마존 매출의 35%는 추천에서 발생합니다.
- 구글 뉴스에서 추천한 뉴스는 그렇지 않은 뉴스보다 클릭 전환율이 38% 더 많습니다.
- 다른 아이템에 대한 평점 기록을 바탕으로 특정 아이템에 대한 사용자의 취향을 예측합니다.
- 대학생들의 필요와 취향에 근거하여 수업을 추천합니다.
- 온라인 일자리 포털에서 이력서에 근거한 일자리를 추천합니다.

10.5 / 활용 사례 – 추천 엔진으로 영화 추천하기

사용자에게 영화를 추천하는 추천 엔진을 만들어 봅시다. 여기서는 미네소타 대학교의 그룹렌즈 리서치(GroupLens Research)에서 만든 데이터를 사용하겠습니다.

1. 먼저 필요한 패키지를 불러옵니다.

[in :]

```
import pandas as pd
import numpy as np
```

2. 그 다음 user_id와 item_id 데이터셋을 불러옵니다.

[in :]

```
df_reviews = pd.read_csv('reviews.csv')
df_movie_titles = pd.read_csv('movies.csv', index_col=False)
```

3. 영화의 ID를 이용해 두 데이터프레임을 병합합니다.

[in :]

```
df = pd.merge(df_users, df_movie_titles, on='movieId')
```

df 데이터프레임의 헤더는 다음과 같습니다.

[out:]

	userId	movieId	rating	timestamp	title	genres
0	1	1	4.0	964982703	Toy Story (1995)	Adventure|Animation|Children|Comedy|Fantasy
1	5	1	4.0	847434962	Toy Story (1995)	Adventure|Animation|Children|Comedy|Fantasy
2	7	1	4.5	1106635946	Toy Story (1995)	Adventure|Animation|Children|Comedy|Fantasy
3	15	1	2.5	1510577970	Toy Story (1995)	Adventure|Animation|Children|Comedy|Fantasy
4	17	1	4.5	1305696483	Toy Story (1995)	Adventure|Animation|Children|Comedy|Fantasy

10

추천 엔진

각 열이 의미하는 바는 다음과 같습니다.

- userid: 사용자 식별자
- movieid: 영화 식별자
- rating: 1~5 사이의 평점
- timestamp: 영화 평점이 매겨진 타임스탬프
- title: 영화 제목
- genres: 영화 장르

4. 입력 데이터가 가진 경향성을 파악하기 위해서 title과 rating 열로 그룹화(groupby)하여 각 영화의 평균 평점과 평점 빈도를 계산합니다.

[in :]

```
df_ratings = pd.DataFrame(df.groupby('title')['rating'].mean())
df_ratings['number_of_ratings'] = df.groupby('title')['rating'].count()
df_ratings.head()
```

[out:]

title	rating	number_of_ratings
'71 (2014)	4.0	1
'Hellboy': The Seeds of Creation (2004)	4.0	1
'Round Midnight (1986)	3.5	2
'Salem's Lot (2004)	5.0	1
'Til There Was You (1997)	4.0	2

5. 추천 엔진을 위해 데이터를 준비할 차례입니다. 데이터셋을 다음과 같은 특징이 있는 행렬로 변환합니다.

- 영화 제목인 title이 열을 구성합니다.
- userid는 인덱스가 됩니다.
- 영화 평점인 rating이 테이블을 채우는 값이 됩니다.

데이터프레임에 pivot_table을 적용하면 쉽게 변환할 수 있습니다.

```
[in :]
```

```
movie_matrix = df.pivot_table(index='userId', columns='title', values='rating')
```

이로써 매우 희소한 행렬이 생성됩니다.

6. 앞에서 만든 추천 행렬을 이용해 영화를 추천해 봅시다. 예를 들어, 어떤 사람이 아바타
(Avatar, 2009)라는 영화를 봤다고 합시다. 먼저 아바타 영화에 관심을 보인 모든 사용자를
찾습니다.

```
[in :]
```

```
Avatar_user_rating = movie_matrix['Avatar (2009)']
Avatar_user_rating = Avatar_user_rating.dropna()
Avatar_user_rating.head()
```

7. 아바타와 관련한 영화를 추천해 봅시다. 이를 위해 Avatar_user_rating 데이터프레임과
movie_matrix 행렬의 상관성을 계산합니다.

```
[in :]
```

```
similar_to_Avatar = movie_matrix.corrwith(Avatar_user_rating)
corr_Avatar = pd.DataFrame(similar_to_Avatar, columns=['correlation'])
corr_Avatar.dropna(inplace=True)
corr_Avatar = corr_Avatar.join(df_ratings['number_of_ratings'])
corr_Avatar.head()
```

추천 결과는 이와 같습니다.

```
[out:]
```

title	correlation	number_of_ratings
'burbs, The (1989)	0.353553	17
(500) Days of Summer (2009)	0.131120	42
*batteries not included (1987)	0.785714	7
10 Things I Hate About You (1999)	0.265637	54
10,000 BC (2008)	-0.075431	17

10.6 요약

이 장에서는 추천 엔진의 기본 개념과 종류에 대해 다뤘습니다. 또한, 유사도 행렬을 계산하기 위해 데이터를 준비하는 방법을 살펴보고 사용자의 과거 기록을 바탕으로 영화 추천과 같은 문제에 추천 엔진을 어떻게 적용하는지 배웠습니다.

다음 장에서는 데이터를 이해하고 처리하는 데 사용하는 알고리즘에 대해 알아보겠습니다.

제 **3** 부

고급 기법

3부에서는 암호화, 대규모 알고리즘 등 고급 수준의 알고리즘을 다룹니다. 3부의 마지막 장이자 이 책의 마지막 장에서는 알고리즘을 구현할 때 잊지 말아야 할 실용적 고려사항에 대해서 살펴볼 예정입니다. 3부는 다음과 같이 구성됩니다.

11장

데이터 알고리즘

이 장은 데이터 중심 알고리즘(data-centric algorithm), 특히 저장, 스트리밍, 압축에 대한 내용을 다룹니다. 먼저 데이터 중심 알고리즘의 개요에 대해 알아보고 데이터 저장에 사용할 수 있는 다양한 전략을 논의합니다. 다음은 데이터를 스트리밍할 때 알고리즘을 어떻게 적용할지 알아보고 데이터를 압축하는 다양한 기법들을 소개합니다. 마지막으로 여러 뉴스 소스의 뉴스 트윗 감성을 실시간으로 분류해 보겠습니다.

이 장을 마치고 나면 다양한 데이터 중심 알고리즘의 개념과 상충 관계에 대해 이해할 수 있습니다.

이 장의 주요 주제는 다음과 같습니다.

- 데이터 분류
- 데이터 저장 알고리즘
- 알고리즘을 이용한 데이터 압축
- 알고리즘을 이용한 데이터 스트리밍

먼저 기본 개념부터 알아봅시다.

11.1 데이터 알고리즘 살펴보기

우리는 빅데이터의 시대에 살고 있습니다. 2019년 구글에서 발표한 자료를 보면 얼마나 많은 데이터가 생성되는지 알 수 있습니다. 구글이 만든 멀티미디어 저장소인 구글 포토에는 2019년 하루 평균 12억 개의 사진과 동영상이 업로드됐습니다. 또한, 유튜브(YouTube)에는 1분마다 평균 400시간 분량의 동영상(약 1페타바이트 크기)이 업로드됩니다. 정말 어마어마한 분량의 데이터가 생성되고 있는 것입니다.

이러한 데이터에는 가치 있는 정보와 패턴이 담겨 있습니다. 덕분에 최근 데이터 기반 알고리즘에 관심이 몰리고 있습니다. 데이터를 올바른 방법으로 사용한다면 마케팅, 정부 정책, 트렌드 분석 등 다양한 의사결정의 근간이 될 수 있습니다.

데이터를 다루는 알고리즘도 그 중요성을 인정받고 있습니다. 데이터를 처리하는 알고리즘을 설계하는 분야에는 상당히 많은 연구가 이루어지고 있습니다. 전 세계 기업과 정부에서 데이터를 이용해 가치를 생산하는 것을 연구 목표로 삼고 있습니다. 그러나 가공되지 않은 원재료 상태의 데이터는 가치가 거의 없습니다. 원재료 데이터로부터 정보를 캐내기 위해서는 데이터를 가공하고 분석해야 합니다.

그러한 작업을 위해서는 먼저 데이터를 어딘가에 저장해야 합니다. 데이터를 효율적으로 저장하는 방법 역시 점차 그 가치를 인정받고 있습니다. 싱글 노드 시스템은 물리적 저장 능력에 한계가 있어, 빅데이터는 다수의 노드가 고속의 커뮤니케이션 링크로 연결된 분산 저장 인프라에 저장됩니다.

데이터 알고리즘을 배우기 위해서는 먼저 데이터를 저장하는 알고리즘을 살펴봐야 합니다. 그 전에 데이터를 여러 카테고리로 분류하겠습니다.

11.1.1 데이터 분류

데이터 알고리즘을 설계하는 맥락에서 데이터를 어떻게 분류하는지 알아봅시다. 1.4.1절 데이터 차원에서 다뤘듯이, 데이터의 크기, 다양성, 속도로 데이터를 분류할 수 있습니다. 이러한 분류는 데이터 저장과 처리에 사용하는 데이터 알고리즘을 설계하는 근간이 됩니다.

데이터 알고리즘의 맥락에서 데이터의 세 가지 특징을 살펴봅시다.

- **크기(volume)**: 알고리즘이 저장하고 처리하는 데이터의 크기를 의미합니다. 크기가 커질수록 작업은 데이터 집약적인 특성을 갖게 되고, 데이터를 저장, 캐싱, 처리하기 위해 필요한 자원을 준비해 두어야 합니다. 빅데이터는 싱글 노드로 처리하기 어려운 아주 큰 용량의 데이터입니다.

- **속도(velocity)**: 새로운 데이터가 생성되는 속도를 의미합니다. 속도가 빠른 데이터를 핫 데이터(hot data) 또는 핫 스트림(hot stream)이라고 하며, 속도가 느린 데이터는 콜드 데이터(cold data) 또는 콜드 스트림(cold stream)이라 부릅니다. 대부분의 사례에서 데이터는 핫 스트림과 콜드 스트림이 섞인 형태입니다. 데이터에 알고리즘을 적용하기 위해서는 먼저 데이터를 가공하고 결합하여 단일 테이블에 정리해야 합니다.

- **다양성(variety)**: 숫자, 텍스트, 이미지, 음성, 영상 등 데이터가 적재된 형태의 다양성을 의미합니다.

다음 절에서는 데이터 저장 알고리즘과 관련한 상충 관계를 이해하고 다양한 설계 옵션에 대해 알아보겠습니다.

11.2 데이터 저장 알고리즘 이해하기

분산 시스템의 핵심은 안정적이고 효율적인 데이터 저장소입니다. 그리고 데이터 저장소가 분석 목적으로 만들어졌다면 이를 데이터 레이크(data lake)라고도 합니다. 데이터 저장소는 여러 도메인에서 수집한 데이터를 한데 모읍니다. 그럼, 분산 저장소에 데이터를 저장하는 것과 관련한 여러 이슈를 살펴봅시다.

11.2.1 데이터 저장 전략 이해하기

디지털 컴퓨팅 초창기에는 데이터 저장소를 싱글 노드 구조로 설계했습니다. 그러나 데이터셋의 크기가 점차 커지기 시작하면서 데이터를 분산하여 저장하는 것이 주류가 되었습니다. 분산 환경에서 데이터를 저장하는 올바른 전략은 저장하려는 데이터의 종류, 기대하는 사용 패턴, 비기능적 요구사항(non-functional requirement)에 따라 달라질 수 있습니다. 분산 데이터 저장의 요구사항을 더 자세하게 분석하기 위해 **CAP**(Consistency Availability Partition-tolerance, CAP) **정리**를 먼저 알아봅시다. CAP 정리는 분산 시스템을 위한 데이터 저장 전략의 기본을 구성합니다.

CAP 정리

1998년 에릭 브루어(Eric Brewer)는 훗날 CAP 정리로 널리 알려지는 정리를 하나 발표합니다. 이 정리는 분산 저장 시스템을 설계하는 데 발생하는 다양한 상충 관계를 다뤘습니다.

CAP 정리를 이해하려면 먼저 일관성(consistency), 가용성(availability), 분할내성(partition-tolerance)이라는 분산 저장 시스템의 세 가지 요소를 정의해야 합니다. CAP는 이 세 가지 요소의 머리글자를 딴 것입니다.

- **일관성(C)**: 분산 저장소는 여러 개의 노드로 구성됩니다. 모든 노드는 데이터 저장소에서 기록 읽기, 쓰기, 업데이트가 가능합니다. 어떤 시간에 어떤 노드를 사용하여 데이터를 읽더라도 동일한 결과를 얻어야 합니다. 모든 읽기 연산은 분산 시스템 전체에 걸쳐 동일한 최신 데이터를 반환하거나 오류 메시지를 출력해야 합니다.

- **가용성(A)**: 일관성 여부에 관계없이 분산 저장 시스템에 있는 모든 노드는 요청을 즉시 처리할 수 있습니다.

- **분할내성(P):** 분산 시스템에서 다수의 노드는 커뮤니케이션 네트워크로 연결되어 있습니다. 분할내성은 전체 노드의 하위 집합에서 커뮤니케이션 실패가 발생했을 때도 시스템이 여전히 작동 가능하다는 것을 의미합니다. 분할내성을 갖기 위해서는 데이터가 충분히 많은 수의 노드에 복제되어 있어야 합니다.

CAP 정리는 이러한 세 가지 특징을 이용해 분산 시스템을 설계하고 구조를 잡는 데 관련한 상충 관계를 요약하여 표현합니다. CAP 정리에 따르면 저장 시스템에서는 일관성(C), 가용성(A), 분할내성(P) 중 두 가지만 취할 수 있습니다.

다음 그림을 봅시다.

❤ 그림 11-1 CAP 정리

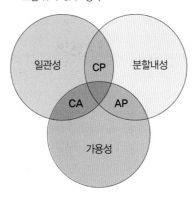

또한, CAP 정리는 우리가 다음 세 종류의 분산 저장 시스템을 선택할 수 있다는 것을 의미합니다.

- CA 시스템(일관성–가용성)
- AP 시스템(가용성–분할내성)
- CP 시스템(일관성–분할내성)

CA 시스템

CA 시스템은 전통적인 싱글 노드 시스템입니다. 분산 시스템을 사용하지 않는다면 분할내성을 걱정할 필요가 전혀 없습니다. 이 경우에는 일관성과 가용성을 모두 갖춘 시스템인 CA 시스템을 사용하게 됩니다.

CA 시스템의 사례로 오라클(Oracle)이나 MySQL과 같은 전통적인 싱글 노드 데이터베이스가 있습니다.

AP 시스템

AP 시스템은 가용성을 염두에 둔 분산 저장 시스템입니다. 이 시스템은 일관성을 희생하는 대신 응답성을 높여 설계했기 때문에 고속으로 들어오는 핫 데이터를 처리할 수 있습니다. 분산 저장 시스템은 사용자들의 요청을 즉각 처리할 수 있게끔 설계했다는 의미입니다. 전형적인 사용자 요청은 빠르게 변화하는 데이터를 읽거나 쓰는 것입니다. 일반적인 AP 시스템은 센서 네트워크와 같은 실시간 모니터링 시스템에 활용됩니다.

AP 시스템의 사례로는 카산드라(Cassandra)와 같은 분산 데이터베이스가 대표적입니다.

AP 시스템은 어떤 상황에서 사용하면 좋을까요? 예를 들어, 캐나다 교통관리국이 오타와(Ottawa)에 있는 고속도로의 통행량을 센서 네트워크로 모니터링하려 한다면, 이 프로젝트에 사용할 분산 데이터 저장소는 AP 시스템을 사용하여 구축하는 것이 좋습니다.

CP 시스템

CP 시스템은 일관성과 분할내성을 모두 가지고 있습니다. 이 분산 저장 시스템은 읽기 프로세스로 값을 가져오기 전에 일관성을 검증합니다.

일반적으로 JSON 포맷으로 문서 파일을 저장할 때 CP 시스템을 사용합니다. CP 시스템은 분산 환경에서 일관성을 중시하며, CP 시스템의 사례로는 MongoDB와 같은 데이터베이스가 있습니다.

분산 데이터 저장소는 현대 IT 인프라에서 매우 중요한 부분을 담당합니다. 분산 데이터 저장소는 우리가 풀려는 문제와 데이터의 성격에 따라 신중하게 설계해야 합니다. 데이터 저장소를 CA, AP, CP 시스템으로 분류하면 데이터 저장 시스템을 설계할 때 발생하는 다양한 상충 관계를 더 자세히 이해할 수 있습니다.

11.3 데이터 스트리밍 알고리즘 이해하기

데이터는 유계(bounded)와 무계(unbounded)로 나뉠 수 있습니다. 유계 데이터는 변하지 않는 데이터로 보통 배치 프로세스를 통해 처리됩니다. 스트리밍은 무계 데이터에 대한 처리 프로세스를 의미합니다. 예를 들어 보겠습니다. 은행에서는 거래의 사기 여부를 분석합니다. 우리가 7일 전에 발생한 사기 거래를 살펴본다면 유계 데이터를 사용하면 됩니다. 이것이 배치 프로세스의 전형적인 사례입니다.

반면, 우리가 사기를 실시간으로 탐지하고 싶다면 스트리밍을 사용해야 합니다. 데이터 스트리밍 알고리즘은 데이터 스트림 프로세싱을 다루는 알고리즘입니다. 기본 아이디어는 입력 데이터 스트림을 배치로 나눕니다. 이 배치 데이터는 프로세싱 노드에서 처리됩니다. 데이터 스트리밍 알고리즘은 장애를 극복(fault-tolerant)할 수 있어야 하며 고속으로 들어오는 데이터를 처리할 수 있어야 합니다. 실시간 트렌드 분석에 대한 수요가 증가함에 따라 스트리밍 처리에 대한 요구 역시 날로 높아지고 있습니다. 스트리밍 데이터를 처리하기 위해서는 데이터 처리 속도가 매우 중요하므로 알고리즘을 설계할 때 반드시 이를 유념해야 합니다.

11.3.1 스트리밍 활용 분야

스트리밍 데이터는 상당히 많은 분야에서 의미 있게 활용되고 있습니다. 활용 분야 중 일부는 다음과 같습니다.

- 사기 탐지
- 시스템 모니터링
- 스마트 주문 라우팅(smart order routing)
- 라이브 대시보드
- 고속도로 통행량 센서
- 신용카드 거래
- 대규모 온라인 게임에서의 유저 행동

40 ALGORITHMS EVERY PROGRAMMER SHOULD KNOW

11.4 데이터 압축 알고리즘 이해하기

데이터 압축 알고리즘은 데이터의 크기를 줄이는 프로세스를 의미합니다. 이 장에서는 데이터 압축 알고리즘 중에서도 무손실 압축에 대해서 자세히 알아보겠습니다.

11.4.1 무손실 압축 알고리즘

정보 손실 없이도 압축을 해제할 수 있도록 데이터를 압축하는 여러 알고리즘이 있습니다. 이 무손실 압축 알고리즘들은 압축을 해제했을 때 원본 파일을 그대로 복구해야 할 필요가 있는 경우에 사용합니다. 무손실 압축 알고리즘을 사용하는 사례는 다음과 같습니다.

- 문서 압축
- 패키지 소스 코드와 실행 파일 압축
- 다수의 작은 파일들을 소수의 큰 파일로 변환

손실 압축의 기본 기법 이해하기

대부분의 데이터는 데이터 엔트로피로 계산한 최적의 양보다 더 많은 비트를 사용합니다. 엔트로피는 데이터가 포함하고 있는 정보량을 표현하는 용어입니다. 이는 곧 동일한 정보를 더 적은 비트로 표현할 수 있다는 것입니다. 더 효율적으로 비트를 사용해 정보를 표현하는 것은 데이터 압축 알고리즘의 토대입니다. 무손실 데이터 압축은 이러한 잉여(redundancy)를 이용해 정보 손실 없이 데이터를 압축합니다. 1980년대 말 지브(Ziv)와 렘펠(Lempel)은 무손실 데이터 압축을 구현할 수 있는 사전(dictionary) 기반 데이터 압축 기법들을 제안했습니다. 이들이 제안한 기법들은 속도와 압축률이 우수했기 때문에 큰 인기를 끌었으며, 추후에 유닉스 기반 compress 도구를 만드는 데 사용됐습니다. 또한, 현재 널리 사용되는 gif 이미지 포맷도 이들이 제안한 기법을 사용합니다. 더 적은 수의 비트로도 같은 정보를 표현할 수 있기 때문에 저장 공간과 통신 비용을 줄이는 효과가 있습니다. 이 기법들은 이후에 zip 유틸리티 등을 개발하는 토대로 자리매김했습니다. 모뎀에 사용하는 압축 표준인 V.44도 이를 기반으로 합니다.

허프먼 코딩

허프먼 코딩(Huffman coding)은 오래된 데이터 압축 알고리즘 중 하나로, 데이터를 인코딩하고 디코딩하는 허프먼 트리(Huffman tree)를 생성합니다. 허프먼 코딩은 데이터 스트림에서 일부 데이터가 더 자주 등장한다는 점을 활용하여 더 간결한 방식으로 데이터를 표현합니다. 빈도가 높은 데이터는 짧은 인코딩으로, 빈도가 낮은 데이터는 긴 인코딩으로 표현함으로써 더 적은 공간으로도 동일한 데이터 스트림을 표현합니다.

허프먼 코딩와 관련한 용어를 몇 가지 알아보겠습니다.

- **코딩(coding)**: 데이터를 다른 방식으로 표현하는 문제를 의미합니다. 데이터 압축에서는 코딩으로 데이터를 더 간결하게 표현하려 합니다.

- **코드워드(codeword)**: 인코딩된 특정 단어를 코드워드라고 합니다.

- **고정 길이 코딩(fixed-length coding)**: 모든 코드워드가 동일한 수의 비트를 사용합니다.

- **가변 길이 코딩(variable-length coding)**: 코드워드가 사용하는 비트 수가 달라집니다.

- **코드 평가(evalution of code)**: 코드워드당 기대 비트 수를 의미합니다.

- **무접두어 코드(prefix free code)**: 어떠한 코드워드도 다른 코드워드의 접두어가 되지 않음을 뜻합니다.

- **디코딩(decoding)**: 가변 길이 코드가 반드시 무접두어 코드여야 합니다.

마지막 두 용어를 이해하기 위해서 다음 표를 살펴봅시다.

▼ 표 11-1 고정 길이 코딩과 가변 길이 코딩

문자	빈도	고정 길이 코딩	가변 길이 코딩
L	0.45	000	0
M	0.13	001	101
N	0.12	010	100
X	0.16	011	111
Y	0.09	100	1101
Z	0.05	101	1100

이 표로부터 다음과 같은 정보를 얻을 수 있습니다.

- **고정 길이 코딩**: 이 테이블의 고정 길이 코딩은 3입니다.

- **가변 길이 코딩**: 이 테이블의 가변 길이 코딩은 .45(1) + .13(3) + .12(3) + .16(3) + .09(4) + .05(4) = 2.24.45(1)+.13(3)+.12(3)+.16(3)+.09(4)+.05(4)=2.24입니다.

다음 그림은 앞 사례에서 만든 허프먼 트리입니다.

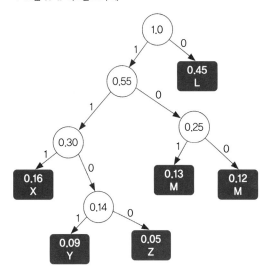

허프먼 인코딩을 이용해 데이터를 허프먼 트리로 변환하여 압축했습니다. 디코딩 또는 압축 해제를 하면 데이터를 원본 포맷으로 되돌릴 수 있습니다.

11.5 활용 사례 – 트위터 실시간 감성 분석하기

40 ALGORITHMS EVERY PROGRAMMER SHOULD KNOW

트위터에는 다양한 주제에 대한 약 7,000건의 트윗이 초 단위로 올라옵니다. 여러 뉴스 소스의 뉴스 트윗의 감성을 실시간으로 분류하는 모델을 만들어 보겠습니다.

1. 필요한 패키지를 불러옵니다.

[in :]

```
import tweepy, json, time
import numpy as np
import pandas as pd
import matplotlib.pyplot as plt
from vaderSentiment.vaderSentiment import SentimentIntensityAnalyzer
analyzer = SentimentIntensityAnalyzer()
```

이 중 두 가지 패키지에 대해서 조금 더 설명하겠습니다.

2. VADER 감성 분석은 'Valence Aware Dictionary and Sentiment Reasoner'의 약자로, 소셜 미디어 분석에 널리 사용하는 감성 분석 도구입니다. VADER가 설치되어 있지 않다면 다음 명령을 실행해 주세요.

[in :]

```
!pip install vaderSentiment
```

3. Tweepy는 트위터에 접근하기 위한 파이썬 API입니다. 마찬가지로 설치되어 있지 않다면 다음 명령어를 실행합니다.

[in :]

```
!pip install Tweepy
```

4. 다음 단계는 조금 까다롭습니다. 트위터 라이브 스트림에 접근하기 위해서는 트위터에 개발자 계정을 생성해야 합니다. API 키가 발급되면 이를 다음과 같은 변수에 입력합니다.

[in :]

```
twitter_access_token = <your_twitter_access_token>
twitter_access_token_secret = <your_twitter_access_token_secret>
twitter_consumer_key = <your_consumer_key>
twitter_consumer_secret = <your_twitter_consumer_secret>
```

5. Tweepy API를 인증할 차례입니다. 앞에서 선언한 변수를 사용합니다.

[in :]

```
auth = tweepy.OAuthHandler(twitter_consumer_key, twitter_consumer_secret)
auth.set_access_token(twitter_access_token, twitter_access_token_secret)
api = tweepy.API(auth, parser=tweepy.parsers.JSONParser())
```

6. 이제부터 흥미로운 단계입니다. 감성 분석을 하고 싶은 트위터 뉴스 소스를 설정합니다. 이 예시에서는 다음과 같은 뉴스 소스를 선정했습니다.

[in :]

```
news_sources = ("@BBC", "@ctvnews", "@CNN", "@FoxNews", "@dawn_com")
```

7. 메인 루프를 만들 차례입니다. 이 루프는 감성 결과를 담아 둘 array_sentiments라는 빈 배열을 만드는 것부터 시작합니다. 그러고 나서 5개의 뉴스 소스를 순회하면서 각각 100개의 트윗을 수집합니다. 그리고 트윗마다 그 감성을 분석합니다.

```
[in :]
```

```
# 뉴스 매체별로 트윗을 100개씩 수집합니다.
print("...STARTING..... collecting tweets from sources")

# 감성 정보를 담을 빈 리스트를 생성합니다.
array_sentiments = []

for user in news_sources:
    count_tweet=100  # 트윗을 100개씩 수집합니다.
    print("Start tweets from %s"%user)
    for x in range(5):     # 5개 페이지 분량의 트윗을 추출합니다.
        public_tweets=api.user_timeline(user,page=x)
        # 트윗별로 다음 작업을 수행합니다.
        for tweet in public_tweets:
            # 트윗의 감성 점수(compound)와 긍정/부정/중립 확률을 계산합니다.
            compound = analyzer.polarity_scores(tweet["text"])["compound"]
            pos = analyzer.polarity_scores(tweet["text"])["pos"]
            neu = analyzer.polarity_scores(tweet["text"])["neu"]
            neg = analyzer.polarity_scores(tweet["text"])["neg"]

            array_sentiments.append({"Media":user,
                                     "Tweet Text":tweet["text"],
                                     "Compound":compound,
                                     "Positive":pos,
                                     "Negative":neg,
                                     "Neutral":neu,
                                     "Date":tweet["created_at"],
                                     "Tweets Ago":count_tweet})

            count_tweet-=1

print("DONE with extracting tweets")
```

```
[out:]
```

```
...STARTING..... collecting tweets from sources
Start tweets from @BBC
Start tweets from @ctvnews
Start tweets from @CNN
Start tweets from @FoxNews
Start tweets from @dawn_com
DONE with extracting tweets
```

8. 개별 뉴스 소스에서 수집한 뉴스의 감성을 시각화하는 플롯을 그립니다.

[in :]

```
for media in source:
    mydf=sentiments_df[sentiments_df["Media"]==media]
    plt.scatter(mydf["Tweets Ago"],mydf["Compound"], marker="o", linewidth=0,
    alpha=0.8, label=media, facecolors=mydf.Media.map({"BBC": "pink", "ctvnews" :
    "purple",  "CNN": 'red', "FoxNews":"blue","dawn_com":"green"}))

plt.legend(bbox_to_anchor = (1,1), title="Media Sources")
plt.title("Sentiment Analysis of Media Tweets (%s)" % (time.strftime("%x")),
fontsize=14)
plt.xlabel("Tweets Ago")
plt.ylabel("Tweet Polarity")
plt.xlim(101,0)
plt.ylim(-1,1)
plt.grid(True)
plt.savefig("Output/Sentiment Analysis of Media Tweets.png", bbox_inches='tight')
plt.show()
```

[out:]

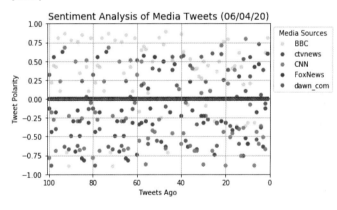

9. 이번에는 요약 통계량을 살펴보겠습니다.

[in :]

```
# 뉴스 매체별 평균 감성 점수를 계산하고 데이터프레임에 저장합니다.
means_media_trends=sentiments_df.groupby("Media").mean()["Compound"].to_frame()
# 인덱스를 초기화합니다.
means_media_trends.reset_index(inplace=True)

means_media_trends
```

[out:]

	Media	Compound
0	BBC	0.240195
1	CNN	-0.174892
2	FoxNews	0.000000
3	ctvnews	-0.130889
4	dawn_com	-0.024180

테이블에 담긴 숫자는 감성 트렌드를 나타냅니다. 예를 들어, BBC는 전반적으로 긍정적인 감성을 담은 뉴스를 전달하는데, CNN은 부정적인 감성을 담은 뉴스를 전달하는 것으로 보입니다.

11.6 요약

이 장에서 우리는 데이터 중심 알고리즘에 대해 배우면서, 데이터 중심 알고리즘의 세 가지 측면인 저장, 압축, 스트리밍에 대해 집중적으로 공부했습니다.

그리고 데이터의 특징에 따라 어떻게 데이터 저장소를 설계하는지 다뤘고, 두 가지 타입의 데이터 압축 알고리즘도 알아봤습니다. 또한, 데이터 스트리밍 알고리즘으로 텍스트 데이터 스트림을 처리하는 실용적인 사례도 소개했습니다.

다음 장의 주제는 암호화 알고리즘입니다. 정보를 안전하게 저장하고 전달하는 암호화 알고리즘에 대해서 살펴보겠습니다.

12장

암호화

이 장의 주제는 암호화 알고리즘입니다. 암호화의 등장 배경과 개념을 소개하고 기본 암호화 알고리즘인 **MD5**(Message–Digest5) 알고리즘과 **SHA**(Secure Hash Algorithm)를 설명합니다. 그리고 대칭 암호화(symmetric encryption) 알고리즘과 비대칭 암호화(asymmetric encryption) 알고리즘의 정의와 활용 사례에 대해 살펴보겠습니다. 이 장이 끝나면 암호화의 기본에 대해 이해할 수 있습니다.

이 장에서 다루는 주요 주제는 다음과 같습니다.

- 암호화 소개
- 암호화 기법의 종류
- 활용 사례 – 머신러닝 모델 배포와 관련한 보안 이슈

먼저 암호화의 기본 개념부터 알아봅시다.

12.1 암호화 살펴보기

인류는 지난 수세기 동안 기밀을 보호하는 방법을 사용해 왔습니다. 적으로부터 데이터를 보호하고 숨기는 가장 오래된 사례는 고대 이집트에서 사용한 특수 알파벳입니다. 이 특수 알파벳은 선택받은 소수만이 이해할 수 있었습니다. 이러한 초기 형태의 보안을 **은둔**(obscurity) 방식이라고 하며 현대에도 여러 형태로 여전히 사용되고 있습니다. 은둔 방식이 효과를 발휘하기 위해서는 특수 알파벳의 의미, 즉 기밀을 보호하는 것이 매우 중요합니다. 중요한 메시지를 보호하는 완전무결한 방법은 두 차례의 세계대전에서 매우 중요했습니다. 20세기 후반 전자기기와 컴퓨터의 발달로 데이터를 보호하는 정교한 알고리즘이 개발됐고, 이는 **암호학**(cryptography)이라는 새로운 분야로 이어졌습니다. 이 장은 암호학의 알고리즘적 측면을 다룹니다. 암호화 알고리즘의 목적은 두 프로세스 또는 두 사용자가 데이터를 안전하게 교환하도록 하며, 이를 위해 수학적인 함수를 사용합니다.

12.1.1 가장 약한 연결고리의 중요성 이해하기

디지털 인프라의 보안 체계를 설계할 때, 때때로 우리는 개별 요소의 보안에 집중한 나머지 체계의 전체 보안을 소홀히 하는 경향이 있습니다. 그렇게 되면 미처 대응하지 못한, 시스템이 가진 허

점과 취약점 일부를 해커들이 악용하여 민감한 정보를 탈취해 갈 위험이 있습니다. 디지털 인프라의 보안 수준은 가장 약한 연결고리에서 결정됩니다. 해커는 보안 시스템에서 가장 약한 연결고리를 이용해 민감한 정보를 빼냅니다. 대문을 아무리 두텁게 막아도 뒷문이 열려 있으면 아무 소용이 없습니다.

디지털 인프라를 보호하는 알고리즘과 기법이 발전함에 따라 해커들도 공격 기법을 계속 업그레이드하고 있습니다. 해커들이 디지털 인프라의 취약점을 이용해 민감한 정보를 탈취한다는 것을 꼭 기억해야 합니다.

> 주의 ☰ 2014년 캐나다 연방 연구 기관(National Research Council)은 사이버 공격으로 수백만 달러의 피해를 입었습니다. 해커들은 이 공격으로 수십년 동안 축적한 연구 데이터와 지적 재산을 탈취했습니다. 그들은 웹 서버에 사용하는 아파치 소프트웨어의 결함을 이용해 민감한 데이터에 접근할 수 있었습니다.

이 장에서는 여러 암호화 알고리즘의 취약점을 알아봅시다. 먼저, 기본 용어를 소개합니다.

12.1.2 기본 용어

암호화 분야의 기본 용어는 다음과 같습니다.

- **암호(cipher)**: 일련의 정보를 암호화하거나 해독하는 알고리즘을 말합니다.
- **원문서(plain text)**: 텍스트 파일, 동영상, 비트맵 또는 디지털화된 음성 등으로, 이 장에서는 P로 표기합니다.
- **암호문(cipher text)**: 원문서를 암호화한 결과로, 이 장에서는 C로 표기합니다.
- **암호화 스위트(cipher suite)**: 암호화 소프트웨어 묶음을 말합니다. 서로 떨어져 있는 두 노드가 암호화를 통해 메시지를 주고받기 위해서는 먼저 어떤 암호화 스위트를 사용할지 결정해야 합니다. 반드시 동일한 암호화 함수 구현체를 사용해야 합니다.
- **암호화(encryption)**: 원문서(P)를 암호문(C)으로 변환하는 과정입니다. 수식으로는 $encrypt(P) = C$로 표현합니다.
- **해독(decryption)**: 암호문을 원문서로 되돌리는 과정입니다. 수식으로는 $decrypt(C) = P$로 표현합니다.
- **암호 분석(cryptanalysis)**: 암호에 대한 정보 없이 암호문을 원문서로 되돌리는 시도를 통해 암호 함수의 성능을 분석합니다.

- **개인 식별 정보(Personally Identifiable Information, PII)**: PII는 독자적으로 또는 다른 정보와의 결합을 통해 개인을 식별할 수 있는 정보를 의미합니다. 개인 식별 정보에는 주민등록번호, 생년월일 등이 있습니다.

12.1.3 보안 요구사항 이해하기

시스템의 보안 요구사항이 무엇인지 이해하는 것은 매우 중요합니다. 보안 요구사항을 이해함으로써 적합한 암호화 기법을 선택할 수 있고 시스템의 잠재적인 취약점을 조기에 발견할 수 있습니다. 보안 요구사항에 대한 이해는 다음과 같은 세 단계로 진행합니다.

- 요소 이해하기
- 보안 목표 설정하기
- 데이터 민감성 이해하기

하나씩 살펴봅시다.

요소 이해하기

보안 관점에서 시스템의 요구사항을 이해하는 데 도움이 되는 다음 네 가지 질문에 대한 답을 찾습니다.

- 어떤 애플리케이션을 보호해야 하나요?
- 누구로부터 애플리케이션을 보호해야 하나요?
- 애플리케이션을 보호해야 하는 환경은 어떤 것인가요?
- 왜 애플리케이션을 보호해야 하나요?

이러한 요구사항을 더 잘 이해함으로써 디지털 시스템의 보안 목표를 설정할 수 있습니다.

보안 목표 설정하기

암호화 알고리즘은 보통 하나 이상의 보안 목표를 달성하기 위해 사용합니다.

- **인증(authentication)**: 쉽게 표현하자면, 인증은 사용자가 스스로 주장하는 신원이 맞는지 확인합니다. 인증 절차는 사용자가 자신의 ID를 제시하는 것으로 시작합니다. 그리고 비밀번호처럼 사용자만 아는 정보를 입력합니다.

- **기밀성(confidentiality):** 보안이 적용되어야 하는 데이터를 **민감한 데이터**(sensitive data)라고 합니다. 기밀성은 인증된 사용자에게만 민감한 데이터에 접근할 수 있게 하는 개념입니다. 중요한 데이터를 전송하거나 보관하는 과정에서 기밀성을 유지하려면 허가받지 않은 사용자는 데이터를 읽을 수 없도록 해야 합니다. 암호화 알고리즘을 이용한 기밀성 확보에 대해서 잠시 후에 다루겠습니다.

- **무결성(integrity):** 무결성은 데이터를 전송하거나 저장하는 동안 데이터가 어떤 식으로든 변형되지 않았다는 것을 확인하는 절차입니다. 예를 들어, TCP/IP(전송 제어 프로토콜/인터넷 프로토콜)는 체크섬 또는 **주기적 중복 검사**(Cyclic Redundancy Check, CRC) 알고리즘으로 데이터 무결성을 검사합니다.

- **부인방지(non-repudiation):** 발신자는 정보가 제대로 수신됐음을 확인하고, 수신자는 발신자의 신원을 확인받는 개념이 부인방지입니다. 이는 메시지가 전송되거나 수신됐다는 반박할 수 없는 증거를 제공하므로, 데이터 수신과 통신 장애 지점을 입증하는 데 사용할 수 있습니다.

데이터 민감성 이해하기

데이터가 가진 민감성을 이해하는 것은 매우 중요합니다. 또한, 데이터가 누출됐을 때 발생할 수 있는 결과의 무게에 대해서도 생각해 봐야 합니다. 데이터가 가진 민감성을 이해하면 적합한 암호화 알고리즘을 선택하는 데 도움이 됩니다. 민감성을 기준으로 데이터를 여러 가지로 분류할 수 있습니다.

- **공개 데이터:** 모두가 사용할 수 있도록 공개된 데이터를 의미합니다. 예를 들어, 정부 기관 포털이나 회사 홈페이지에 게시한 정보 등이 있습니다.

- **내부 데이터:** 내부 데이터는 대중에 공개하지 않았으나 공개한다고 해서 해로운 결과를 초래하지는 않습니다. 예를 들어, 직장 상사에 대한 불평이 담긴 직원의 이메일이 밖으로 누출되면 회사 입장에서는 당황스럽겠지만 심각한 손실을 가져올 가능성은 낮습니다.

- **민감한 데이터:** 대중적으로 공개하지 말아야 하거나, 공개한다면 개인 또는 집단에 피해를 끼칠 수 있는 데이터입니다. 예를 들어, 차세대 아이폰의 개발 정보를 노출하는 것은 애플의 사업 목표에 해를 끼칠 수 있으며, 삼성과 같은 경쟁사에 유리하게 작용할 수 있습니다.

- **매우 민감한 데이터:** **특급 기밀 데이터**(top-secret data)라고도 합니다. 이 데이터가 누출되면 해당 조직에 매우 큰 타격을 입힐 수 있습니다. 매우 민감한 데이터에는 고객의 주민등록번호, 신용카드 정보 등이 포함됩니다. 따라서 특급 기밀 데이터는 다수의 보안 단계로 보호하며, 이에 접근하려면 특수한 허가를 받도록 해야 합니다.

12

암호화

12.1.4 기본적인 암호 설계 이해하기

암호 설계는 악의적인 프로그램이나, 권한이 없는 사용자로부터 민감한 정보를 보호하기 위해서 데이터를 변환합니다. 기술 발전에 따라 암호 알고리즘은 복잡하게 진화했지만, 그 바탕이 되는 기본 원리는 그대로입니다.

암호 알고리즘 설계에 사용하는 기본 원칙을 이해하기 위해 먼저 상대적으로 간단한 암호 기법을 알아봅시다.

대치 암호

대치 암호(substitution cipher)는 지난 수백 년 간 다양한 형태로 사용됐습니다. 그 이름에서 알 수 있듯이, 대치 암호는 미리 정해둔 방법으로 원문서의 글자를 다른 글자로 바꾸는 간단한 방식입니다.

대치 암호의 동작 방식은 다음과 같습니다.

1. 각 글자에 대응되는 글자를 설정합니다.

2. 설정한 방식을 통해 원문서의 글자를 다른 글자로 변환합니다.

3. 암호를 해독하기 위해 대응 관계를 반대로 적용해 원문서를 복원합니다.

대치 암호의 예를 몇 가지 살펴봅시다.

시저 암호

시저 암호(Caesar cipher)는 각 글자를 오른쪽으로 세 번째에 있는 글자로 대체합니다. 다음 그림을 보면 쉽게 이해할 수 있습니다.

▼ 그림 12-1 시저 암호

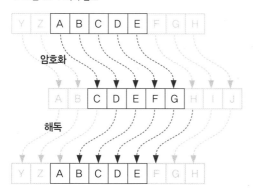

시저 암호를 파이썬으로 간단히 구현해 봅시다. CALM이라는 단어에 시저 암호를 적용합니다.

[in :]

```
import string
rotation = 3
P = 'CALM'; C=''
for letter in P:
    C = C + (chr(ord(letter) + rotation))
```

시저 암호로 암호화된 결과를 출력합니다.

[in :]

```
print(C)
```

[out:]

```
FDOP
```

주의 ≡ 시저 암호는 율리우스 시저가 그의 조언자들과 서신을 주고받기 위해 고안했다고 알려져 있습니다.

로테이션 13

로테이션 13(ROT13)은 또 다른 대치 방식 암호입니다. ROT13의 대치 매핑 방식은 각 글자를 오른쪽으로 13번째에 위치한 글자로 바꿉니다.

▼ 그림 12-2 로테이션 13

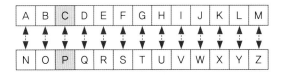
▼ 그림 12-2 로테이션 13

ROT13 암호를 파이썬으로 구현해 봅시다.

[in :]

```
import codecs
P = 'CALM'
C = ''
C = codecs.encode(P, 'rot_13')
```

암호화된 C를 출력합니다.

[in :]

```
print(C)
```

[out:]

```
PNYZ
```

대치 암호의 암호 분석

대치 암호는 이해하기 쉽고 구현도 어렵지 않습니다. 그러나 그만큼 해독하기도 쉽습니다. 영어 알파벳으로 쓰여진 대치 암호는 글자 이동 간격을 테스트해 보면 금방 풀어낼 수 있습니다. 단어와 문장을 이해할 수 있을 때까지 글자를 바꿔 보면 됩니다. 최대 25번 시도하면 원문서를 복원할 수 있습니다.

다음은 또 다른 유형의 간단한 암호인 전치 암호입니다.

전치 암호

전치 암호(transposition cipher)는 원문서의 글자들을 다음과 같은 방식으로 처리합니다.

1. 사용할 행렬의 크기를 결정합니다. 행렬은 원문서의 글자를 담을 만큼 충분히 커야 합니다.

2. 원문서에 있는 글자를 행렬에 가로 방향으로 채워 넣습니다.

3. 행렬에 채워진 글자들을 세로 방향으로 읽습니다.

예를 들어볼까요? 원문서(P)를 OttawaRocks라고 하겠습니다.

먼저 P를 암호화합니다. 이를 위해서 3 × 4 크기의 행렬을 하나 만들고, 여기에 원문서를 가로 방향으로 기록합니다.

▼ 그림 12-2 전치 암호 예시

O	t	t	a
w	a	R	o
c	k	s	

이를 세로 방향으로 읽으면 OwctaktRsao라는 암호가 됩니다.

> 주의 ≡ 제1차 세계대전에서 독일군은 ADFGVX라는 전치 암호와 대치 암호가 섞인 암호 체계를 사용했습니다. 수년이 지나 조르주 팡뱅(Georges Painvin)이 이를 해독했습니다.

지금까지 간단한 암호 기법에 대해 알아봤습니다. 다음 절에서는 현대 암호화 기법을 살펴봅시다.

12.2 암호화 기법의 종류 이해하기

암호화 기법은 저마다 사용하는 알고리즘의 종류가 다르며, 그것을 사용하는 환경도 다릅니다. 암호화 기법은 크게 세 종류로 나눌 수 있습니다.

- 해싱
- 대칭
- 비대칭

하나씩 알아봅시다.

12.2.1 암호화 해시 함수 사용하기

암호화 해시 함수는 메시지 고유의 지문(fingerprint)을 생성하는 수학적 함수입니다. 이는 원문서로부터 해시(hash)라 칭하는 고정된 크기의 출력을 생성합니다.

수식으로는 다음과 같이 표기합니다.

$$C_1 = hashFunction(P_1)$$

이를 설명하자면 다음과 같습니다.

- P_1은 입력 데이터인 원문서입니다.
- C_1은 암호화 해시 함수를 통해 생성되는 고정된 길이의 해시입니다.

다음 그림은 이를 도식화한 것입니다. 길이가 가변적인 데이터는 단방향(one-way) 해시 함수를 통해 고정된 길이의 해시로 변환할 수 있습니다.

▼ 그림 12-3 단방향 해시 함수

해시 함수는 다음과 같은 다섯 가지 특징이 있습니다.

- 결정론적입니다. 동일한 원문서는 동일한 해시를 생성합니다.
- 고유한 입력 문자열은 고유한 출력 해시값을 생성해야 합니다.
- 입력 메시지의 길이에 관계없이 해시의 길이는 고정되어 있습니다.
- 원문서가 조금이라도 변형되면 해시값이 달라집니다.
- 해시 함수는 단방향 함수이므로, 암호문 C_1을 이용해 원문서 P_1을 생성할 수 없습니다.

두 메시지가 생성한 해시가 겹치는 경우를 충돌(collision)이라고 합니다. 수식으로는 다음과 같이 표현할 수 있습니다.

$$hashFunction(P_1) = hashFunction(P_2)$$

여러분이 어떤 해싱 알고리즘을 사용하든 해시 충돌은 거의 발생하지 않습니다. 그렇지 않으면 해싱 알고리즘은 그다지 쓸모가 많지 않을 것입니다. 그러나 충돌을 절대 허용하지 말아야 할 때도 있습니다. 이 경우에는 더 복잡하지만 해시값이 충돌할 가능성이 훨씬 낮은 해싱 알고리즘을 사용해야 합니다.

암호화 해시 함수 구현하기

암호화 해시 함수는 다양한 알고리즘을 사용해 구현할 수 있습니다. 그 중 두 가지 방법을 자세히 알아보겠습니다.

MD5 이해하기

MD5는 MD4를 대체하기 위해 1994년에 폴 헤닝 캠프(Poul-Henning Kamp)가 고안했습니다. MD5는 128비트 해시를 생성하며, 비교적 단순한 알고리즘으로 충돌에 취약합니다. 따라서 충돌을 피해야 한다면 MD5는 좋은 선택이 아닙니다.

예를 하나 들어 보겠습니다. 인기 있는 오픈 소스 라이브러리 중 하나인 passlib 파이썬 라이브러리는 30개 이상의 비밀번호-해싱 알고리즘 구현체를 제공합니다.

passlib 라이브러리가 설치되어 있지 않다면 주피터 노트북에서 다음 명령어를 실행합니다.

[in :]

```
!pip install passlib
```

파이썬에서 생성한 MD5 해시는 다음과 같이 생겼습니다.

[in :]

```
myHash = md5_crypt.hash("myPassword", salt='xE2')
myHash
```

[out:]

```
'$1$/Tfi.fmz$XMW1JuudqHGtmJvRLecQd1'
```

MD5가 생성한 해시는 128비트입니다.

앞서 말씀드린 바와 같이, 우리는 생성한 해시를 원문서의 지문처럼 사용할 수 있습니다.

[in :]

```
md5_crypt.verify("myPassword", myHash)
```

[out:]

```
True
```

```
[in :]
```

```
md5_crypt.verify("myPassword2", myHash)
```

```
[out:]
```

```
False
```

myPassword 문자열로 생성한 해시는 원본 해시와 동일하므로 True를 출력합니다. 반면, 원문서가 myPassword2로 조금 변형되자 해시값이 달라지면서 결괏값이 False로 바뀌었습니다.

이번에는 또 다른 해싱 알고리즘인 **안전한 해시 알고리즘**(Secure Hash Algorithm, SHA)에 대해 알아봅시다.

SHA 이해하기

SHA는 미국 국립표준기술연구소(National Institute of Standards and Technology, NIST)에서 개발한 해싱 알고리즘입니다. 파이썬에서는 다음과 같은 방식으로 SHA를 사용합니다.

```
[in :]
```

```
from passlib.hash import sha512_crypt
sha512_crypt.using(salt = "qIo0foX5", rounds=5000).hash("myPassword")
```

salt라는 인자를 눈여겨봅시다. 소금 치기(salting)는 해싱에 앞서 무작위 문자를 추가하는 단계입니다. 위 예시에서는 "qIo0foX5"라는 문자열을 소금으로 사용했습니다.

해시를 출력해 봅시다.

```
[in :]
```

```
myHash = sha512_crypt.using(salt = "qIo0foX5", rounds=5000).hash("myPassword")
myHash
```

```
[out:]
```

```
'$6$qIo0foX5$a.RA/OyedLnLEnWovzqngCqhyy3EfqRtwacvWKsIoYSvYgRxCRetM3XSwrgMxwdPqZt4KfbXzC
p6yNyxI5j6o/'
```

SHA로 생성한 해시는 512바이트입니다.

암호화 해시 함수의 활용 사례

해시 함수는 파일을 복제했을 때 원본과 동일한지 확인하는 데 사용합니다. 파일이 원 위치에서 대상 위치로 복제될 때 해당 파일의 해시도 함께 복제됩니다. 원본 해시 $h_{original}$은 원본 파일의 지문 역할을 수행합니다. 파일 복제가 끝나면 복제한 파일의 해시인 h_{copied}를 생성합니다. 만약 $h_{original} = h_{copied}$, 즉 생성된 해시가 원본 해시와 동일하다면 이는 파일이 변형되지 않았으며 복제 과정에서 데이터 손실이 없었음을 증명합니다. 이 활용 사례에서는 MD5나 SHA 등 아무 암호화 해시 함수를 사용해도 좋습니다.

다음 절에서는 대칭 암호화에 대해 알아봅시다.

12.2.2 대칭 암호화

암호학에서 키(key)란 우리가 선택한 알고리즘을 이용해 원문서를 암호로 변환하는 데 사용하는 숫자 조합을 의미합니다. 대칭(symmetric) 암호화에서는 암호화와 해독 과정에서 동일한 키를 사용합니다. 대칭 암호화에 사용하는 키가 K인 경우 다음과 같은 식이 성립합니다.

$$E_K(P) = C$$

여기서 P는 원문서이며 C는 암호문입니다.

암호 해독을 위해서 동일한 키인 K를 사용합니다.

$$D_K(C) = P$$

이 과정을 도식으로 표현하면 다음과 같습니다.

▼ 그림 12-4 대칭 암호화

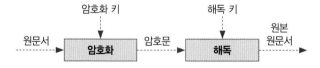

다음 절에서는 파이썬으로 대칭 암호화를 사용해 봅시다.

대칭 암호화 코딩하기

이 절에서는 파이썬의 cryptography 패키지를 사용하여 대칭 암호화를 실행합니다. cryptography 패키지는 대칭 암호화와 메시지 압축(message digest) 함수 등 다양한 암호화 알고리즘을 갖추고 있습니다.

이 패키지를 처음 사용한다면 다음 pip 명령어를 실행합니다.

[in :]

```
!pip install cryptography
```

패키지 설치가 끝나면 다음과 같이 대칭 암호화를 실행합니다.

1. 먼저 필요한 패키지를 불러옵니다.

[in :]

```
import cryptography as crypt
from cryptography.fernet import Fernet
```

2. 키를 생성합니다.

[in :]

```
key = Fernet.generate_key()
print(key)
```

[out:]

```
b'w6js8qDkDfcDG5-mDDXIPood-OQQj10Vx8a3Vic5xkc='
```

이 키는 매번 무작위로 생성됩니다.

3. 키를 파일로 저장합니다.

[in :]

```
file = open('mykey.key', 'wb')
file.write(key)
file.close()
```

4. 저장한 키를 불러옵니다.

[in :]

```
file = open('mykey.key', 'rb')
key = file.read()
file.close()
```

5. 키를 이용해 메시지를 암호화합니다.

[in :]

```
from cryptography.fernet import Fernet
message = "Ottawa is really cold".encode()

f = Fernet(key)
encrypted = f.encrypt(message)
```

6. 키를 다시 사용해 암호를 해독하고 그 결과를 decrypted 변수에 할당합니다.

[in :]

```
decrypted = f.decrypt(encrypted)
```

7. decrypted 변수를 출력하여 원본 메시지와 동일한지 확인합니다.

[in :]

```
print(decrypted)
```

[out:]

```
b'Ottawa is really cold'
```

다음은 대칭 암호화의 장점과 단점에 대해 알아보겠습니다.

대칭 암호화의 장점

암호화 알고리즘에 따라 대칭 암호화 성능이 달라지지만, 대체로 비대칭 암호화에 비해 훨씬 빠릅니다.

12

암호화

대칭 암호화의 문제점

두 사용자 또는 두 프로그램이 대칭 암호화를 이용해 통신하려면 보안 채널로 키를 주고받아야 합니다. 여기서 다음과 같은 두 가지 문제가 생깁니다.

- **키 보안**: 대칭 암호화 키를 어떻게 보호할 것인가?
- **키 분배**: 대칭 암호화 키를 다른 위치로 어떻게 전송할 것인가?

다음 절에서는 비대칭 암호화를 알아봅시다.

12.2.3 비대칭 암호화

비대칭(asymmetric) 암호화는 앞서 설명한 대칭 암호화의 단점을 극복하기 위해 1970년대에 개발된 알고리즘입니다.

비대칭 암호화의 첫 번째 단계는 보기에는 서로 완전히 다르지만 알고리즘적으로 연결된 두 키를 생성하는 것입니다. 두 키 중 하나는 프라이빗 키(private key)인 K_{pr}이며, 다른 하나는 퍼블릭 키(public key)인 K_{pu}입니다. 수식으로는 다음과 같이 표현합니다.

$$E_{Kpr}(P) = C$$

여기서 P는 원문서, C는 암호문을 의미합니다.

암호 해독은 다음과 같습니다.

$$D_{Kpu}(C) = P$$

퍼블릭 키는 누구든 열람해도 상관없지만, 프라이빗 키는 해당 정보의 주인만 접근할 수 있도록 보관합니다.

비대칭 암호화의 핵심 원리는 두 키 중 하나로 정보를 암호화했다면 이를 해독할 수 있는 유일한 방법은 나머지 키를 사용해야 한다는 것입니다. 퍼블릭 키로 데이터를 암호화했다면 그 짝이 되는 프라이빗 키로 해독해야 합니다. 이번에는 비대칭 암호화의 핵심 프로토콜인 **안전한 소켓 레이어**(Secure Sockets Layer, SSL)/**전송 계층 보안**(Transport Layer Security, TSL) 핸드셰이크(handshake, 주고받기)에 대해 알아보겠습니다. SSL/TLS 핸드셰이크는 비대칭 암호화를 이용해 두 노드 사이를 연결합니다.

SSL/TLS 핸드셰이크 알고리즘

SSL은 본래 HTTP에 보안을 추가하기 위해 개발됐습니다. 시간이 지나 SSL은 TLS라 부르는 더 효율적이고 강력한 프로토콜로 대체됐습니다. TLS 핸드셰이크는 HTTP가 안전한 통신 세션을 만드는 방식의 근간입니다. TLS 핸드셰이크는 클라이언트(client)와 서버(server)라는 서로 연결된 두 개체 사이에서 발생합니다. 이 프로세스를 도식화하면 다음과 같습니다.

▼ 그림 12-5 TLS 핸드셰이크

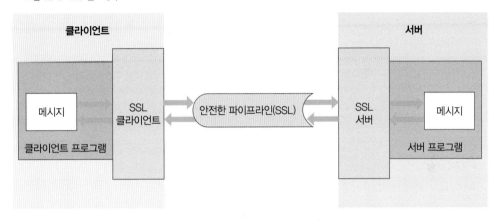

TLS 핸드셰이크는 연결된 노드 사이에 안전한 통신을 구축합니다. 그 과정은 다음과 같이 진행됩니다.

1. 클라이언트가 서버에 client hello라는 메시지를 보냅니다. 이 메시지에는 다음과 같은 정보도 포함되어 있습니다.

    - 사용하는 TLS 버전
    - 클라이언트가 지원하는 암호 스위트 목록
    - 압축 알고리즘
    - byte_client로 식별할 수 있는 무작위 바이트 문자열

2. 서버는 클라이언트에 server hello라는 답장을 보냅니다. 이 메시지는 다음의 정보를 포함합니다.

    - 클라이언트가 제공한 목록 중 서버가 선택한 암호 스위트
    - 세션 ID
    - byte_client로 식별할 수 있는 무작위 바이트 문자열

- 서버의 퍼블릭 키를 포함하고 있는, cert_server로 식별할 수 있는 서버 디지털 인증서

- 서버가 클라이언트의 인증을 위해 디지털 인증서를 요구하는 경우, 클라이언트 서버 요청은 다음을 포함합니다.

    - 허용하는 클라이언트 인증(CA)의 식별 가능한 이름

    - 지원하는 인증서 유형

3. 클라이언트가 cert_server를 검증합니다.

4. 클라이언트가 byte_client2로 식별되는 무작위 바이트 문자열을 생성합니다. 그리고 서버로부터 cert_server를 통해 받은 퍼블릭 키로 이를 암호화합니다.

5. 클라이언트가 무작위 바이트 문자열을 만들고 이를 자신의 프라이빗 키를 이용해 암호화합니다.

6. 서버가 클라이언트 인증서를 검증합니다.

7. 클라이언트가 프라이빗 키로 암호화한 finished 메시지를 서버에 전송합니다.

8. 이를 서버에서 확인하면, 서버는 프라이빗 키로 암호화된 finished 메시지를 클라이언트에 전송합니다.

9. 이로써 클라이언트와 서버 간에 안전한 채널이 만들어졌습니다. 이제부터는 공유된 프라이빗 키로 암호화된 메시지를 주고받을 수 있습니다. 이 과정을 도식화하면 다음 그림과 같습니다.

▼ 그림 12-6 클라이언트와 서버 간 암호화 메시지 전달 과정

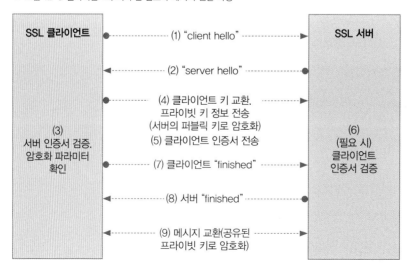

다음으로 퍼블릭 키 인프라(Public Key Infrastructure, PKI)를 생성하기 위해 비대칭 암호화를 어떻게 사용하는지 알아봅시다. 이를 통해 조직이 목표로 하는 한 가지 이상의 보안 목표를 달성할 수 있습니다.

퍼블릭 키 인프라

비대칭 암호화는 퍼블릭 키 인프라(PKI)를 구현하는 데 사용됩니다. PKI는 암호화 키를 관리할 때 가장 널리 사용되는 안정적인 방법입니다. 모든 사용자는 CA라 부르는 중앙 신용 기관을 신뢰합니다. CA는 개인이나 조직의 신원을 확인한 다음, 디지털 인증서(개인 또는 조직의 퍼블릭 키와 ID의 복사본이 포함됨)를 발급하여 퍼블릭 키가 해당 개인(또는 조직)에 속한 것이 맞는지 검증합니다.

CA는 개인과 조직에 따라 다른 기준을 적용하여 신원을 확인합니다. 사용자가 획득하려는 디지털 인증서의 종류에 따라, 인증 절차는 도메인 이름의 소유권을 간단히 확인하는 것부터 신원을 증명하는 물리적 증거를 확인하는 것까지 까다롭습니다. CA의 사용자 신원 확인이 정상적으로 끝나면, 사용자는 보안 채널을 통해 퍼블릭 암호 키를 CA에 전달합니다. CA는 이 정보를 이용해 사용자의 신원과 퍼블릭 키에 대한 정보를 담고 있는 디지털 인증서를 발급합니다. 인증서 자체는 아무런 민감한 정보를 포함하지 않으므로 사용자는 누구에게든 인증서를 보여주고 그들의 신원을 증명할 수 있습니다. 인증서를 받은 측에서는 사용자의 신원을 직접 검증할 필요가 없습니다. CA의 디지털 사인을 검증함으로써 인증서에 포함된 퍼블릭 키가 인증서에 기록된 개인 또는 조직에 속하는지 간단히 확인할 수 있기 때문입니다.

> 주의 ≡ PKI의 취약점은 CA의 프라이빗 키입니다. 예를 들어 해커가 마이크로소프트의 프라이빗 키를 손에 넣게 되면, 윈도우 운영체제 업데이트 행세를 하면서 전 세계에 있는 수백만 대의 컴퓨터에 바이러스를 심을 수 있게 됩니다.

12.3 활용 사례 – 머신러닝 모델 배포와 관련한 보안 이슈 살펴보기

6장 비지도 학습 알고리즘에서 **CRISP-DM** 라이프 사이클에 대해 공부했습니다. 이는 머신러닝 모델을 훈련하고 배포하는 여러 단계를 기술해 놓은 것입니다. 모델 훈련과 검증이 끝나면 남은 단계는 배포입니다. 이 머신러닝 모델이 아주 중요한 역할을 수행한다면, 안전한 보안 체계를 갖추는 것이 필요합니다.

머신러닝 모델을 배포하는 과정에서 발생할 수 있는 일반적인 문제점을 분석하고, 이 장에서 소개한 여러 개념을 이용해 어떻게 문제를 해결할 수 있을지 알아봅시다. 구체적으로는 다음과 같은 세 가지 문제에 대응할 수 있는 전략을 이야기하겠습니다.

- 중간자 공격
- 위장 공격
- 데이터 변조 공격

하나씩 알아봅시다.

12.3.1 중간자 공격

우리가 대응해야 할 공격 중 하나는 중간자(Man-In-The-Middle, MITM) 공격입니다. 중간자 공격은 외부의 침입자가 머신러닝 모델 배포에 대한 내부의 커뮤니케이션을 엿들음으로써 발생합니다.

다음은 중간자 공격의 가상 시나리오입니다. 밥(Bob)과 앨리스(Alice)가 PKI를 통해 대화를 주고받습니다.

1. 밥은 $\{Pr_{Bob}, Pu_{Bob}\}$을, 앨리스는 $\{Pr_{Alice}, Pu_{Alice}\}$를 사용합니다. 밥의 메시지는 M_{Bob}, 앨리스의 메시지는 M_{Alice}입니다. 이들은 안전한 채널을 통해서 메시지를 주고받아야 합니다.

2. 먼저 이들은 자신들의 퍼블릭 키를 교환하여 보안 채널을 구축해야 합니다. 즉, 밥은 Pu_{Alice}를 이용해 M_{Bob}을 암호화하여 앨리스에게 보내야 합니다.

3. 외부 침입자 X는 $\{Pr_X, Pu_X\}$를 사용합니다. X는 밥과 앨리스의 퍼블릭 키 교환에 끼어들어 이를 자신의 퍼블릭 인증서로 교체해버립니다.

4. 이 때문에 밥은 앨리스에게 보낼 M_{Bob}을 Pu_{Alice}가 아닌 Pu_x로 암호화하여 보냅니다. 그리고 X는 중간에서 이를 가로채고 Pr_X로 이를 해독합니다.

▼ 그림 12-7 중간자 공격

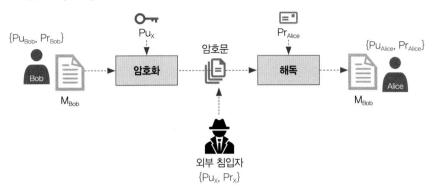

5. 메시지를 중간에 가로챈 X는 이제 다시 메시지를 Pu_{Alice}로 암호화하여 앨리스에게 전달합니다. 앨리스는 자신의 프라이빗 키인 Pr_{Alice}를 이용해서 암호문을 해독합니다.

그렇다면 중간자 공격은 어떻게 예방할 수 있을까요?

중간자 공격 예방하기

CA를 이용하면 중간자 공격을 미리 차단할 수 있습니다. 편의상 CA를 myTrustCA라고 부르겠습니다. 여기서 발급한 디지털 인증서의 퍼블릭 키는 $Pu_{myTrustCA}$입니다. myTrustCA는 밥과 앨리스가 속한 조직의 모든 사람들의 인증서를 관리합니다. 다시 말해, 밥과 앨리스의 인증서는 myTrustCA의 사인을 받았다는 것입니다. CA는 앨리스와 밥의 신원을 검증한 뒤 이들의 인증서에 사인합니다.

이러한 상황에서 다시 밥과 앨리스의 사례로 돌아가 봅시다.

1. 밥은 {Pr_{Bob}, Pu_{Bob}}을, 앨리스는 {Pr_{Alice}, Pu_{Alice}}를 사용합니다. 이들의 퍼블릭 키는 myTrustCA가 사인한 디지털 인증서에 포함되어 있습니다. 밥은 메시지 M_{Bob}을, 앨리스는 M_{Alice}를 만들어 서로에게 전달하려 합니다.

2. 밥과 앨리스는 그들의 퍼블릭 키가 들어 있는 디지털 인증서를 서로 교환합니다. 그들은 CA가 사인한 인증서에 포함된 퍼블릭 키만 사용합니다. 안전한 채널을 구축하기 위해서 이들은 서로의 퍼블릭 키를 교환해야 합니다. 즉, 밥은 앨리스에게 보낼 메시지를 Pu_{Alice}로 암호화해야 합니다.

3. 외부 침입자 X는 {Pr_X, Pu_X}를 사용합니다. X는 밥과 앨리스 사이에 오가는 퍼블릭 키를 가로채서 자신의 퍼블릭 키 Pu_X로 바꿔 놓습니다.

4. 외부 침입자의 디지털 인증서는 CA의 사인을 받지 못했기 때문에 밥은 X의 시도를 차단합니다. 보안 채널 구축은 취소되고 외부 침입자의 실패한 공격은 타임스탬프 등 흔적을 남기며 종료됩니다.

머신러닝 모델 배포 사례에서는 앨리스 대신 배포 서버가 통신 대상이 됩니다. 앞서 설명한 과정을 거쳐서 밥은 보안 채널이 구축된 후에 모델 배포를 시작합니다.

배포한 모델이 겪을 수 있는 또 다른 취약점에 대해 알아봅시다.

12.3.2 위장 공격

이번에는 외부 침입자 X가 밥으로 위장해서 민감한 정보인 머신러닝 모델에 접근하려고 합니다. 머신러닝 모델에 허가받지 않은 조작이 가해지는 것을 막아야 합니다.

위장(masquerading) 공격으로부터 머신러닝 모델을 보호할 수 있는 방법 중 하나는 허가받은 사용자의 프라이빗 키로 모델을 암호화하는 것입니다. 그러면 디지털 인증서에 포함된 사용자의 퍼블릭 키에 접근할 수 있는 사람만 암호를 풀고 모델을 이용할 수 있으며, 그 외에 누구도 모델에 허가받지 않은 조작을 가할 수 없습니다.

12.3.3 데이터와 모델 암호화

배포가 완료되면 정답 라벨이 달리지 않은 데이터가 실시간으로 모델에 입력됩니다. 우리가 훈련한 모델은 이 데이터에 어울리는 라벨을 추론합니다. 데이터 변조(data tempering) 공격을 막기 위해서는 유휴 데이터와 통신 중인 데이터를 보호해야 합니다. 먼저 유휴 데이터는 대칭 암호화로 보호할 수 있습니다. 데이터 전송용으로는 SSL/TLS 기반 보안 채널을 구축하면 됩니다. 이 보안 채널은 대칭 키를 전송하는 데 사용하며, 모델에 입력하기 전에 서버에서 데이터를 암호화할 수 있습니다.

이는 데이터 변조 공격으로부터 데이터를 보호할 수 있는 더 효율적이며 안전한 방법입니다.

대칭 암호화는 모델 훈련이 끝난 후 배포하기 전 모델을 암호화하는 데 사용할 수 있습니다. 이로써 배포 전에 허가받지 않은 변조로부터 모델을 보호할 수 있습니다.

이번에는 대칭 암호화를 사용해 원 위치에서 훈련된 모델을 암호화한 다음, 배포할 위치에서 해독하는 방법을 알아보겠습니다.

1. iris 데이터셋을 이용한 간단한 모델을 훈련합니다.

[in :]

```
import cryptography as crypt
from sklearn.linear_model
import LogisticRegression
from cryptography.fernet
import Fernet from sklearn.model_selection
import train_test_split
from sklearn.datasets import load_iris
iris = load_iris()

X = iris.data
y = iris.target
X_train, X_test, y_train, y_test = train_test_split(X, y)
model = LogisticRegression()
model.fit(X_train, y_train)
```

2. 모델을 저장할 파일을 정의합니다.

[in :]

```
filename_source = 'myModel_source.sav'
filename_destination = "myModel_destination.sav"
filename_sec = "myModel_sec.sav"
```

filename_source는 원 위치에서 암호화되지 않은 모델을 저장할 파일이고, filename_destination은 배포할 위치에서 암호화되지 않은 모델을 저장할 파일이며, filename_sec는 암호화된 모델을 담고 있는 파일입니다.

3. 훈련된 모델을 파일에 저장하기 위해서 pickle을 사용합니다.

[in :]

```
from pickle import dump
dump(model, open(filename_source, 'wb'))
```

4. 대칭 암호화 키를 생성하고 이를 key.key 파일에 저장하는 write_key() 함수를 정의합니다.

[in :]

```
def write_key():
    key = Fernet.generate_key()
    with open("key.key", "wb") as key_file:
        key_file.write(key)
```

5. key.key 파일에서 키를 읽어들이는 load_key() 함수를 정의합니다.

[in :]

```
def load_key():
    return open("key.key", "rb").read()
```

6. 훈련된 모델을 암호화하고 filename_sec 파일에 저장하는 encrypt() 함수를 정의합니다.

[in :]

```
def encrypt(filename_source, filename_sec, key):
    f = Fernet(key)
    with open(filename_source, "rb") as file:
        file_data = file.read()
    encrypted_data = f.encrypt(file_data)
    with open(filename_sec, "wb") as file:
        file.write(encrypted_data)
```

7. 앞서 정의한 함수들을 이용해 대칭 암호화 키를 생성하고 파일에 저장합니다. 키를 이용해 모델을 암호화하고 이를 저장합니다.

[in :]

```
write_key()
encrypt(filename_source, filename_sec, load_key())
```

이로써 모델이 암호화됐습니다. 이제 이를 예측을 수행할 배포 위치로 옮깁니다.

1. 먼저 key.key를 이용해 filename_sec 파일에서 모델을 해독하고, 이를 filename_destination 파일에 저장하는 decrypt()에 저장합니다.

[in :]

```
def decrypt(filename_sec, filename_destination, key):
    f = Fernet(key)
```

```
with open(filename_sec, "rb") as file:
    encrypted_data = file.read()
decrypted_data = f.decrypt(encrypted_data)
with open(filename_destination, "wb") as file:
    file.write(decrypted_data)
```

2. 이 함수를 실행하여 해독한 모델을 filename_destination에 저장합니다.

[in :]

```
decrypt(filename_sec, filename_destination, load_key())
```

3. 이제 해독한 파일에서 모델을 불러온 후 예측을 수행합니다.

[in :]

```
loaded_model = pickle.load(open(filename_destination, 'rb'))
result = loaded_model.score(X_test, y_test)
print(result)
```

[out:]

```
0.9483684210526315
```

이 절에서는 대칭 암호화를 이용해 모델을 암호화했습니다. 필요하다면 같은 방식으로 데이터를 암호화할 수도 있습니다.

12.4 / 요약

이 장에서는 암호화 알고리즘을 다뤘습니다. 암호화 알고리즘의 개념과 이를 통해 달성해야 할 보안 목표를 정의했습니다. 그리고 여러 암호화 기법을 소개하고 PKI 인프라에 대해서 자세히 알아봤습니다. 마지막으로 일반적인 공격으로부터 머신러닝 모델을 보호할 수 있는 여러 방법을 소개했습니다. 이 장을 통해 여러분은 IT 인프라를 보호하는 데 사용하는 여러 보안 알고리즘의 기초를 배웠습니다.

다음 장에서는 대규모 알고리즘의 설계를 살펴보겠습니다. 그리고 대규모 알고리즘을 설계하고 선택하는 과정에서 고려해야 할 문제점과 상충 관계에 대해서 알아보겠습니다. 또한, 복잡한 문제를 풀기 위해 사용하는 GPU와 클러스터에 대해서도 다루겠습니다.

13^장

대규모 알고리즘

대규모 알고리즘(large-scale algorithm)은 거대하고 복잡한 문제를 해결하도록 설계됐습니다. 대규모 알고리즘은 데이터의 규모와 처리 요구사항 때문에 둘 이상의 실행 엔진이 필요합니다. 이 장에서는 병렬화할 수 있는 알고리즘의 유형과 이와 관련한 문제를 논의합니다. 아울러 **컴퓨팅 통합 장치 아키텍처**(Compute Unified Device Architecture, CUDA)를 소개하고, 단일 **GPU** 또는 다수의 GPU로 알고리즘을 가속화하는 방법을 설명합니다. 또한, GPU 성능을 효과적으로 활용하기 위해 알고리즘을 어떻게 변형해야 하는지도 이야기합니다. 마지막으로 클러스터 컴퓨팅의 개념과, 아파치 스파크로 **탄력적 분산 데이터셋**(Resilient Distributed Dataset, RDD)을 생성하여 일반적인 알고리즘을 매우 빠른 병렬 구현체로 만드는 방법을 안내합니다.

이 장을 학습하고 나면 대규모 알고리즘 설계에 관한 기본적인 전략을 이해할 수 있습니다. 이 장에서 다루는 세부 주제는 다음과 같습니다.

- 대규모 알고리즘 소개

- 병렬 알고리즘 설계

- GPU를 활용할 수 있는 알고리즘

- 클러스터 컴퓨팅을 활용할 수 있는 알고리즘

- 대규모 알고리즘을 실행하기 위해 GPU 사용하기

- 대규모 알고리즘을 실행하기 위해 클러스터 사용하기

자, 시작해 볼까요?

13.1 대규모 알고리즘 살펴보기

수세기에 걸친 기술 혁신으로, 우리는 아주 복잡한 문제도 다양한 방법으로 해결할 수 있게 되었습니다. 병충해 피해 지역을 예측하는 것부터 가장 큰 소수(prime number)를 찾는 문제에 이르기까지, 복잡한 문제를 풀어내는 방식은 진화를 거듭하고 있습니다. 그리고 컴퓨터의 발명을 통해 복잡한 알고리즘을 풀어낼 수 있는 강력한 방법인 대규모 알고리즘을 고안하게 되었습니다.

13.1.1 대규모 알고리즘 정의

잘 정의된 대규모 알고리즘은 일반적으로 다음과 같은 두 가지 특징이 있습니다.

- 대규모 알고리즘은 주어진 자원을 최적으로 활용하여 대량의 데이터를 처리하고 요구조건을 만족시킵니다.
- 대규모 알고리즘은 확장이 용이합니다. 풀려는 문제가 더 복잡해지더라도, 자원을 더 추가하는 것만으로 대응할 수 있습니다.

대규모 알고리즘을 구현하는 실용적인 방법 중 하나는 분할 및 정복 전략입니다. 이는 큰 문제를 나수의 작은 문제로 쪼갠 다음, 이들을 독립적으로 푸는 접근 방식입니다.

13.1.2 기본 용어

대규모 알고리즘의 성능을 정량화하는 데 사용하는 몇 가지 기본 용어를 배워 봅시다.

지연 시간

지연 시간(latency)은 단일 연산을 수행하는 데 처음부터 끝까지 소요된 시간을 의미합니다. 시점 t_1에 시작하여 t_2에 종료된 단일 연산 $Compute_1$의 지연 시간은 다음과 같이 구합니다.

$$지연 시간(latency) = t_2 - t_1$$

처리율

병렬 컴퓨팅의 맥락에서 **처리율**(throughput)은 동시에 처리될 수 있는 단일 연산의 개수를 의미합니다. 예를 들어, 시점 t_1에서 동시에 실행할 수 있는 연산이 C_1, C_2, C_3, C_4라면 처리율은 4입니다.

네트워크 이분 대역폭

네트워크 내 동일한 두 부분 사이의 대역폭을 **네트워크 이분 대역폭**(network bisection bandwidth)이라 합니다. 이는 분산 컴퓨팅이 효율적으로 동작하는 데 아주 중요하게 고려해야 할 요소입니다. 네트워크 이분 대역폭이 충분하지 않으면 느린 통신 속도 때문에 여러 실행 엔진을 사용하는 의미가 퇴색될 수 있습니다.

탄력성

처리 요구사항이 갑작스럽게 증가하더라도 자원을 더 할당하여 대응할 수 있는 능력을 **탄력성**(elasticity)이라고 합니다.

> 주의 ≡ 거대 클라우드 기업인 구글, 아마존, 마이크로소프트는 고도로 탄력적인 인프라를 제공합니다. 이들 기업이 보유한 공유 자원 풀은 다른 회사에서 쉽사리 따라 하기 어려운 크기를 자랑합니다.

탄력성 있는 인프라를 이용하면 규모가 가변적인 해결책으로 문제를 풀 수 있습니다.

13.2 병렬 알고리즘 설계 이해하기

병렬 알고리즘은 만능이 아닙니다. 아무리 잘 설계된 병렬 구조라도 우리의 기대에 미치지 못할 수 있습니다. 병렬 알고리즘을 설계하는 데 널리 사용하는 암달의 법칙을 살펴봅시다.

13.2.1 암달의 법칙

진 암달(Gene Amdahl)은 1960년대에 병렬 처리를 공부한 초기의 사람들 중 한 명입니다. 그가 제안한 암달의 법칙은 병렬 컴퓨팅을 설계할 때 발생하는 다양한 상충 관계를 이해하는 기초가 되며 오늘날에도 여전히 적용할 수 있습니다.

암달의 법칙은 어떤 컴퓨팅 공정이 가진 모든 프로세스를 동시에 실행할 수 없다는 것을 전제로 합니다. 즉, 컴퓨팅 공정에는 병렬화가 불가능한 순차적인 부분이 존재합니다.

구체적인 사례를 들어 보겠습니다. 컴퓨터에 저장된 수많은 파일을 읽어들인 다음, 여기에 담긴 데이터를 이용해 머신러닝 모델을 학습한다고 가정합니다.

전체 공정 P는 다음과 같은 두 가지 하위 공정으로 나눌 수 있습니다.

- $P1$: 디렉터리에서 파일들을 스캔하고 입력 파일에 부합하는 파일 목록을 만듭니다.
- $P2$: 파일들을 읽어들이고, 데이터 파이프라인을 만들고, 파일들을 처리하고, 모델을 훈련합니다.

순차 프로세스 분석하기

$T_{seq}(P)$는 공정 P를 실행하는 데 소요되는 시간입니다. $P1$과 $P2$의 소요 시간은 $T_{seq}(P1)$ $T_{seq}(P2)$입니다. 단일 노드에서 공정을 실행하게 되면 다음과 같은 두 가지를 자연스럽게 확인할 수 있습니다.

- $P2$는 $P1$이 종료되기 전에는 시작할 수 없습니다. 이러한 관계는 $P1 \dashrightarrow P2$로 표현합니다.

- $T_{seq}(P) = T_{seq}(P1) + T_{seq}(P2)$

단일 노드에서 공정 P를 실행하는 데 11초가 소요된다고 가정합니다. 11초 중 $P1$은 2초를, $P2$는 9초를 사용합니다.

▼ 그림 13-1 공정별 소요 시간

이 사례에서 $P1$은 순차적으로 실행되는 알고리즘입니다. 실행 속도를 높이기 위해 병렬로 처리할 수 없습니다. 반면, $P2$는 여러 작은 작업으로 쉽게 쪼개어 병렬로 실행할 수 있는 공정입니다.

> 주의 ≣　클라우드 컴퓨팅의 장점은 대규모 자원 풀을 이용해 작업을 병렬로 실행할 수 있다는 것입니다. 이러한 자원을 이용해 주어진 문제를 푸는 계획을 실행 계획(execution plan)이라고 합니다. 주어진 문제와 자원 풀에서 병목(bottleneck)을 찾아내는 데 암달의 법칙을 사용합니다.

병렬 프로세스 분석하기

실행 속도를 높이고자 공정 P에 둘 이상의 노드를 사용한다면, 이는 $s > 1$만큼 $P2$에 영향을 줄 것입니다.

$$T_{par}(P) = T_{seq}(P1) + \frac{1}{s}T_{seq}(P2)$$

공정 P의 속도 개선 비율은 다음과 같이 쉽게 구할 수 있습니다.

$$S(P) = \frac{T_{seq}(P)}{T_{par}(P)}$$

전체 공정 중 병렬화가 가능한 부분의 비율 b는 다음과 같이 계산합니다.

$$b = \frac{T_{seq}(P2)}{T_{seq}(P)}$$

이 사례에 적용해 보면 b = 9 / 11 = 0.818입니다.

암달의 법칙은 이 수식들을 단순화한 것입니다.

$$S(P) = \frac{1}{1 - b + \dfrac{b}{s}}$$

이때 각 값은 다음과 같습니다.

- P는 전체 공정입니다.

- b는 P에서 병렬화할 수 있는 세부 공정의 비율입니다.

- s는 P를 병렬화하여 얻을 수 있는 속도 개선 비율입니다.

공정 P를 3개의 노드를 병렬로 사용해 처리한다고 가정해 봅시다.

- $P1$은 순차적으로 진행되는 부분이므로 병렬 노드로 실행 속도를 단축할 수 없습니다. 여전히 실행 시간은 2초가 소요됩니다.

- $P2$는 9초 대신 3초가 소요됩니다.

따라서 공정 P에 소요되는 전체 시간은 5초로 줄어들었습니다.

▼ 그림 13-2 병렬 처리 시 소요 시간

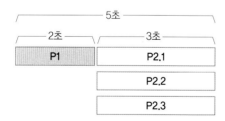

앞에서 배운 수식을 이용해 몇 가지 값을 계산해 봅시다.

- n_p = 프로세서 개수 = 3

- b = 병렬화 비율 = 9 / 11 = 81.81%

- s = 병렬화 가능한 부분의 속도 개선 비율 = 3

다음은 암달의 법칙을 설명하는 그래프입니다.

▼ 그림 13-3 암달의 법칙

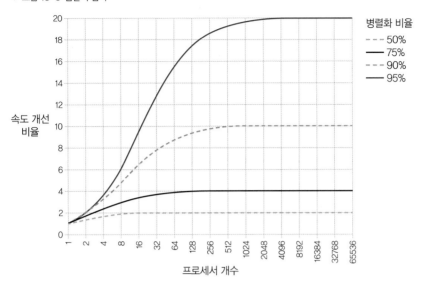

이 그래프는 b값의 변화에 따라 s와 n_p의 관계를 표현합니다.

13.2.2 작업 세분성

알고리즘을 병렬화하면 큰 규모의 작업이 여러 개의 병렬 작업으로 나뉘게 됩니다. 최적의 병렬 작업 개수는 어떻게 정해야 할까요? 정해진 답은 없습니다. 병렬 작업 개수가 너무 적다면 병렬 컴퓨팅의 효과가 크지 않습니다. 반대로, 작업 개수가 너무 많아지면 부대 비용이 너무 커집니다. 이러한 문제를 작업 세분성(task granularity)이라고 합니다.

13.2.3 부하 분산

병렬 컴퓨팅에서 스케줄러는 작업을 실행하는 데 필요한 자원을 선택합니다. **부하 분산**(load balancing)을 최적화하는 것은 쉽지 않습니다. 부하 분산이 제대로 되지 않으면 자원을 효율적으로 사용할 수 없습니다.

13

대규모 알고리즘

13.2.4 국지성 이슈

병렬 컴퓨팅에서 데이터 이동은 가급적 피해야 합니다. 가능하다면 데이터를 이동하는 대신, 데이터가 위치한 노드 내에서 처리해야 합니다. 그렇지 않다면 병렬화의 품질이 저하됩니다.

13.2.5 파이썬에서 병렬 프로세싱 실행하기

파이썬에서 병렬 프로세싱을 실행하는 가장 쉬운 방법은 대상 프로세스를 복제하여 자식 프로세스(child process)를 생성하는 것입니다.

> 주의 ≡ 생명공학 전공은 아니지만 파이썬 프로그래머들은 자신만의 복제 방식을 고안했습니다. 양을 복제하는 것처럼 원본 프로세스를 똑같이 복제합니다.

13.3 멀티 자원 프로세싱 전략 이해하기

대규모 알고리즘은 본래 슈퍼컴퓨터(supercomputer)라 부르는 거대한 머신에서 동작하도록 고안됐습니다. 슈퍼컴퓨터들은 메모리 공간을 서로 공유합니다. 자원은 동일한 머신에 물리적으로 위치해 있습니다. 이는 곧 여러 프로세서 간 통신이 매우 빠르고 이들은 공유 메모리 공간을 통해 동일한 변수를 공유할 수 있다는 것을 의미합니다. 시스템이 더 복잡해지고 대규모 알고리즘에 대한 수요가 증가함에 따라 슈퍼컴퓨터는 각 프로세싱 노드가 물리적 메모리의 일부를 소유하게 되는 **분산 공유 메모리**(Distributed Shared Memory, DSM)로 발전합니다. 이는 곧 프로세싱 노드 간에 메시지를 주고받는, 느슨하게 연결된 클러스터가 고안됐습니다. 복잡한 문제에 대규모 알고리즘을 적용하기 위해서는 병렬로 실행할 둘 이상의 실행 엔진을 확보해야 합니다.

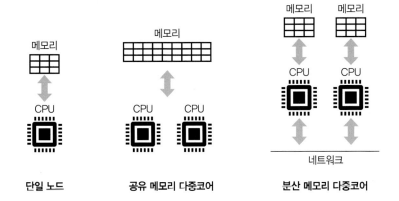

▼ 그림 13-4 병렬 처리 시 소요 시간

메모리	메모리	메모리 메모리
CPU	CPU CPU	CPU CPU
		네트워크
단일 노드	**공유 메모리 다중코어**	**분산 메모리 다중코어**

둘 이상의 실행 엔진을 운용하는 방법은 세 가지입니다.

- **내부 방법(look within)**: 컴퓨터에 내재된 리소스를 활용합니다. 대규모 알고리즘을 실행하기 위해 GPU가 가진 수백 개의 코어를 사용합니다.
- **외부 방법(look Outside)**: 주어진 대규모 문제를 풀기 위해 더 많은 컴퓨팅 자원을 이용할 수 있는 분산 컴퓨팅을 사용합니다.
- **혼합 방법(hybrid strategy)**: 분산 컴퓨팅을 사용하면서 각 노드에서 GPU 또는 GPU 배열을 이용해 알고리즘을 실행합니다.

13.3.1 컴퓨팅 통합 장치 아키텍처

GPU는 본래 그래픽을 처리하기 위해 개발된 것으로 멀티미디어 데이터를 처리하는 데 최적화되어 있습니다. 그래서 CPU와는 다른 특징이 몇 가지 있습니다. 예를 들어, CPU는 코어 수가 비교적 적지만 GPU는 수천 개의 코어를 가지고 있습니다. GPU의 클록 스피드는 CPU에 비해 더 느립니다. GPU는 자체 DRAM을 가지고 있습니다. 예를 들어, 엔비디아(Nvidia)의 RTX 2080은 8기가 램(RAM)을 가지고 있습니다. GPU는 그래픽 처리에 특화된 장치라서 키보드와 마우스와 같은 장치를 인식하는 등 일반적인 프로세싱 유닛의 특징이 없습니다. 다음은 GPU 아키텍처를 나타낸 그림입니다.

13

대규모 알고리즘

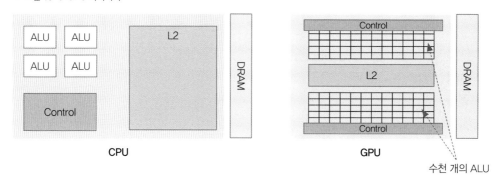

CPU   GPU

수천 개의 ALU

GPU가 널리 보급되자 데이터 과학자들은 병렬 처리를 효율적으로 실행하기 위해 GPU를 활용하기 시작했습니다. 일반적인 GPU는 수천 개의 ALU를 가지고 있으므로 수천 개의 프로세스를 동시에 실행할 수 있습니다. 이러한 GPU의 특징은 데이터 병렬 연산에 최적입니다. 예를 들어, 동영상 내 사물 검색은 CPU보다 GPU에서 20배 이상 빠릅니다. 5장에서 다룬 그래프 알고리즘도 CPU보다 GPU에서 더 빨리 실행할 수 있습니다.

엔비디아에서는 2007년에 컴퓨팅 통합 장치 아키텍처(CUDA)라는 오픈 소스 프레임워크를 개발해, 데이터 과학자들이 알고리즘을 실행하는 데 GPU의 능력을 충분히 활용할 수 있도록 했습니다. CUDA는 CPU와 GPU를 각각 호스트와 장치로 추상화합니다. 호스트, 즉 CPU는 장치인 GPU를 호출하는 역할을 수행합니다. CUDA는 다음과 같은 여러 추상화 층을 가지고 있습니다.

▼ 그림 13-6 CUDA의 추상화 층

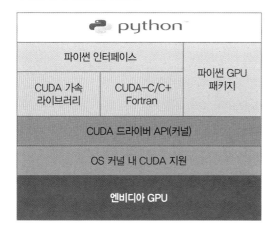

350

CUDA는 엔비디아 GPU에서만 동작하며 OS 커널의 지원이 필요합니다. CUDA는 보통 리눅스 커널의 지원과 함께 시작합니다. 최근에는 윈도우도 완벽히 지원합니다. CUDA 드라이버 API는 프로그래밍 언어 API와 CUDA 드라이버 사이를 잇는 역할입니다. 가장 위 레이어는 C, C+, 파이썬을 지원합니다.

CUDA로 병렬 알고리즘 설계하기

GPU가 특정 프로세싱 연산을 어떻게 가속화하는지 더 자세히 알아봅시다. CPU는 순차적으로 데이터를 처리하도록 설계됐기 때문에 어떤 종류의 연산에는 시간이 꽤 오래 걸립니다. 예를 들어 1,920×1,200 크기의 이미지를 처리하는 경우, 나눠야 할 픽셀의 개수는 총 2,304,000개입니다. 이를 CPU로 하나씩 처리하면 시간이 아주 오래 걸릴 것입니다. 엔비디아의 Tesla와 같은 최신 GPU는 픽셀을 처리하는 데 필요한 2,304,000개의 스레드를 생성하는 능력을 갖추고 있습니다. 대부분의 멀티미디어 애플리케이션에서 개별 픽셀은 독립적으로 처리될 수 있기 때문에 GPU를 사용하면 처리 속도를 상당히 개선할 수 있습니다. 픽셀 하나를 스레드 하나에서 처리하면 전체 프로세스는 $O(1)$ 상수 시간으로 처리할 수 있습니다.

그러나 이미지 처리 말고도 데이터 병렬화로 프로세스 속도를 개선할 수 있는 곳들이 많이 있습니다. 데이터 병렬화는 머신러닝 라이브러리를 위해 데이터를 준비하는 데도 사용할 수 있습니다. 사실 GPU는 다음과 같은 병렬화 가능한 알고리즘의 실행 시간을 대폭 감소시킬 수 있습니다.

- 비트코인 마이닝
- 대규모 시뮬레이션
- DNA 분석
- 동영상 및 사진 분석

GPU는 **단일 프로그램 다수 데이터**(Single Program Multiple Data, SPMD)에는 적합하지 않습니다. 예를 들어, 데이터 블록에 할당할 해시를 계산하려 한다면 이는 단일 프로그램으로 병렬화할 수 없습니다. 이 경우 GPU를 쓰면 처리 속도가 느려집니다.

> 주의 ☰ 우리가 GPU에서 실행하고 싶은 코드는 커널이라 부르는 특수한 CUDA 키워드를 가지고 있습니다. 이러한 커널은 병렬 프로세싱에서 GPU에서 실행하려는 함수들을 표시합니다. GPU 컴파일러는 커널에 따라 CPU와 GPU에서 실행해야 할 코드를 나눕니다.

파이썬으로 GPU에서 데이터 처리하기

GPU는 다차원 자료 구조를 가진 데이터를 처리하는 데 아주 유용합니다. 이러한 자료 구조는 내재적으로 병렬화할 수 있습니다. 파이썬으로 GPU를 이용해 다차원 데이터를 어떻게 처리하는지 알아봅시다.

1. 먼저 필요한 파이썬 패키지를 불러옵니다.

[in :]

```
!pip install cupy
import numpy as np
import cupy as cp
import time
```

2. NumPy를 이용해 다차원 배열을 표현하겠습니다. Numpy는 CPU를 사용합니다.

[in :]

```
### Numpy를 이용해 CPU에서 작업을 수행합니다.
start_time = time.time()
myvar_cpu = np.ones((800, 800, 800))
end_time = time.time()
print(end_time - start_time)
```

3. 이번에는 CuPy 배열로 다차원 배열을 만듭니다. CuPy는 GPU를 사용합니다.

[in :]

```
### CuPy를 이용해 GPU에서 작업을 수행합니다.
start_time = time.time()
myvar_gpu = cp.ones((800, 800, 800))
cp.cuda.Stream.null.synchronize()
end_time = time.time()
print(end_time - start_time)
```

실행 시간을 비교해 봅시다.

[out:]

```
1.130657434463501
0.012250661849975586
```

NumPy로는 1.13초, CuPy는 0.012초가 걸렸습니다. 즉, 이 배열을 생성하는 데 GPU가 CPU 보다 92배 정도 빠릅니다. 이 결과는 여러분이 실습에 사용하는 GPU와 CPU 성능에 따라 달라질 수 있습니다.

13.3.2 클러스터 컴퓨팅

클러스터 컴퓨팅은 대규모 알고리즘을 위해 구현된 병렬 프로세싱 방법 중 하나로, 다수의 노드를 고속의 네트워크로 서로 연결합니다. 시스템에 입력하는 대규모 알고리즘을 잡(job)이라고 합니다. 각 잡은 여러 개의 작업(task)으로 구성되며, 각 작업은 개별 노드에서 실행됩니다.

아파치 스파크는 가장 인기 있는 클러스터 컴퓨팅 프레임워크입니다. 스파크는 데이터를 탄력적 분산 데이터셋(RDD)이라 부르는 장애를 견뎌낼 수 있도록 분산된 데이터셋으로 변환합니다. RDD는 아파치 스파크 추상화의 핵심 요소로, 병렬로 처리될 수 있는 요소들의 불변(immutable) 모음입니다. RDD는 파티션으로 분리되어 여러 노드에 분산 저장됩니다. 다음 그림을 봅시다.

❤ 그림 13-7 아파치 스파크의 데이터 처리 구조

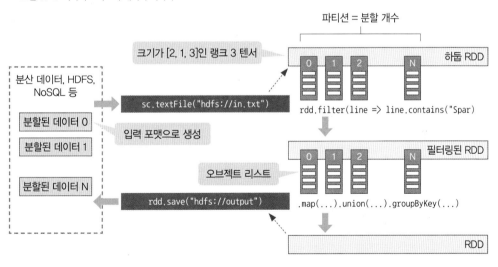

이러한 병렬 자료 구조 덕분에 알고리즘을 병렬로 실행할 수 있습니다.

아파치 스파크에서 데이터 프로세싱 구현하기

아파치 스파크에서 RDD를 생성하고 클러스터를 이용해 데이터를 분산 처리하는 방법을 공부해 봅시다.

1. 다음과 같이 스파크 세션을 생성합니다.

[in :]

```
!pip install pyspark
from pyspark.sql import SparkSession
spark = SparkSession.builder.appName('cloudanum').getOrCreate()
```

2. 스파크 세션이 생성됐습니다. CSV 파일을 RDD의 소스(source)로 사용하겠습니다. df라고 이름 지은 데이터프레임으로 추상화된 RDD를 생성하는 함수를 실행합니다. RDD를 데이터프레임으로 추상화하는 기능은 스파크 2.0에 추가된 기능으로, 데이터를 매우 편리하게 처리할 수 있습니다.

[in :]

```
df = spark.read.csv('taxi2.csv', inferSchema=True, header=True)
```

데이터프레임의 열을 출력합니다.

[in :]

```
df.columns
```

[out:]

```
['pickup_datetime',
 'dropoff_datetime',
 'pickup_longitude',
 'pickup_latitude',
 'dropoff_longitude',
 'dropoff_latitude',
 'passenger_count',
 'trip_distance',
 'payment_type',
 'fare_amount',
 'tip_amount',
 'tolls_amount',
 'total_amount']
```

3. 데이터프레임으로부터 임시 테이블을 생성합니다.

[in :]

```
df.createOrReplaceTempView("main")
```

4. 임시 테이블이 생성되면 이제 SQL을 사용해서 데이터를 처리할 수 있습니다.

[in :]

```
data=spark.sql("SELECT payment_type,Count(*) AS COUNT,AVG(fare_amount),
            AVG(tip_amount) AS AverageFare from main GROUP BY payment_type")
data.show()
```

[out:]

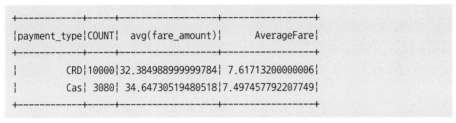

```
+------------+-----+------------------+-----------------+
|payment_type|COUNT|  avg(fare_amount)|      AverageFare|
+------------+-----+------------------+-----------------+
|         CRD|10000|32.384988999999784| 7.61713200000006|
|         Cas| 3080| 34.64730519480518|7.497457792207749|
+------------+-----+------------------+-----------------+
```

여기서 주의해야 할 점은 SQL 실행 결과가 일반적인 데이터프레임처럼 보이지만, 뚜껑을 열어보면 클러스터에 분산되어 있는 RDD라는 것입니다. 마찬가지로 간단해 보이는 SQL 함수도 실은 클러스터의 힘을 충분히 활용하기 위해 병렬 트랜스포머와 리듀서로 변환됩니다.

13.3.3 혼합 방법

대규모 알고리즘을 실행하는 방안으로 클라우드 컴퓨팅의 인기가 날로 증가하고 있습니다. 이를 통해 우리는 외부 방법과 내부 방법을 하나로 합칠 수 있습니다. 다음 그림처럼 여러 대의 가상 머신에 하나 이상의 GPU를 설치하면 됩니다.

▼ 그림 13-8 혼합 방법

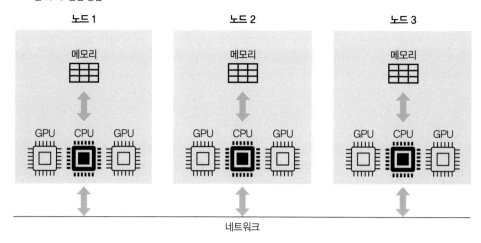

혼합 구조를 최적화하여 사용하려면 어떻게 해야 할까요? 먼저 데이터를 다수의 파티션으로 분할합니다. 그리고 잘게 쪼갠 데이터를 각 노드에 위치한 GPU에 보내 연산량이 큰 작업을 처리합니다.

13.4 요약

40 ALGORITHMS EVERY PROGRAMMER SHOULD KNOW

이 장에서는 대규모 알고리즘 설계에 대해 알아봤습니다. 또한, 대규모 알고리즘을 실행할 수 있는 병렬 컴퓨팅, GPU, 스파크 클러스터에 대해서도 학습했습니다. 또한, 병렬 알고리즘이 가질 수 있는 한계와 병목에 관해 공부했습니다. 다음 장에서는 알고리즘 구현에 관한 실용적인 면을 다루겠습니다.

14장

실질적 고려사항

1장부터 13장까지는 현실 세계의 문제를 해결하는 데 사용할 수 있는 여러 알고리즘을 소개했습니다. 마지막 장인 14장에서는 알고리즘을 사용할 때 감안해야 할 실질적인 고려사항을 이야기해보고자 합니다.

먼저 전반적인 내용을 안내한 다음, 알고리즘의 해석 가능성이라는 중요한 주제를 다루겠습니다. 알고리즘의 해석 가능성이란 알고리즘의 내부 작동 원리를 우리가 이해할 수 있는 방식으로 설명할 수 있는지를 의미합니다. 그 다음 주제는 알고리즘 사용에 관한 윤리와, 구현 과정에서 발생할 수 있는 편향에 대해서도 다룹니다. NP-난해 문제를 다룰 수 있는 기법에 대해서도 알아보겠습니다. 마지막으로, 알고리즘을 선택할 때 고려해야 할 요소에 대해 이야기하겠습니다.

이 장을 마치고 나면 알고리즘을 사용할 때 유념해야 할 실질적인 고려사항을 숙지할 수 있습니다. 이 장의 주요 주제는 다음과 같습니다.

- 실질적 고려사항 소개
- 알고리즘의 해석 가능성
- 알고리즘의 윤리
- 모델의 편향 줄이기
- NP-난해 문제 다루기
- 알고리즘을 사용해야 할 때

14.1 실질적 고려사항 살펴보기

알고리즘을 설계하고 구현하며 테스트하는 것 외에도 알고리즘으로 문제를 해결하는 방식 자체에 관한 현실적인 측면을 살펴보면 더 유용한 해결책을 만들 수 있습니다. 알고리즘을 배포하고 나서 입력 데이터의 형태나 정보가 달라진다면 어떻게 해야 할까요? 당연히 이러한 변화를 반영할 수 있는 방법을 고려해야 합니다. 입력 데이터가 달라진다면 이미 성공적으로 테스트를 마친 모델의 성능에 지장이 생길까요? 그렇다면 이러한 불안 요소를 어떻게 다루어야 할까요? 또한, 우리가 만든 알고리즘을 문제에 실제로 적용하기 위해서는 그와 관련한 규제 정책에 대해서 이해할 필요도 있습니다.

주의 ≡ 현실 세계의 문제를 알고리즘으로 해결한다는 것은 기계를 통한 자동화에 어느 정도 의존한다는 것입니다. 사용하는 알고리즘이 아주 정교하게 설계됐다 하더라도 이 역시 추상화와 가정에 기반을 두므로 모든 예외 사례를 처리하는 것은 불가능합니다. 그러므로 아주 중요한 의사결정은 여전히 사람이 직접 판단해야 합니다.

예를 들어, 구글의 추천 엔진 알고리즘은 사생활 침해 이슈 때문에 최근 유럽 연합의 규제 대상으로 지정됐습니다. 구글이 개발한 알고리즘은 아마도 전 세계에서 가장 정교한 모델일 것입니다. 아무리 정교하고 성능이 좋다 하더라도 규제 기관이 사용 금지 처분을 해서 사용하지 못하게 되면 아무런 쓸모가 없습니다.

보통 알고리즘에 관한 실질적 고려사항은 개발이 모두 끝난 후에야 비로소 관심을 받곤 합니다. 현실적인 문제 중 대다수는 알고리즘이 배포되어 문제를 해결했다는 흥분이 어느 정도 가신 후에 발생합니다. 그리고 이 문제들이 프로젝트의 성패를 결정합니다.

뛰어난 IT 회사 중 한 곳에서 개발한, 아주 명망 높은 프로젝트가 실질적 고려사항을 주의 깊게 살피지 못해 결국 실패하고만 슬픈 사례를 같이 알아봅시다.

14.1.1 AI 트위터 봇의 슬픈 사연

2016년 마이크로소프트는 Tay라는 최초의 AI 트위터 봇을 선보입니다. AI 알고리즘으로 동작하는 Tay는 외부 환경과의 상호작용을 통해 끊임없이 새로운 정보를 학습하도록 설계됐습니다. 그런데 며칠이 채 지나지 않아 Tay의 학습 데이터에 인종차별적이거나 무례한 트윗들이 포함되기 시작했습니다. 잘못된 데이터로 학습한 Tay는 결국 스스로 문제가 될 만한 트윗을 작성하고 맙니다. 설계 의도대로 Tay는 새로운 정보에 대응할 수 있는 지능적인 프로그램임을 증명했으나, 그와 동시에 사람들에게 심각한 불쾌감을 안겨줬습니다. 마이크로소프트는 서비스를 중단하고 문제점을 보완하려 했으나 결국 실패하고, 이 프로젝트는 영구적으로 종료됩니다. 야심찬 프로젝트의 슬픈 결말이지요.

마이크로소프트가 만든 지능은 매우 놀라웠지만, 아쉽게도 그들은 스스로 학습할 수 있는 트위터 봇을 배포하는 것이 불러올 수 있는 현실적인 문제를 도외시했습니다. 자연어 처리와 머신러닝 알고리즘의 수준은 최고였을지 몰라도 프로젝트가 가진 명백한 문제점으로 안타까운 결말을 맞았습니다. 오늘날 Tay는 알고리즘이 새로운 정보를 즉석으로 학습할 때 발생할 수 있는 전형적인 실패 사례로 널리 알려져 있습니다. Tay의 실패로 얻은 교훈은 훗날 여러 AI 프로젝트에 큰 영향을 미쳤습니다. 아울러 데이터 과학자들은 알고리즘의 투명성에 대해 이전보다 더 많은 관심을 기울이기 시작했습니다. 다음 절에서 알고리즘의 투명성, 즉 해석 가능성에 대해 자세히 알아보겠습니다.

14.2 알고리즘의 해석 가능성 이해하기

작동 원리가 너무 복잡하여 사람이 이해할 수 없는 알고리즘을 블랙박스(black box) 알고리즘이라고 합니다. 반대로, 화이트박스(white box) 알고리즘은 사람이 로직을 이해할 수 있는 알고리즘을 의미합니다. **해석 가능성**(explainability)은 어떤 알고리즘이 왜 특정한 결과를 출력했는지 사람이 이해할 수 있다는 개념입니다. 오늘날 우리가 사용하는 대부분의 머신러닝 알고리즘들은 블랙박스로 분류됩니다. 아주 중요한 의사결정에 알고리즘을 사용한다면 알고리즘이 출력한 결과를 우리가 이해할 수 있는 형태로 해석하는 것이 매우 중요합니다. 블랙박스 알고리즘을 화이트박스 알고리즘으로 변환할 수 있다면 알고리즘의 내부 작동 원리를 더 폭넓게 이해할 수 있습니다. 예를 들어, 해석 가능한 알고리즘을 사용하여 질병을 진단하면 의사들은 환자의 특징과 질병 간 관계를 더 면밀하게 파악할 수 있습니다. 진단 결과에 대해 의심이 들면 의사들은 알고리즘이 선택한 특징들을 다시 한번 들여다봄으로써 더 정확한 진단을 내릴 수 있습니다.

14.2.1 머신러닝 알고리즘과 해석 가능성

머신러닝 알고리즘에서 해석 가능성은 매우 중요합니다. 머신러닝 모델이 출력하는 결과를 바탕으로 의사결정하려면 사용자가 모델을 신뢰할 수 있어야 합니다. 해석 가능성은 신뢰의 기반을 제공합니다.

가상의 사례를 하나 들어 보겠습니다. 여러분은 보스턴 지역에 위치한 주택들의 특징을 이용해 부동산 가격을 예측하려고 합니다. 여기에 조건이 하나 생겼습니다. 지방 정부의 규제 정책 때문에 예측 결과에 대한 근거 자료를 제출해야만 머신러닝 알고리즘을 사용할 수 있다고 합니다. 부동산 가격에 대한 예측 결과가 인위적으로 조작되지 않았다는 것을 확인하는 감사 용도로 예측 근거 자료를 사용한다고 하는군요. 해석 가능한 머신러닝 알고리즘을 사용해 문제를 푼다면 이 규제 사항을 만족할 수 있을 것입니다.

그럼 머신러닝 모델의 해석 가능성을 위해 활용할 수 있는 방안에 대해 알아봅시다.

해석 가능성 전략

머신러닝에 해석 가능성을 부여하는 방법에는 두 가지 전략이 있습니다.

- **전역적 해석 가능성 전략**: 모델 전체의 작동 방식에 대한 구체적인 내용을 제공합니다.
- **국소적 해석 가능성 전략**: 모델의 개별적인 예측 결과에 대한 근거를 제공합니다.

전역적 해석 가능성 전략 기법 중 하나는 이미지 분류 모델에 사용하는 **개념 활성화 벡터 테스팅** (Testing with Concept Activation Vector, TCAV)입니다. TCAV는 사용자가 정의한 개념과 이미지 라벨 사이의 관계를 정량화하는 방향 미분 계수를 활용합니다. 간단한 예를 들자면, 얼굴에 수염이 났을 때 해당 인물이 남성일 확률이 얼마나 민감하게 변하는지 수치적으로 표현하는 것입니다. 이외에도 **부분 의존 플롯**(partial dependence plot)과 **순열 중요도**(permutation importance) 등이 있습니다. 해석 가능성 전략은 모델에 따라 그 방식이 달라지거나 또는 모델에 구애받지 않을 수도 있습니다. 모델별 해석 가능성 전략은 특정 유형의 모델에만 적용할 수 있는 데 반해, 모델 무관 전략은 광범위하게 사용할 수 있습니다.

다음 그림은 머신러닝 해석 가능성 전략을 요약해 표현한 것입니다.

▼ 그림 14-1 머신러닝 해석 가능성 전략

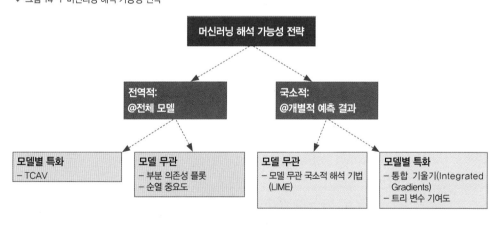

다음으로 한 가지 해석 가능성 전략을 구현해 보겠습니다.

해석 가능성 구현하기

모델 무관 국소적 해석 기법(Local Interpretable Model-Agnostic Explanations, LIME)은 대상 모델의 종

류나 특성에 관계없이 개별 예측 결과를 설명합니다. 이 방식은 모델의 종류를 가리지 않기 때문에 대부분의 머신러닝 모델에 적용할 수 있습니다.

LIME은 모델에 전달하는 입력 데이터를 조금씩 변형시켰을 때 국소적 결정 경계에 어떤 영향을 미치는지 파악하는 방식을 취합니다. 이 변형 과정을 반복하면 각 변수별로 결과에 미치는 영향력을 측정할 수 있습니다. LIME의 해석 결과를 종합해 보면 예측 결과에 가장 큰 영향을 준 변수가 무엇인지 알 수 있습니다.

LIME을 이용해 모델이 부동산 가격을 어떤 방식으로 예측했는지 해석해 봅시다.

1. 이전에 LIME을 사용해 본 적이 없다면 pip로 패키지를 설치합니다.

[in :]

```
!pip install lime
```

2. 필요한 파이썬 패키지를 불러옵니다.

[in :]

```
import sklearn as sk
import numpy as np
from lime.lime_tabular import LimeTabularExplainer as ex
```

3. 주택 가격을 예측하는 모델을 만듭니다. 이를 위해 housing.pkl 파일에 저장되어 있는 데이터셋을 불러옵니다. 그리고 데이터셋에 담긴 변수를 출력합니다.

[in :]

```
pkl_file = open("housing.pkl", "rb")
housing = pickle.load(pkl_file)
pkl_file.close()
housing['feature_names']
```

[out:]

```
array(['crime_per_capita', 'zoning_prop', 'industrial_prop',
       'nitrogen_oxide', 'number_of_rooms', 'old_home_prop',
       'distance_from_city_center', 'high_way_access',
       'property_tax_rate', 'pupil_teacher_ratio', 'low_income_prop',
       'lower_status_prop', 'median_price_in_area'], dtype='<U25')
```

이와 같은 변수를 이용해 주택 가격을 예측해야 합니다.

4. 모델을 훈련할 차례입니다. 랜덤 포레스트 회귀 모델을 사용하겠습니다. 먼저 데이터셋을 훈련 데이터와 테스트 데이터로 나눕니다. 그리고 훈련 데이터로 모델을 훈련합니다.

[in :]

```
from sklearn.ensemble import RandomForestRegressor
X_grain, X_test, y_train, y_test = sklearn.model_selection.train_test_split(
housing.data, housing.target)

regressor = RandomForestRegressor()
regressor.fit(X_train, y_train)
```

5. 범수형 변수인 열을 식별합니다.

[in :]

```
cat_col = [i for i, col in enumerate(housing.data.T) if np.unique(col).size < 10]
```

6. LIME 해석 모델을 생성합니다. 모델이 예측하려는 라벨은 price입니다.

[in :]

```
myexplainer = ex(X_train, feature_names=housing.feature_names,
class_names=['price'], categorical_features=cat_col, mode='regression')
```

7. 해석 결과를 시각적으로 표현하기 위해 matplotlib 패키지를 불러옵니다.

[in :]

```
from matplotlib import pyplot as plt
plt.tight_layout()
```

8. LIME은 개별 예측 결과에 대한 해석을 제공하므로 테스트 케이스를 골라야 합니다. 여기서는 1과 35번 테스트 데이터에 LIME 해석을 수행합니다.

[in :]

```
for i in [1, 35]:
    exp = myexplainer.explain_instance(X_test[i], regressor.predict,
            num_features=10)
    exp.as_pyplot_figure()
    plt.tight_layout()
```

[out:]

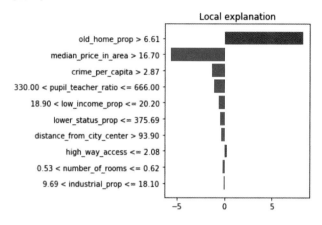

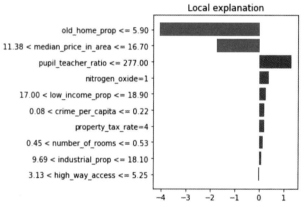

이 결과를 해석하는 방법은 다음과 같습니다.

- 예측에 사용된 변수들은 플롯의 y축에 표기되어 있습니다.

- 각 변수의 중요도는 막대 길이와 비례합니다. 중요도 값은 x축에 표기되어 있습니다.

- 붉은 막대는 해당 변수가 예측 결과에 부정적인 영향을 미친다는 것을 의미하며, 초록 막대
  는 긍정적인 영향을 준다는 것을 뜻합니다.

14.3 알고리즘의 윤리 이해하기

알고리즘을 통한 패턴 분류는 직접 또는 간접적으로 윤리에 반하는 의사결정을 초래할 수도 있습니다. 알고리즘을 설계하는 도중에는 그것이 미래에 야기할 수 있는 윤리적인 영향을 미리 예측하기 어렵습니다. 특히 다수의 개발 인력이 참여하는 대규모 프로젝트인 경우에는 더욱 그렇습니다.

> 주의 ≡ 점점 더 많은 회사들이 설계 단계에서부터 알고리즘의 윤리적 영향력을 고려하기 시작하고 있습니다. 그러나 여전히 윤리 문제가 실제로 발생하기 전에 미리 대응하는 것은 쉽지 않습니다.

14.3.1 학습 알고리즘이 가진 문제

알고리즘에 데이터를 실시간으로 입력하여 끊임없이 새로운 패턴을 학습할 수 있습니다. 이를 **학습 알고리즘**(learning algorithm)이라고 합니다. 알고리즘의 뛰어난 학습 능력은 환경 변화에 유연하게 대응할 수 있지만 윤리 문제가 있는 추론을 할 수도 있습니다. 알고리즘이 스스로 지속적으로 진화하기 때문에 사람이 그 변화에 발맞추어 매 순간 윤리적 검증을 한다는 것은 거의 불가능에 가깝습니다.

> 주의 ≡ 또한, 알고리즘의 복잡도가 점차 증가함에 따라, 알고리즘을 이용해 내린 의사결정이 개인 또는 사회에 미치는 장기적인 영향을 충분히 이해하는 것도 어려워지고 있습니다.

14.3.2 윤리적 고려사항 이해하기

알고리즘적 해결은 감성이 배제된 수학적 연산일 뿐입니다. 우리가 해결하려는 문제와 관련한 윤리적 부분에 신경쓰는 것은 알고리즘을 개발하는 사람들의 의무입니다. 알고리즘의 종류에 따라 고려해야 할 윤리적 사항이 달라집니다.

윤리적 사항을 검토해야 하는 강력한 알고리즘의 사례는 다음과 같습니다.

- 사회 문제에 분류 알고리즘을 적용하여 개인 또는 집단에 영향을 주는 경우
- 직업 알선에 추천 엔진을 사용하는 경우

14

실절적 고려사항

- 개인의 데이터를 수집하여 정부의 의사결정에 사용하는 경우
- 외국인 대상 비자 발급에 머신러닝 알고리즘을 사용하는 경우

알고리즘의 윤리적 고려사항은 그것이 직접 또는 간접적으로 영향을 끼치는 대상이나 사안에 따라 달라집니다. 아주 중요한 의사결정에 알고리즘을 사용할 때는 반드시 윤리적 관점에 대한 상세한 분석이 필요합니다. 다음 절에서는 알고리즘에 대한 분석을 수행할 때 꼭 살펴봐야 할 요소에 대해 설명하겠습니다.

불완전한 증거

머신러닝 알고리즘을 학습하는 데 사용하는 데이터는 때로 불완전할 수 있습니다. 예를 들어, 임상 실험에 참여한 환자들의 데이터가 상당수 누락되어 있다면 신약의 효용성을 제대로 입증할 수 없습니다. 또한, 불완전한 데이터는 특정 휴대폰 번호 패턴이 전화 사기와 밀접하게 연루되어 있다는 이상한 결론을 유도할 수도 있습니다. 따라서 알고리즘이 찾아낸 수학적 패턴을 바탕으로 의사결정을 내리는 경우, 그 바탕이 되는 데이터가 온전한지 꼭 확인해야 합니다. 쓰레기가 들어가면 쓰레기가 나온다(Garbage-in, Garbage-out)는 원칙을 꼭 기억해야 합니다.

주의 ≡ 불완전한 데이터를 통해 도출한 결론은 잘못된 의사결정으로 이어질 가능성이 높습니다.

추적 가능성

머신러닝 알고리즘에 투입되는 훈련 데이터와 테스트 데이터가 서로 다른 특징을 갖는 경우, 문제가 발생했을 때 그 원인을 추적하기 대단히 어렵습니다. 또한, 추적 가능성이 낮은 알고리즘을 사용하면 그 추론 결과를 통해 내린 의사결정이 어떤 대상에게 영향을 미쳤는지 파악하기 어렵습니다.

불공정한 결론

알고리즘이 내린 결론은 사회적 약자나 그 집단에 불리한 결과를 초래할 수도 있습니다. 예를 들어, 연구 기금을 자동으로 분배하는 알고리즘은 남성 연구자에게 편향된 판단을 내린 적이 여러 번 있었습니다. 또한, 이민 비자를 발급하는 알고리즘도 때때로 특정 국가 출신 지원자에게 불리한 판단을 내리는 경우가 있습니다.

고급 데이터와 정교한 수학 모델을 사용하더라도 알고리즘의 결론이 공정하지 않다면 전체적으로 득보다 실이 클 수 있습니다.

14.4 / 모델의 편향 줄이기

우리가 사는 현실 세계에는 성별, 인종 또는 성적 지향성에 대한 편견이 아직 존재합니다. 그렇기 때문에 데이터를 수집하기 전에 환경에 존재하는 편향을 제거하지 않았다면, 수집한 데이터 역시 그로부터 자유로울 수 없습니다.

알고리즘에 있는 모든 편향은 직접 또는 간접적으로 우리가 가진 편향에 의해 만들어집니다. 사람들이 가진 편향은 알고리즘이 사용하는 데이터나 알고리즘 그 자체에 반영됩니다. CRISP-DM 라이프 사이클(6상 참조)을 따르는 일반적인 머신러닝 프로젝트가 갖는 편향은 다음과 같습니다.

▼ 그림 14-2 머신러닝 프로세스에서 발생할 수 있는 편향

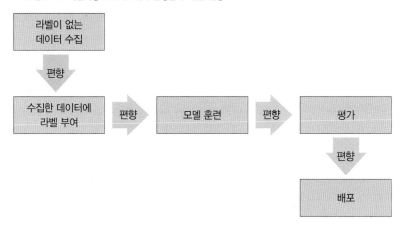

편향을 줄이는 데 가장 어려운 부분은 의도치 않게 발생하는 편향을 찾아내는 것입니다.

14.5 / NP-난해 문제 다루기

4장 알고리즘 설계에서 NP-난해 문제를 자세히 다뤘습니다. 일부 NP-난해 문제는 매우 중요하기 때문에 이를 해결할 수 있는 알고리즘을 개발해야 합니다.

만약 문제의 복잡성이나 우리가 보유한 자원의 한계 때문에 NP-난해 문제를 해결하기 어렵다면 다음과 같은 방법을 고려해 볼 수 있습니다.

- 문제를 단순화하기
- 널리 알려진 다른 해결책을 수정해 사용하기
- 확률적 모델 사용하기

하나씩 자세히 알아봅시다.

14.5.1 문제를 단순화하기

가정을 이용해 문제를 단순화합니다. 가정을 사용해 만든 해결책은 완벽하지는 않아도 충분히 잘 동작하며 통찰력있는 결과를 만들어 낼 수 있습니다. 이 방법을 효과적으로 적용하려면 사용하는 가정들이 가급적 비제한적(non-restrictive)이어야 합니다.

사례

회귀 문제에서 특성과 라벨 간 관계가 완전히 선형적인 경우는 거의 없습니다만, 어느 범위 안에 서는 선형적일 수 있습니다. 선형적 관계를 가정하면 알고리즘을 단순화하고 활용성을 높일 수 있습니다. 그러나 알고리즘을 단순화하면 정확도가 낮아질 수 있습니다. 단순화와 정확도의 상충 관계를 파악하여 문제 상황에 적합한 균형을 찾아야 합니다.

14.5.2 널리 알려진 다른 해결책을 수정해 사용하기

비슷한 문제에 이미 해결책이 존재하는 경우 그 해결책을 시작점으로 삼을 수 있습니다. 이를 수정하여 우리가 풀려는 문제에 사용하는 것이죠. 그 예시 중 하나가 머신러닝의 **전이 학습**입니다. 이미 훈련이 끝난 모델을 이용해 또 다른 알고리즘 학습의 시작점으로 설정하는 것이지요.

사례

머신러닝 알고리즘을 이용해 동영상 속에 등장하는 노트북이 맥 제품인지 윈도우 제품인지 분류하려고 합니다.

우리가 해야 할 첫 번째 작업은 동영상 속에서 노트북처럼 생긴 사물을 찾아내는 것입니다. 그러고 나서 찾아낸 노트북이 어느 유형의 제품인지 맞추면 됩니다.

첫 번째 사물 인식 작업에는 이미 검증된 훈련 모델이 여럿 있습니다. 이 모델들을 노트북이 맥인지 윈도우인지 분류하는 두 번째 모델을 학습할 때 시작점으로 사용하면 어떨까요? 비슷한 문제에서 검증받은 모델을 사용하는 것이기 때문에 성능이 좋은 모델을 더 빠른 시간 안에 얻을 수 있습니다.

14.5.3 확률적 모델 사용하기

확률적 모델을 이용하면 문제를 푸는 최적의 해결책은 아니지만 어느 정도 좋은 결과를 얻을 수 있습니다. 7장 전통적인 지도 학습 알고리즘에서 소개한 결정 트리 알고리즘이 확률적 모델 중 하나입니다. 결정 트리 알고리즘은 문제를 풀어내는 최적의 해결책은 아닐지 모르지만, 주어진 제약 조건 하에서 문제를 푸는 유용한 방법입니다.

사례

수많은 머신러닝 알고리즘은 무작위 상태에서 출발하여 반복적으로 성능을 향상시킵니다. 머신러닝으로 문제를 풀 수 있는 최적의 해결책을 찾으리라는 보장은 없시만, 꽤 좋은 결과를 내는 모델은 얻을 수 있습니다. 이 방법은 매우 복잡한 문제를 정해진 시간 내에 풀어야 할 때 사용하면 좋습니다. 단, 학습을 재현할 필요가 있다면 머신러닝 알고리즘에 사용하는 무작위 난수를 고정해야 한다는 점을 기억해야 합니다.

14.6 알고리즘을 사용해야 할 때

알고리즘은 과학자의 도구 상자에 담긴 도구와 같습니다. 먼저 우리는 주어진 상황에서 어떤 도구가 최적인지 판단해야 합니다. 때때로 우리가 풀려는 문제에 해결책을 찾을 수 있는지, 해결책을 언제 배포해야 하는지 스스로에게 물어야 합니다. 현실의 문제를 해결하는 데 알고리즘을 사용해야 하는지, 그리고 그것이 대안에 비해 더 나은지 판단해야 합니다. 알고리즘을 사용하는 것에 대한 결과를 다음과 같은 세 가지 측면에서 분석합니다.

- **비용**: 알고리즘을 구현하고 개발하는 데 드는 비용을 감당할 수 있는가?

- **시간**: 새로운 해결책이 기존 방식에 비해 프로세스의 효율을 개선하는가?

- **정확도**: 새로운 해결책이 기존 방식에 비해 더 정확한 결과를 만들어내는가?

적합한 알고리즘을 고르기 위해 다음과 같은 질문에 답해야 합니다.

- 가정을 사용해서 문제를 단순화할 수 있는가?

- 알고리즘을 어떻게 평가할 수 있는가? 주요 지표는 무엇인가?

- 어떻게 배포하고 사용할 것인가?

- 해석 가능해야 하는가?

- 보안, 성능, 가용성 요구조건을 이해하고 있는가?

- 데드라인이 존재하는가?

14.6.1 활용 사례 – 검은 백조 이벤트

알고리즘은 입력된 데이터를 처리하여 문제를 해결합니다. 만약 수집한 데이터가 매우 희귀하면 서도 파급력이 강한 이벤트라면 어떻게 해야 할까요? 이를 적절히 다루려면 알고리즘을 어떻게 사용해야 할까요?

나심 탈레브(Nassim Taleb)는 2001년에 펴낸 그의 책 『행운에 속지 마라』(Fooled by Randomness)에 서 극도로 희귀한 이벤트를 검은 백조(black swan) 이벤트라 이름을 지었습니다.

> 주의 ≡ 지난 수세기 동안 검은 백조는 절대로 있을 수 없는 무언가를 지칭하는 용어로 사용됐습니다. 검은 백조가 실제로 야생에서 발견된 이후에도 이 용어는 사라지지 않았지만 그 의미가 조금 바뀌었습니다. 검은 백조는 이제 예측 불가능한 매우 희귀한 이벤트를 의미합니다.

나심 탈레브는 다음과 같은 네 가지 조건을 이용해 검은 백조 이벤트를 정의했습니다.

검은 백조 이벤트를 구성하는 네 가지 요소

희귀하다는 이유만으로 모든 이벤트가 검은 백조 이벤트가 되지는 않습니다. 검은 백조 이벤트로 분류되려면 다음과 같은 네 가지 조건을 만족해야 합니다.

1. 먼저, 검은 백조 이벤트는 발생했을 때 관찰자에게 매우 큰 충격을 불러일으켜야 합니다. 히로시마에 떨어진 원자폭탄처럼 말이죠.

2. 검은 백조 이벤트는 스페인 독감처럼 파급력이 커야 합니다.

3. 이벤트 발생에 따른 충격이 어느 정도 해소됐을 때, 관찰자는 그 이벤트가 실제로는 그다지 놀랄 만한 일이 아니었다는 것을 알아채야 합니다. 그들이 중요한 단서들을 사전에 알아채지 못했을 뿐입니다. 그들에게 단서를 알아챌 능력과 의지가 있었다면, 검은 백조 이벤트는 분명 사전에 예측됐을 것입니다. 예를 들어, 스페인 독감은 전 지구적인 질병으로 번지기 전에 대응할 수 있는 기회들이 분명 있었습니다. 또한, 히로시마에 원자폭탄을 떨어뜨린 맨하턴 프로젝트도 갑자기 등장한 것이 아니라 수년간 물밑에서 진행됐습니다. 관찰자들은 단서를 보고도 그 뒤에 숨겨진 현상을 파악하지 못했을 뿐입니다.

4. 검은 백조 이벤트를 목격한 관찰자들은 매우 놀랐을지 몰라도 어떤 사람들에게는 전혀 놀라운 일이 아니었을 수 있습니다. 예를 들어, 원자폭탄은 세상에 매우 큰 충격을 주었지만, 맨하탄 프로젝트에 참여한 과학자들은 원자폭탄의 파괴력을 어느 정도 인지하고 있었을 것입니다.

검은 백조 이벤트에 알고리즘 적용하기

알고리즘과 관련한 검은 백조 이벤트의 주요한 특징은 다음과 같습니다.

- 미래를 예측하는 정교한 알고리즘은 많이 있습니다. 그러나 검은 백조 이벤트를 예측하는 데 일반적인 예측 알고리즘은 잘 동작하지 않으며 잘못된 결론만 출력할 뿐입니다.

- 검은 백조 이벤트가 경제, 사회, 정부 등 각 분야에 미칠 파급 효과를 정확하게 측정하는 것은 불가능합니다. 먼저, 검은 백조 이벤트는 희귀하기 때문에 알고리즘에 입력할 데이터가 없는 경우가 많습니다. 또한, 사회를 구성하는 각 영역 간 상관 관계와 상호작용을 완벽히 이해하고 예측하는 것도 불가능합니다.

- 중요한 것은 검은 백조 이벤트는 무작위로 발생하지 않는다는 점입니다. 검은 백조 이벤트와 연결된 여러 복잡한 사건에 관심을 기울일 여력이 없었기 때문에 우리가 미리 눈치채지 못한 것입니다. 이 부분에서 알고리즘이 중요한 역할을 수행할 수 있습니다. 규모는 작지만 긴 시간 동안 누적됐을 때 검은 백조 이벤트를 야기하는 사건들을 탐지하는 전략을 수립하는 데 알고리즘이 기여할 수 있습니다.

주의 ≡ 2020년 초에 발생한 COVID-19 사태는 우리 시대에 발생한 검은 백조 이벤트의 대표적인 사례입니다.

지금까지 소개한 여러 사례는 알고리즘을 개발하기 전에 우리가 풀려는 문제의 세부 사항을 먼저 이해하는 것이 얼마나 중요한지 보여줍니다. 문제에 대한 전반적인 분석 없이 알고리즘만을 기계적으로 사용하면 복잡한 문제를 표면적으로만 다룰 뿐이며 기대에 미치지 못하는 결과로 이어지는 경우가 많습니다.

14.7 / 요약

이 장에서 우리는 알고리즘을 설계할 때 반드시 고려해야 할 실질적인 사항에 대해 알아봤습니다. 그리고 알고리즘의 해석 가능성이 어떤 개념인지 알아보고 이를 여러 단계에서 제공하는 다양한 방법에 대해 공부했습니다. 또한, 알고리즘이 가질 수 있는 잠재적인 윤리적 이슈도 살펴봤습니다. 마지막으로는 알고리즘을 선택할 때 고려해야 할 요소들을 소개했습니다.

알고리즘은 우리가 목도하고 있는 자동화 세상의 엔진입니다. 따라서 알고리즘을 학습하고, 실험하고, 그 결과를 이해하는 것이 매우 중요합니다. 여러분이 알고리즘의 강력한 힘과 한계점, 윤리적 이슈에 대해 이해하는 것은 이 세상을 더 살기 좋은 곳으로 만드는 데 큰 도움이 될 것입니다. 이 책이 여러분에게 많은 도움이 되었으면 좋겠습니다.